公文写作
理论与实务

潘静　龚毅　编著

上海交通大学出版社
SHANGHAI JIAO TONG UNIVERSITY PRESS

内容提要

本书分为理论篇和实务篇两大部分。理论篇介绍了公文的历史演变、公文概述、公文的规范与格式等相关理论知识;实务篇详细介绍了请示、报告、批复、命令、公告、决定、通报、通告、通知、意见、纪要、函、公报、议案、决议等 15 种公文的具体概念、内涵、特点、种类、写法和格式等,并对精选经典例文进行详细分析,具有较强的指导性、实用性。本书可作为各级党政机关公务员、秘书、文员的参考书,也可作为高校行政管理专业、中文文秘类专业的必修或选修教材。

图书在版编目 (CIP) 数据

公文写作理论与实务 /潘静,龚毅编著. — 上海:
上海交通大学出版社,2024. 9 -- ISBN 978-7-313-30919
-8

Ⅰ. H152. 3

中国国家版本馆 CIP 数据核字第 2024XD7496 号

公文写作理论与实务
GONGWEN XIEZUO LILUN YU SHIWU

编　　著:潘　静　龚　毅
出版发行:上海交通大学出版社　　　　　　　　　　地　　址:上海市番禺路 951 号
邮政编码:200030　　　　　　　　　　　　　　　　电　　话:021 - 64071208
印　　制:上海景条印刷有限公司　　　　　　　　　经　　销:全国新华书店
开　　本:710 mm×1000 mm　1/16　　　　　　　　印　　张:19.75
字　　数:293 千字
版　　次:2024 年 9 月第 1 版　　　　　　　　　　印　　次:2024 年 9 月第 1 次印刷
书　　号:ISBN 978 - 7 - 313 - 30919 - 8
定　　价:78.00 元

前 言 | FOREWORD

　　公文作为表述国家意志、执行法律法规、规范行政执法、传递重要信息最重要的载体，从某种程度上说是国家法律法规的延续和补充。公文质量的高低也在某种程度上反映了政府机关的管理水平。为了适应新形势下公文写作的发展变化和需求，更好地探讨公文写作教学和科研的内在发展逻辑规律，提升行政管理人员的公文写作水平，笔者结合自己多年党政机关公文处理和写作的经验以及教学和科研实践，编写了本书。

　　全书分为两个部分。第一部分是公文写作理论，介绍了公文的历史演变、公文概述、公文规范与格式等相关理论知识。第二部分是公文写作实务，也是本书的核心内容，详细介绍了请示、报告、批复、命令、公告、决定、通报、通告、通知、意见、纪要、函、公报、议案、决议等15种公文的具体概念、内涵、特点、种类、适用范围、写法和格式等，每种公文都附有精选经典例文，并在例文分析部分对相应案例做了详细解析，包括格式规范和行文特点、注意事项等。附录是《党政机关公文处理工作条例》和《党政机关公文格式》，供读者在实际工作时参考。

　　本书将理论与实践有机融合，案例经典，解析独特，实操性强，有利

1

于提高读者的公文写作水平。本书可作为各级党政机关公务员、秘书、文员的参考书，也可作为高校行政管理、中文秘书、档案文书等专业的必修或选修教材。

由于作者水平有限，疏漏不妥之处在所难免，敬请各位读者不吝赐教。

目 录 | CONTENTS

第一部分　理　论　篇

第二部分　实　务　篇

第一部分　理论篇

第一章

公文的历史演变

第一节　公文的源起

"公文"的历史悠久，它是伴随着人类生活的推进，随着文字的出现而产生的。

"公文"最早是作为统治者处理政务、临民治事的一种文书载体，之后，随着时代的发展日臻完善。从现存的古文献来看，在最早的甲骨文、钟鼎铭文、《尚书》等文献中我们都可以发现大量早期的文书，随之而来的历朝历代的正史、典籍、事类汇编、文献通考、大诏令集等文集中也留存有数量众多的公文，由此可见，"公文"一词自古代缘起之初，就契合着公务活动和日常政务交往需要，与官方政务活动关联紧密，蕴含明确的行政属性。

从"公文"一词的称谓和内涵来看，每个朝代的称呼也不尽相同。在迄今发现最早的殷商文字甲骨卜辞、青铜铭文中，已可见"命""诰""誓""册"等王命文书，它们主要用于授官赐爵、发布政令或训诫臣僚、征伐誓师等重要活动。"公文"被称作"典册"，虽呈现出公文的雏形，但尚无明确的文种名称。《尚书》是我们现在所能见到的最早的公文选集，它所收录的文体最主要的有典、谟、训、诰、誓、命等六种，代表了殷商前后很长一个历史时期公文的基本形式。明代黄佐在《六艺流别》中把《诗》《书》《礼》《乐》《春秋》《易》列为古代基本文体形态，并衍生为六大中国古代文体谱系。其中，将《尚书》文体源流关系梳理为书艺：典、谟。典之流其别有二：命、诰。谟之流其别有二：训、誓。命训之出于典者其流又别而为六：制、诏、问、答、令、律。命之流又别而为四：册、敕、诫、教。诰之流又别而为六：谕、赐书、书、诰、判、遗命。训誓之出于谟者其流又别而为十一：议、疏、状、表、笺、启、上书、封事、弹劾、启事、奏记。训之流又别而为十：对、策、谏、规、讽、喻、发、势、设论、连珠。誓之流又别而为八：盟、檄、移、露布、让、责、券、约①。其中，《尚书》延传至今的"诰誓""命训"，成为先秦以降官方公文的典范，"诏令"与"奏议"也成为历代文选类总集的必选类别。鲁迅《汉文学史纲要》记载，"《书》之体例有六：曰典，曰谟，曰训，曰诰，曰誓，曰命，是称六体。然其中有《禹贡》，颇似记，余则概为训下与告上之词，犹后世之诏令与奏议也"②。鲁迅较黄佐之说，更加言中要害，其所言"诏令"与"奏议"恰为公文之代表。

第二节　古代公文的演变

《尚书·周书》的《君奭》中的"书"为臣僚之间平行书信，属于臣与臣的平级对话，类似于后代平行文"书"。明徐师曾、吴讷《文章辨体序说　文体明辨序说》云："昔臣僚敷奏，朋旧往复，皆总曰'书'。③"姚鼐云："书说类者，昔周公之告召公，有《君奭》之篇。春秋之世，列国士大夫或面相告语，或为书相遗，其义一也。战国说士，说其主时，当委质为臣，则入奏议，其去国或说异国之君，则入此篇。④"曾国藩《经史百家杂钞》："书牍类，同辈相告者。经如《君奭》及《左传》郑子家、叔向、吕相之辞皆是。后世曰书，曰启，曰移，曰牍，曰简，曰刀笔，曰

---

①　黄佐. 六艺流别［M］. 影印康熙重刊本. 台湾：台湾商务印书馆，1973.

②　鲁迅. 鲁迅全集（第九卷）［M］. 北京：人民文学出版社，1991：51.

③　徐师曾，吴讷. 文章辨体序说　文体明辨序说［M］. 罗根泽，校点. 北京：人民文学出版社，1962：41.

④　姚鼐. 古文辞类纂［M］. 胡士明，李祚唐，标校. 上海：上海古籍出版社，1998：6.

帖，皆是。①"由此看来，清代姚鼐编撰的《古文辞类纂》与曾国藩的《经史百家杂钞》皆将《尚书·君奭》篇作为书牍类作品的始祖。《君奭》是两家一致认同的"书"牍的最初文献。"书"在西周时期是一种书信式的平行公文；到先秦时期，开始有了"文书奏章""诏书""档案""图书、典籍""书信""契约凭证""簿书"等文档含义。周朝公文被称作"中"，这个时期出现了专职公文撰制机构"太史寮"，它开启了公文文种与体式的规范化进程，意味着公文撰制制度化进程的全面展开。

春秋战国时期的公文文种，除了在"命"基础上新增"令"以适应于各国政策法令的颁布外，主要增加了各诸侯间横向"移书""盟书"等文种，但较为系统的公文行文关系尚未形成。战国到秦时公文被称为"典籍"，大量公文主要集中于《战国策》《左传》《国语》等先秦典籍中，文种较以前有所增加，主要有策书、上书、玺书、书、盟书、檄等，这一时期的公文长于雄辩、辞采丰富。

秦时朝廷政务公文主要有两种皇帝御用公文：第一种是"制"，传达皇帝的命令，有制度之义；第二种是"诏"，下达政令治理国家，有昭告天下之义。"制"和"诏"是拥有最高权力的皇帝意志的集中体现。另外，"奏"是朝廷臣下专用的文种，地方官府公文则以"传"的形式，主要在郡和县两个层面上流转，但彼时尚未规定不同官府行文的固定文种。秦汉时期出现了"文疏""文案""策文"等语词，到汉朝时被称为"文书"。"文书"一词最早出现于西汉，主要是指诸子百家的诗文典籍，这反映在贾谊的《过秦论·中篇》中："秦王怀贪鄙之心，行自奋之智，不信功臣，不亲士民，废王道而立私权，禁文书而酷刑法，先诈力而后仁义，以暴虐为天下始。②""文书"演绎到东汉班固《汉书·刑法志》中："文书盈于几阁，典者不能遍睹。③"除了有"契约字据""书札""文章和书法的合称"等外，还具有了较为明确的文档含义。"文书"一词产生后，特别是其文档含义渐趋明确之后，其优势迅速显现出来。到西汉时期，公文不但

---

① 曾国藩. 经史百家杂钞 [M]. 长沙：岳麓书社，1987：2.
② 曾国藩. 广注经史百家杂钞 [M]. 上海：世界书局，1936：81.
③ 班固. 汉书 [M]. 北京：中华书局，2007：153.

承袭了战国文书写作的余绪，而且还青出于蓝而胜于蓝，开启了"西汉鸿文"的全盛局面。尤其是在汉武帝之后，公文创作进入空前繁荣期，最突出的表现就是涌现出一大批公文创作名家；但是到了东汉时期，公文创作明显地受汉大赋的束缚，于文辞雕饰中逐步表现出与公文实用本质相背离、空而无物的趋势。战国、秦汉之际，是公文文种发生巨变的时期，但是先秦政治体制为分封制，公文文种还是很有限的；公文文种的渐变发生在秦代至清代时期。

"公文"一词出现要晚于"文书"，文献见于东汉荀悦《汉纪·武帝纪》中："苞苴盈于门庭，聘问交于道路，书记繁于公文，私务众于官事，于是流俗成矣，而正道坏矣。①"可以看出其主要是用文字记载与国家或集体有关的事物，是用以表达"处理或联系公务的文件"之类的含义。汉代皇帝专用公文文种在原来的制书、诏书基础上，又增加了两种"策书"和"戒书"。"策书"是皇帝为换取贵族、官僚的效忠而授予其特权的产物，后扩展为诸侯王的策封、策免、策问等；"戒书"有训诫、督责文武官员的含义。另外，臣下用的"奏"分化为章、表、奏、议四种，主要用于谢恩、陈情、陈事和驳议；官府往来文种主要有书、檄、记、传（符）、教等，其中书又可分化为举书、移书、檄书、府书、牒书、变事书、应书等种类，用于各种政务活动②。由此看来，汉代公文文种趋于细化和规范，开始出现系统性的特征，但对于君臣、朝廷和地方、官府往来等不同层次相应行文方向的概念尚未能够清晰界定。

魏晋南北朝时期，政治体制呈现出专制皇权衰落、门阀政治兴盛以及三省六部制等主要特征，地方行政体制的重大变化则是从汉代的郡县二级制转变为州、郡、县三级制。随着地方行政层级的变迁，层级越多，行政机构越多，官府往来文种变化越大，公文文种也跟着制度变化发生相应变迁。公文文种的变迁主要体现在以下两个方面。其一，不同官府使用的文种明显增加。由于上层机构的日益完善，行政层级增加和政务繁杂，促使不同官府所使用的公文文种呈现多样化。皇帝专用文种增加了启与贺表，

① 荀悦，袁宏. 两汉纪［M］. 张烈，校. 北京：中华书局，2002：158.
② 卜宪群. 秦汉公文文书与官僚行政管理［J］. 历史研究，1997（4）：36 - 52.

它们是表奏的分支；官府增加了令、符、教、榜、板、牒、详、笺、解、关、刺。其二，各官府往来开始明显出现了层次明晰的下行文、平行文和上行文等行文方向。其中，下行文出现了令、符、教、榜、板等文种，主要用于向下传达命令、批复告知、王侯告谕、悬挂揭示、除授百官等；上行文中出现了详、笺、解等文种，主要用于向上报告情况、请示政务、向上级和皇太子行文、向上级陈述、解释问题等；平行文中出现了关、刺、牒等文种，主要用于朝廷官署之间或者不相隶属官署之间的相互质询等。

从演变来看，"公文"真正的基本职能出现，并且在社会管理中起到枢纽作用，最早始于西晋。陈寿在《三国志·魏·赵俨传》中记载："（荀）报曰：'辄白曹公，公文下郡，绵绢悉以还民。'"《后汉书·刘陶传》也有"但更相告语，莫肯公文"之语。

我们可以说，魏晋南北朝时期是我国古代公文写作理论形成的重要时期，公文探究更加系统化、理论化，不仅从公文的性质、作用、规模、论旨、体例、入选标准等方面加以多角度研究，而且还在不同侧面和视角对公文写作理论进行了大量的探索，多层次地体现了该时期公文理论的最高成就。

隋唐时期的公文文种齐全、使用规范。据《唐六典》记载，唐代的正式公文有 15 种，主要的变化在君臣专用文种。在皇帝专用文种中，新增和变动的主要有批答和敕旨，批答用于皇帝对臣子奏请的批示，敕旨用于奏请皇帝批准后宰相处理的日常政务；在臣子使用的文种中，中书门下有一个独立指挥百司的公文文种"堂帖"，是由三省宰相直接裁决，集体签署，其公文效力相当于国家最高政令，表明宰相协助天子处理政务职权的加强[①]。此外，在唐代科举制度中，常举和制举将公务文书的写作与士子的仕进紧密关联，骈体公文由形式华美向经世致用的散体公文方向转变，韩柳等古文大家的倡导，元稹、白居易的着力推动，使得唐代散体公文日趋成熟，骈散兼备，重视公文文风初步形成。

宋承唐制，将唐代骈散公文文风推向极致。鉴于宋人强烈的家国情

① 刘后滨. 唐代中书门下体制研究·中书门下体制下的制敕文书及其运作 [M]. 齐鲁书社，2004：306 - 352.

怀，以及复兴古文的豪情，呈现出上至仁宗、英宗、神宗三朝皇帝，下到欧阳修、苏洵、王安石、苏轼、司马光等古文大家鼎力助推公文实践的局面。宋代公文无论从作品数量、写作者的层次等方面，还是从独有的崇尚朴实、长于说理、重实轻虚的显著特色来看，都呈现出前所未有的繁荣。由此，唐宋时期"公文"被称为"文卷""案卷"。宋代，与政治体制相关联，公文文种从君臣专用到官府往来都大幅度增加。据《庆元条法事类·文书门》的记载，皇帝专用文种新增了御札、敕榜、诰命、口宣等，分别用于发布重大军政命令、戒律百官和晓谕军民、由皇帝近臣宣读的诏令、对百官除授和命妇的封赠等；臣子上奏皇帝的文种新增了奏札和奏状；官府往来文种中，下行文新增了堂札子、牒（故牒）、榜文，上行文主要新增申状，平行文新增咨、密白、牒（公牒）。

元代"公文"被称为"文卷"或"簿籍"。元代少数民族血脉中充盈着的质朴、拙野和强壮的民族特质为中原文化中增添了新的元素，大量俚言俗语的使用与唐宋官体文的搭配，丰富了公文的内涵；统治者高度极端化的中央集权统治，直接导致了封建文书及文书工作的系统化、严密化。但是，在公文文种方面，由于元代统治者对社会划分出明显等级的特点，新增公文文种呈现出鲜明的等级色彩。皇帝专用文种诏令分为蒙汉两种，蒙诏称为圣旨，代表皇帝的最高权威，为诏令的主体；汉诏则次之。皇帝的封赠文书按级别分为宣命和敕牒；官府的"咨呈"是带有上行文性质的平行文，用于向互不统属又级别略高的官府行文，"咨付"用于中书省向行省行文，"札付"则用于中书省、行省、行台向下行文①。

"公文"一词虽然源于汉，但其广泛使用却在明清。明清以降，中国古代公文进入了完备时期，"公文"先被称为"文牍""案牍""牌子""本章"，随之过渡为"文牍"。此时期，公文作为统治者重要的统治工具，助推君主专制政治达到顶峰，中央集权程度越高，公文机密性越强，君臣专用文种变化越大。明代皇帝专用文种有十种，新增了谕旨，最为常用的是皇帝的口谕；臣子和官府向皇帝上奏，报告、进奏机密要事，新增了文种

---

① 王剑.明代的密疏：强化君主专制的特殊手段[J].北方论丛，2004（6）：75－79.

题本、奏本、揭帖。除此之外，还有一种特殊的上行公文"密疏"，包括题奏、表笺等任何形式上行公文的内容，既不受文档格式的限制，又作为上行文书能直达御前，保密性强。由于书写、处理等环节的诸多严格规定，使得明代的密疏言事初步完成了制度化，成为明代加强君主专制的一种新形式。明代公文提倡平实、简朴，追求文理兼备的写实风格，不仅出现了像宋濂、杨荣、杨溥、杨士奇、李东阳、于谦、海瑞、张居正等一大批官员撰写重要公文，而且还出现了像《历代名臣奏议》《明经世文编》等一大批公文选集，公文研究成了自觉的社会意识，产生了徐师曾《文体明辨》这样重大的公文理论研究成果。清袭明制，公文写作在内容和结构上都更加精巧，更加融汇传统行政秘书公文精华，直至受西方现代公文的影响，中国近代公文呈现出异彩纷呈的新的局面。清代更严密的等级制度，使官府往来公文文种划分更细，特别是随着中央集权的演进和绝对皇权的形成，皇帝专用文种新增了廷寄，上奏文种新增了奏折，官府往来文种繁杂，其中上行文、下行文主要新增了禀文和札文，平行文新增了移会、付子、交片、平行手本、平行揭帖、知照、知会、公函、公启，咨文又分化出咨呈等。与此同时，清代还出现了特殊的"文件"一词，它通常用来处理外国事务，内容涉及外国制度和文化、鸦片战争期间同别的一些国家协商及签订的条约等；民国以后，"文件"一词的概念和用法渐入人心，应用领域持续扩展，并成为通用名词延续至今。由此可见，"文件"一词虽然来源于中国传统文化内部，但其组合与应用却有着显著的外部融入因素。近代，废除了君主专制政体后，"公文"被称为"文书"或"应用文"。

真正意义上革除两千多年封建王朝世袭的公文文种和模式在 1911 年辛亥革命以后。1912 年 1 月 26 日，南京临时政府内务部颁布了《内务部奉大总统令颁发公文程式》，这是民国时期第一个规范政府各级官署公文的文件，它精简或者废除了中国两千多年繁复的公文文种、格式以及固定用语，规定了七个文种："甲、上级公署职员用于下级公署职员曰'令'，公署职员用于人民曰'令或谕'。乙、同级公署职员互相行用曰'咨'。丙、下级公署职员及人民行用于公署职员曰'呈'。丁、公署职员公告一般人民曰'示'，但经参议院决定之法规，应由大总统宣布者曰'公布'。戊、任用职员及受赏徽章之证书曰'状'。"继而，内务部又发文将"批"加为下行文文种，并对令、谕、批这三个文种做出了新的解释："凡上级公署职员命下级公署职员或职员命人民者曰'令'，凡命令含有劝导之意曰'谕'，凡受有呈词而裁决判断之者曰'批'。^①"由此，明确规定了民国政府的行文方向：上行文为呈，下行文为令、谕、批、示、公布、状，平行文为咨；对外公文为照会，总计9种。之后，北洋政府、南京政府根据自身性质又先后在公文文种、公文格式、行文方向、公文行文要素等诸多方面进行了改革，去除了具有浓郁封建时代色彩的公文形式。中国共产党领导的民主政权在公文改革方面力度更大。从1931年中华苏维埃共和国临时中央政府建立开始，政府就废除了古文，采用白话文，创立了新的公文体系，确定了相关的公文文种、格式和管理流程。中华人民共和国成立后，政府为了提升行政机关的工作办事效率，对档案文书进行了整体改革，对公文实施作出了系统规定，公文被简化，国家对党政机关系统使用公文提出了一系列明确的指导性意见。

第三节　现代公文的发展

1949年中华人民共和国成立后，中央人民政府更加重视发挥公文在领导全国人民进行社会主义革命和建设中的重要作用。为了规范党政机关的公文管理工作，从1951年到2012年间，党和国家多次颁布党政机关公文处理的办法或条例，通过对国家颁布的这些公文管理办法或者条例进行分析，我们不难看出公文发展内在的阶段性规律。

一、第一个阶段（1951—1981年），新中国公文管理的开创期

以1951年9月中央人民政府政务院发布的新中国成立后第一个公文

① 中国第二历史档案馆. 民国时期文书工作和档案工作资料选编［M］. 北京：档案出版社，1987：10.

工作法规《公文处理暂行办法》作为标志，人民政府对公文管理作出了全面的规定。规定了公文处理原则、公文格式体例和写作要求；确定了我国的行政公文 7 类 12 种公文文种：报告、签报；命令，指示；批复，通报、通知；布告、公告、通告；公函、便函。1957 年 10 月，国务院秘书厅印发《关于公文名称和体式问题的几点意见》（征求意见稿），在保持 12 个公文文种数量不变的情况下调整了相关文种，取消了签报、公告 2 个文种，增加了令、请示、批示 3 个文种，合并公函、便函 2 个文种为 1 个文种函。虽然在行政公文文种的数量方面没有改变，但是经过调整以后的公文种类在行文管理方面能够发挥更大作用了。在十年动乱期间，公文运转处于混乱不堪的状态。

二、第二个阶段（1981—1999 年），新中国公文管理的发展期

1976 年 10 月以后，党和国家对处于混乱状态的公文管理拨乱反正，加大了国家行政机关公文管理工作的力度。1981 年 2 月，国务院办公厅发布《国家行政机关公文处理暂行办法》，重新规定了行政公文的格式体例、行文规范、公文管理流程，明确了 9 类 15 种行政公文文种：命令、令、指令；决定、决议；指示；布告、公告、通告；通知；通报；报告、请示；批复；函，这使得我国行政公文管理重新走向科学化、系统化和规范化的发展轨道。为了提高国家行政机关的工作效率和公文行文质量，1987 年 2 月国务院办公厅发布了《国家行政机关公文处理办法》，对公文格式、行文管理流程等做出了更为明确的规定，调整了行政公文种类，进一步确定 10 类 15 种公文文种：命令（令）、指令；决定、决议；指示；布告、公告、通告；通知；通报；报告、请示；批复；函；会议纪要。为了规范中国共产党各级领导机关的文件处理工作，1989 年 4 月中共中央办公厅印发《中国共产党各级领导机关文件处理条例（试行）》，明确提出公文行文要贯彻党政分开的原则，对党内文件处理、行文规则、文件管理等予以规定，确定了党的各级领导机关常用公文文种：公报、决议、决定、指示、条例、规定、通知、通报、请示、报告、批复、会议纪要、函等，使得党内公文管理工作更加规范化、制度化、科学化。1993 年 11

月，国务院办公厅修订并重新发布《国家行政机关公文处理办法》，再次对行政公文文种和类别进行调整，形成了公文 12 类 13 种的格局，即取消了指令、决议、布告 3 个文种，新增了议案，将原来是一类文种中的请示和报告拆分为两类文种，简化了文种，理顺了行政机关之间行文的关系，这次修订工作凸显出了我国社会主义政治制度的基本特征。鉴于我国经济、政治体制改革的实际，1996 年 5 月 3 日，中共中央办公厅发布《中国共产党机关公文处理条例》，将党务公文文种调整为 14 种：决议、决定、指示、意见、通知、通报、公报、报告、请示、批复、条例、规定、函、会议纪要，使得党务公文的管理更加程序化、科学化。在 1981—1996 年这 15 年间，国务院办公厅基本上每 6 年就重新颁布一次《国家行政机关公文处理办法》。从 1989 年开始，中共中央办公厅也相应制定了党的机关公文处理条例，这说明我国的公文建设在稳步向前发展。

三、第三个阶段（2000 年至今），新中国公文管理的成熟期

2000 年 8 月，国务院首次以文件形式发布《国家行政机关公文处理办法》，对公文种类和各个文种特殊的职能进行了大幅度调整：取消文种"指示"，增加文种"意见"，将原来是一类文种中的"公告"和"通告"拆分开来，取消"命令（令）撤销下级机关不适当的决定"功能，将其合并到"决定"文种中；取消"通知"中"发布规章"功能，将其移至"命令（令）"文种中；取消"报告"中"提出意见或者建议"功能，将其扩展移至新增文种"意见"中。这次公文改革提升了公文拥有的法律效力和权威层次，首次对政府和政府各部门的领导人提出了文书处理工作的要求，对"公文处理"定义进行了明确界定，进一步明确和规范了国家行政机关的公文种类，明确了公文格式，突出了公文主办部门主动协调的原则，是我国行政机关公文处理工作经验和制度的集大成者，为今后各级各类机关公文写作和公文管理奠定了基础。2012 年 4 月，中共中央办公厅、国务院办公厅联合印发《党政机关公文处理工作条例》，首次将党务公文和行政公文合并起来，统一了党政机关公文处理规范标准，重新命名了15 种公文，规定了其定义、种类和功能、格式要素，公文用途、行文规

范，公文办文环节，公文管理流程等。党和国家分别对文种、行文规则进行了多次修订，使得公文的有序实施和科学推进得到了制度保障，促使公文的处理逐渐制度化、规范化。

从"公文"的物质载体溯源，迄今为止承载"公文"的类型主要有 9 种，分别是甲骨文、金文公文、石刻公文、简牍公文、缣帛公文、纸质公文、磁介质公文、感光介质公文及电子公文。在这 9 种物质形态的公文中，前 5 种早已成为历史文献，不再使用；而纸质公文是现代公文使用的主要形式。随着信息化的迅猛发展，电子公文在现代化办公环境中被广泛使用。

第二章

公 文 概 述

第一节 公 文 的 概 念

公文主要是指形成于我国党、政、军等社会组织从事公务的活动中，具有法定效力和规范体式的文字信息载体，其应用范围涉及社会的各个层面。准确理解公文的概念是我们正确认识和使用公文的起点和基础。

从字面上的意义来看，"公"是指属于国家的、集体的，共同的，或者是公共事务；"文"主要是指按照一定形式或者样式阐述的书面文字。由此可以看出，"公文"是指国家机关相互往来联系事务的文件，是应用文体中从事公务联络、沟通的一种文书。

从概念上说，"公文"包括广义的公文和狭义的公文。

一、广义的公文

从广义的角度来讲，"公文"是指党和国家机关在处理各种日常公共事务活动中，按照一定程序和格式处理工作时形成并固定使用的，以直接发挥其社会管理效能、法定效力和规范体式的文字工具，是用以表达意志、传递命令、沟通信息、反映情况、联系事务、商洽工作的文字载体。这种公文最突出的地方体现在它们是党和国家政府机关使用的重要文书，它具有特定效力和呈现惯用体式的特点，涉及个人的事情，诸如个人申请住房贷款、申请职位、申请深造等情况都不得使用，只有党和国家政府机关在依法行政、办公管理、公务活动过程中表达意志、传递命令、沟通信息时方可使用。

广义的公文文种主要是指国家党政机关常用的法定行政公文、日常事务文书、常用礼仪文书、经济应用文书等多种形式的应用文。

二、狭义的公文

从狭义的角度来讲，"公文"则是特指法定行政公文，即中共中央办公厅和国务院办公厅 2012 年 4 月 16 日印发的《党政机关公文处理工作条例》（中办发〔2012〕14 号）中明确指出："党政机关公文是党政机关实施领导、履行职能、处理公务的具有特定效力和规范体式的文书，是传达贯彻党和国家的方针政策、公布法规和规章，指导、布置和商洽工作，请示和答复问题，报告、通报和交流情况等的重要工具。"

党和国家公文法规中正式规定了 15 种主要的公文文种，即决议、决定、命令（令）、公报、公告、通告、意见、通知、通报、报告、请示、批复、议案、函、纪要。这 15 种公文文种是党和国家在公文处理中明确规定和使用的重要文书，它们在行使管理效能过程中具有法定效力。

三、海关公文

本书在介绍国家一般公文的写作基础上，着重关注海关现行的法定行政公文，因此，在这里特别介绍一下海关公文的概念。从广义的角度讲，"海关公文"是指海关在行政管理过程中，按照一定的公务程序和格式处理海关工作时形成并固定使用的、以直接发挥海关管理效能、依法行政和进行公务活动的重要工具，是用以表达海关所代表的国家意志、传递命令、沟通信息、反映情况、联系事务、商洽工作的文字载体。海关公文最突出的地方体现在它们是海关系统使用的重要文书，它具有海关的特定效力和呈现海关工作惯用体式的特点。涉及海关关员个人的事情，诸如关员申请住房贷款、申请职位晋升、申请学历深造等情况，是不能使用海关公文的，只有海关在依法行政、办公管理、公务活动过程中表达意志、传递命令、沟通信息时方可使用海关公文。广义的海关公文文种主要是指海关在处理行政事务中常用的海关法定行政公文、海关日常事务文书、海关常用礼仪文书、海关经济应用文书等多种形式的海关应用文。

从狭义的角度讲，"海关公文"则是特指法定海关行政公文。中国海关总署办公厅 2012 年 8 月 16 日印发的《海关公文处理工作办法》（署厅发〔2012〕318 号）中明确指出："海关公文是海关实施领导、履行职能、处理公务的具有特定效力和规范体式的文书，是传达贯彻党和国家的方针政策，公布规章和规范性文件，指导、布置和商洽工作，请示和答复问题，报告、通报和交流情况等的重要工具。"

《海关公文处理工作办法》中正式规定的 12 种主要海关行政公文（以下简称"海关公文"）包括决定、命令（令）、公告、通告、意见、通知、通报、报告、请示、批复、函、纪要，这 12 种公文文种是海关在公文处理中明确规定和使用的重要文书，它们在海关行使管理职能过程中具有法定效力。

无论是党政机关使用的公文，还是海关专用的公文，在此我们都需要强调以下几点内容。

（1）狭义角度特指的"公文"是有法定的作者的，是政府、国家机关或者海关使用的专用文种。该"公文"是在行政管理过程中使用的或者说是在办公过程中为了表达意志、传递命令、沟通信息等依法行政和进行公务活动而使用的，个人的事情不得使用。例如，写个人住房申请、辞职申请、深造申请等内容是不能用公文的，即公文姓"公"，不姓"私"。

（2）"公文"一定要按照规定好、约定俗成的固定表达方式（文种、用语、格式等）进行表达，不得随意杜撰。

（3）"公文"一旦生成就具有了权威性。它是有法律依据的，具有法定效力。

（4）"公文"是具有规范体式的公务文书，不可以使用网络用语、流行用语。

（5）"公文"的使用服务于工作的需要，是有时效性的，它要求制发及时，办理迅速，落实到位。

本书中我们重点介绍国家机关特别是海关现行的法定行政公文。

第二节 公 文 的 种 类

一、公文的分类

公文的种类不计其数，可以按不同的角度、不同方法和不同标准进行分类。常见的、基本的分类主要是从公文的行文关系、制发机关的类型、公文内容涉及的机密程度、公文的内容特点和作用、公文办理的时限要求、公文的使用范围等方面来划分的。

（一）按公文的行文关系进行分类

公文的行文关系是指依据发文机关同收文机关之间公文往来方向确定的关系，这种关系是根据党政机关或者海关的组织机构、上下级关系和党政职权范围确定的。从某机关对外发文关系来说，公文可以按照它们的行文关系、文件的去向划分为三类：上行文，指下级机关或者下级业务部门对其所属的上级主管机关或者上级业务主管部门发出的公文；平行文，指平级机关之间或不相隶属机关之间相互发出的公文；下行文，指上级主管机关或者业务主管部门对所属的下级机关或者下级业务管辖部门发出的公文。这种按照公文行文关系进行分类的标准是目前党政机关或者海关的组织机构最常用的分类标准。

（二）按公文制发机关的类型进行分类

公文制发机关的类型是指根据发文机关的不同性质来确定的分类标准，包括：中国共产党中央机关在管理党务过程中所使用的党务类公文；国家各级政府机关或者各部委在处理公务过程中制定的关于政治、经济、教育、科技、文化等的行政类公文；国家权力机关或者行政机关依据宪法有关规定制发的关于法律、法规和规章等的法规类公文；外交、外事机关在涉外活动中依照法律、规定和国际惯例形成和使用的外事类公文；军队中军务内外往来所使用的军事公文；等等。

（三）按公文内容涉及的机密程度分类

按公文内容涉及的机密程度分类是指从涉及国家、政府、部委等机关的核心机密、重要机密以及一般秘密等内容的等级来确定的分类标准。《中华人民共和国保守国家秘密法》规定，国家秘密的密级分为三级："绝密""机密"和"秘密"。其中，涉及国家核心机密内容的为绝密公文，涉及国家重要机密内容的为机密公文，涉及国家一般秘密内容的为秘密公文；另外还有内部公文和普通公文等。以这种分类标准制发的公文是需要标注清楚机密等级控制程度和知密对象限制范围的。公文的密级越高，知密对象的范围就越小，公文管理过程中对公文的流转、传阅、归档的要求就越严格。当然，随着涉密公文降密时限的到来，还需要对其进行专业解密和报废清理。

（四）按公文的内容、特点和作用分类

按公文的内容、特点和作用分类是指从不同机关使用公文内容所涉及的范围和发挥的作用来确定的分类标准，具体包括：上级机关向下级机关制发的用于指挥、布置工作，阐明指导原则的指导性公文；下级机关向上级机关汇报工作、反映情况，请求上级机关指示、批准的报请性公文；发文机关向行文对象传达或传递需要其知晓的事项或信息的知照性公文；行文机关真实记录已发生的事情、看法、意见的记录性公文等。

（五）按公文的办理时限要求分类

按公文的办理时限分类是指从公文的发出到公文办结的时限要求来确定的分类标准，包括特提公文、特急公文、加急公文、平急公文和普通公文等。

（六）按公文的使用范围分类

按公文的使用范围分类是指根据公文发布的适用范围要求来确定的分类标准，具体包括：各级党政机关、人民团体、社会组织等行使社会管理职能时使用的常用公文；在一定的专业或者业务范围内，按照特殊行业职能需求拟定的专用公文；向全社会大众公开传递信息或者宣布重大事项的通用性公文；党、政、军机关以及企事业单位组织内部实施管理使用的内部公文等。

从上述公文的主要分类方法可以看出，不同的分类标准从不同的角度揭示出公文的不同属性。本书所论述的党政机关现行常用公文的分类依据是按照中共中央办公厅、国务院办公厅于 2012 年 4 月 16 日印发的《党政机关公文处理工作条例》（中办发〔2012〕14 号）所规定的行文关系确定的；海关系统现行使用的分类依据是按照海关总署办公厅于 2012 年 8 月 15 日印发的《海关公文处理工作办法》（署厅发〔2012〕318 号）所规定的行文关系确定的。

二、公文的文种

公文是党政机关依法行使管理职能的重要工具。公文作为一种文体，它其实是一个集合体，是由若干个个体公文种类组成的，每个个体根据各自的使用性质、使用范围、使用用途、发文方向等确立自己的专门名称，我们将这种专门的个体公文名称称作文种。党政机关、人大常委会机关、司法机关、政协机关、军事机关、企事业机关等在处理日常公务活动中，都选用不同性质的文种来发挥公务管理的积极作用。

（一）国家党政机关公文文种

2012 年 4 月 16 日中共中央办公厅、国务院办公厅印发的《党政机关公文处理工作条例》（中办发〔2012〕14 号）规定，现行党和国家政府机关的公文文种包括 15 种：决议、决定、命令（令）、公报、公告、通告、意见、通知、通报、报告、请示、批复、议案、函、纪要。这 15 种公文种类是国务院所属各机关的法定公文、通用公文。

（1）决议：适用于会议讨论通过的重大决策事项。

（2）决定：适用于对重要事项做出决策和部署、奖惩有关单位和人员、变更或者撤销下级机关不适当的决定事项。

（3）命令（令）：适用于公布行政法规和规章、宣布实行重大强制性措施、批准授予和晋升衔级、嘉奖有关单位和人员。

（4）公报：适用于公布重要决定或者重大事项。

（5）公告：适用于向国内外宣布重要事项或者法定事项。

（6）通告：适用于在一定范围内公布应当遵守或者周知的事项。

（7）意见：适用于对重要问题提出见解和处理办法。

（8）通知：适用于发布、传达要求下级机关执行和有关单位周知或者执行的事项，批转、转发公文。

（9）通报：适用于表彰先进、批评错误、传达重要精神和告知重要情况。

（10）报告：适用于向上级机关汇报工作、反映情况，回复上级机关的询问。

（11）请示：适用于向上级机关请求指示、批准事项。

（12）批复：适用于答复下级机关请示事项。

（13）议案：适用于各级人民政府按照法律程序向同级人民代表大会或者人民代表大会常务委员会提请审议事项。

（14）函：适用于不相隶属机关之间商洽工作、询问和答复问题、请求批准和答复审批事项。

（15）纪要：适用于记载会议主要情况和议定事项。

（二）海关使用的公文文种

中国海关 2012 年 8 月 15 日印发的《海关公文处理工作办法》（署厅发〔2012〕318 号）规定，现行海关行政公文文种包括 12 种：决定、命令（令）、公告、通告、意见、通知、通报、报告、请示、批复、函、纪要。这 12 种公文的具体用途与国家党政机关的公文一致。

第三节　公文的特点

党政公文作为各级党委、各级政府处理公务活动的文字载体，是各级党政机关行使法定职权、实施有效管理的工具。党政公文正是通过其独特的性质、特点，在党和国家管理事务中发挥着重要作用，其特点主要表现在以下几个方面。

一、政治性

党政机关公文是党和国家加强管理各级公共事务的重要工具，它的内容集中体现着党和国家的意志，直接反映党和国家的政治意向，代表着党和国家的根本利益，有鲜明的政治性。它既具有记载党和国家机关所制定的政策法规及工作部署的性质，又具有传达、贯彻党和国家的路线、方针、政策，处理机关公务的功能。公文的内容与党和国家的政治、政策密切相关，党和国家机关的政治性质决定了党政公文的政治性质。

二、法定性

党政机关公文是根据党和国家的法律、法令和行政法规，由法定的作者名义制成和发布的。公文的法定性主要体现在法定作者、法定内容、法定效力和法定制发四个环节，这是党政机关公文突出的特点。所谓"法定的作者"是指依据宪法和国家有关法律、章程、决定而成立的或被授权的，能以自己的名义行使法定职能和承担一定义务、任务的组织或者代表机构组织的负责人。这些机构组织或者负责人是依据国家的法律、法令和行政法规并经过相关的审批程序建立的，存在于各级党政机关、社会团体、企事业单位中，他们代表各自机关意志、意图对外制发公文，具有独立对外行文的资格。《中国共产党章程》《中华人民共和国宪法》和《中华人民共和国国务院组织法》等相关法律、法规，从法律的角度规定了各级机关组织制定和发布公文的权限、内涵和效力。

三、权威性

党政机关公文反映的是公文制发机关的意志、意图，它代表着制发机关所行使的法定职权，公文一经生成并正式发布，就具有该机关权限内法定的权威性、强制性和约束性。受文机关必须无条件地按照所收公文的内容要求不打折扣地贯彻执行，不得敷衍、抗拒或者自行其是，若有违反，将受到相应的纪律处分、处罚，严重的甚至要依法予以行政制裁或者移交司法机关追究其法律责任。

四、规范性

党政机关公文的特殊属性、功能决定了公文处理的每个环节都要按照规定的、系统的、有序的流程来规范地完成。中共中央办公厅和国务院办公厅 2012 年印发的《党政机关公文处理工作条例》，严格规定了公文的基本格式和各格式要素的内涵，形成了统一、规范的格式体例。同时，明确指出公文文种的选择、公文格式的确定、公文行文的规则、公文发文和收文办法、公文流转阅办等系列公文管理要求，体现了严格的制度化、规范化特点。

五、程序性

党政机关公文特殊的地位和所发挥的作用决定了公文处理要按照相关的法律法规等法定程序执行，这是公文实现其权威性和法律效力的保障。对此，《党政机关公文处理工作条例》严格规定了公文处理程序，既有从公文的制发包含公文起稿、公文审核、公文签发等环节的规定，又有对公文生效后收文办理包含公文签收、公文阅办、公文督办乃至公文办结后的归档等闭合环节的要求，体现了党政机关公文管理的严肃性、程序性特点。

六、时效性

由于党政机关公文是党和国家各级机关在处理公务活动中形成和使用的，是紧密联系当前工作实际的，因此，公文首先要反映党和国家的政策、方针和策略，要符合时代要求；其次，公文是发文机关实现阶段性指导工作的工具，是在特定时段发挥着指导实际工作的作用，一旦该项工作结束，公文相应的效用也会消失；再次，公文是服务于发文机关阶段性现实工作需要的，其法定效用有时间限定，所起的作用也是有时限性的，因此它的时效性特点尤为突出。

海关是国家的执法机关，海关公文是传递国家策令的载体，它形成和使用的公文在政治、政策上要代表和维护国家的根本利益，因此，海关公文也具备上述六种主要特点。

第四节 公文的作用

一、党政机关公文写作的作用

（一）指导作用

党和国家政府机关是通过公文来实施领导和管理职能的。公文是制发机关对其辖属机关实施领导和指导的一种重要途径和重要工具，发文机关是按照党和国家的统一意志进行公务活动，将党的领导机关制定的路线、方针、政策，国家权力机关制定的法律、法令，国家行政机关制定的行政法规、纲要、部署等上级机关的精神、指示和要求传达给下级机关，或者将平级或不相隶属机关的信息相互沟通，这种意志的贯彻和行政约束力的传递或者沟通正是通过公文的流转来指导实现的。所以，国家明确要求各级党政机关不仅要管理好本机关的公文处理，而且也要对下级机关的公文处理工作进行业务指导和督促检查。

（二）规范作用

党政机关公文的规范应该从以下两个方面去理解。一是行为规范。党和国家各级机关用强力执行的一切公务活动的行为准则就是法律和法规，党政机关的各类公文一旦发布生效就具有法律效用，就具有法规约束作用，就会成为全社会的行为规范。二是行文规范。中共中央办公厅、国务院办公厅印发《党政机关公文处理工作条例》就是国家推出各级党政机关执行一切公务活动的行文准则，其中明确规定公文拟制、公文种类、公文格式、公文行文、公文签发等公文办理、管理、整理、归档等一系列相互关联、衔接有序的工作，以强制性规范的手段赋予了公文本身所具有的强烈政治性和法定权威性的特点。

（三）凭据作用

党政机关公文是党政机关实施领导、履行职能、处理公务的具有特定效力和规范体式的文书，党和国家制定的方针、政策、法律、法规、纲要、条例等文件，是党和政府各级机关执行公务、依法行政、依法管理的纲领依据。公文也是各级机关在进行公务过程中决策、决议、指导、规定、管理等环节推进工作的行政依据。公文还是各级党政机关依法行政、履行职能、规范管理、科学推进工作的真实记录和文字依据。公文作为依据具有法律效力，因此，党政机关公文起到了反映各级党政发文机关执行公务管理思想的重要依据和凭证作用。

（四）沟通作用

党政机关公文作为现代社会普遍使用的一种交流手段和工具，在党政机关进行公务活动中，将上级机关的指示、命令、决定、工作部署、答复传递给下级机关，将下级机关的问题、建议、请求等呈报到上级机关，将平级机关或者不相隶属机关之间的公务联系、工作商洽等信息互通。因此，公文起到了传递信息、布置任务、联络情况、协调工作、通报事项等沟通作用。

（五）宣教作用

党政机关公文是宣传和贯彻执行党和国家的路线、方针、政策及法律、法规的重要工具，是上级机关及时地向辖属各级机关或者不相隶属机关指引方向、传导理念、指导工作、信息沟通的载体。公文在贯彻上级精神、上传下达、统一观念、协调工作中起到了重要的宣传作用。只有在上下思想保持一致的前提下，才能保障各级机关的党政工作沿着正确的方向推进和发展。与此同时，选用一些表扬成绩或者惩处错误所发布的公文，对取得成绩或者犯了错误的当事人本身会被鼓励肯定或者被强制执行，对于其他人也起到弘扬示范或者警示教育的作用。

二、党政机关公文写作的基本要求

党政机关公文写作主要有以下三个方面的要求。

（一）公文的观点要鲜明

党和国家的路线、方针、政策和法律、法规是起草党政机关公文的依据，制发公文从根本上是为了贯彻落实党和国家的路线、方针和政策的，因此，公文写作要符合国家法律法规和党的路线方针政策，要符合上级机关的有关指示。同时，公文也要一切从实际出发，分析问题要实事求是，要全面准确地反映客观实际情况，重实际、求实效，所提出的政策措施和办法应该切实可行，要能够完整准确地体现发文机关意图，要有鲜明的政策倾向性。公文的主题要明确突出，提出的各种主张、意见、要求、政策、措施等要清楚明白，不能含糊，这样才能增强其权威性。

（二）公文的内容要简明

党政机关公文具有的策令性、法定性、权威性、规范性、程序性等系列特点决定了公文表述的内容一定要做到准确无误、表达精练，它是衡量公文质量的重要指标。党政机关公文要求内容简明、表述准确、篇幅简短，用尽量简洁流畅而有条理的文字表达丰富的蕴涵，做到言简意赅、切中要害。短小精悍的公文应当要素齐备，内容翔实，数据精确，表格直观，及时表达主旨，这样才能简化相关机关在处理公务过程中认识问题、分析问题和解决问题等方面的程序，提高各级机关的办事效率。

（三）公文的结构要严谨

党政机关公文写作的整体布局应该合理，严密紧凑。好的公文开头要开门见山，以简短的文字直接指出全文的主旨、中心意旨或者核心观点；中间过渡内容是对首段内容的阐释或者细化，其中每一段的开头也应用段头提要的形式拎出本段主要论点；结尾处是主旨的深化处，它们要强化行文目的、提出希望、号召、要求等，整个文章要井然有序、环环相扣，全文应该形成一个有机统一体。公文写作中若涉及事件繁多、内容庞杂，就要做到主题集中、重点突出、详略得当，要按照事物内在的逻辑规律分属种、分层次、分要点逐层进行表述，切忌逻辑思路混乱。公文的结构是公文的外在表现，它需要以庄重、规范、条理的形式传达出发文机关严肃、权威的意图，严谨的公文结构可以使得公文的流转阅办更准确、快捷、高效。

海关是国家的执法机关，海关行业对行政公文写作的要求与党政机关公文写作的要求基本一致。

第三章

公文规范与格式

第一节　公文规范

公文是传达、贯彻党和国家的路线、方针、政策，处理机关公务的重要工具，制发出来的公文或者向上级机关上报，或者向下级机关传达，或者向平行或不相隶属机关传递，这种由一个机关给另一个机关发文的运行过程就是公文的行文，它是公文制发全过程中的一个重要环节。因此，在行文中应当确有必要，讲求实效，注重针对性和可操作性。

公文的行文关系不是随意产生的，是按照机关的性质、地位、隶属关系及职权范围来划分的，是有其客观规律性的。只有按照客观规律办事，才能使公文真正起到办理公务的"一种重要工具"的作用。按照这个行文规范，各级机关或单位之间的行文可分为三种情况：下行文、上行文、平行文。

一、下行文的行文规范

下行文是上级领导机关对所属下级机关的行文。在下行文的行文关系上应注意以下几点。

（1）要选准下行文种。下行文的文种包括命令（令）、决定、公告、通告、通知、通报、批复、意见。属于非法定文种的文件，对下不可直接发出，应另加通知作为主件，将下发的非法定文种作为附件，一并下发。

（2）一般不得越级行文。上级机关或业务主管部门向下级行文，一般要按照直接的隶属关系行文，而不越级；若遇特殊情况需要让下级机关或主管部门了解情况或协助贯彻工作，应采用同时抄送直接的下级机关或业务主管部门的形式行文。

（3）对受双重领导的下级机关，一个上级机关向这种单位下行批复、专门性的决定和通知时（例如领导成员的任免、机构的增减、业务上的重要事项等），应当根据需要抄送另一个上级机关。

（4）需经上级机关审批的具体事项，经上级机关同意后可以由本机关行文，文中须注明已经经过上级机关同意。

（5）涉及多个部门职权范围内的事务，部门之间未协商一致的，不得向下行文；擅自行文的，上级机关应当责令其纠正或者撤销。

（6）上级机关向受双重领导的下级机关行文，必要时抄送该下级机关的另一个上级机关。

（7）上级机关不可与下级机关联合向基层行文。

二、上行文的行文规范

上行文是下级机关向上级领导机关（包括有业务指导关系的上级机关在内）的行文。在上行文的行文关系上应注意把握以下几点。

（1）要选准上行文种。上行文种主要包括请示、报告和上报的意见。向上级机关报送非法定文种的公文时，如总结、计划、调查报告等，可另加以报告作载体的"文件头"，若为简报则可直接报送。在此要注意"请示"与"报告"的区别。"请示"与"报告"均属于上行文，但两者之间有着严格的区别：第一，从行文的时间来看，"请示"是事前行文，"报告"是事中或事后行文；第二，从要求答复情况来看，"请示"不论所请示的事项上级机关同意不同意，一般都应及时做出批示，批示时所使用的文种一定是"批复"，而不是"批示"；"报告"对上级机关没有肯定性的批复要求。上级机关对下级机关报送的"报告"可作批示也可以不作批示，一切全由上级机关酌情处理。

"批复"与"批示"的区别："批复"与"批示"均是审批性的文种，即对上报的文件加注批语、做出批示。但两者之间也有一定的不同。第一，法律地位不同。"批复"是国家行政机关公文处理法规明确规定的一个下行文的主要文种，该文种是"法定文种"，而"批示"则不是。第二，审批文件的对象不同。"批复"是答复下级的"请示"而使用的文种，它与"请示"是一上一下、一来一往，既对立又统一，缺一不可。"批示"是针对下级报来的"工作总结"类，"工作计划"类（如计划、工作要点、方案、安排、设想、纲要等），"报告"类（如工作报告、情况报告、调查报告、考察报告、检讨报告、分析报告、论证报告等）及各种简报、信息快报等文件，就其中的某一成功之点、问题之处所作的批语，对推动下级工作、解决问题具有启迪、参考、借鉴、警戒的作用；第三，行文方向不同。"批复"的主送机关是行文"请示"的机关，如具有普遍意义，可将"批复"抄送其他下级一并周知。"批示"则不然，如具有普遍意义，可将原上报文件的机关与其他下级机关一并列为主送机关，不存在主送机关、抄送机关之分。

（2）原则上主送一个上级机关，根据需要同时抄送相关上级机关和同级机关，不抄送下级机关。

（3）下级机关的请示事项，如需以本机关名义向上级机关请示，应当提出倾向性意见后上报，不得原文转报上级机关。

（4）请示应当一文一事，不得在报告等非请示性公文中夹带请示事项。

（5）除上级机关负责人直接交办事项外，不得以本机关名义向上级机关负责人报送公文，也不得以本机关负责人名义向上级机关报送公文。

（6）受双重领导的机关向一个上级机关行文，必要时需抄送另一个上级机关。

（7）一般不能越级行文。按照行文关系原则，下级机关只能根据本机关授权或已有规定向上一级领导机关行文，若无特殊批准，是无权越级行文的。

（8）下级机关不得与上级机关联合行文。因为上级机关以下行文的方式行文后足以解决问题，若再联合下级机关行文，不但不能增加行文的权威性，反而有损行文的严肃性。

三、平行文的行文规范

平行文是平行机关或不相隶属机关之间的行文。在平行文的行文关系上，应注意以下几点。

（1）要选准平行文种。平行文种包括函、会议纪要、议案、意见。

（2）平行文的写法上要做到态度谦和，多用商量的语气，不能强加于人，更不能用指示性的口吻。

（3）各级单位与其他同级机关必要时可以联合行文。

（4）各级单位内设部门除办公厅（室）外，不得对外正式行文。

（5）上级机关内设部门与下级机关之间，在事权范围内可以信函、纪要等特定格式行文。

（6）机关内各部门之间除人事事项外不得相互行文；如有需要，可以公文处理专用纸、便函、联系单等形式进行联系沟通。

第二节　公　文　格　式

一、公文格式概念

公文的格式，就是指公文的表现形式，是保证公文的合法性、有效性、正确性、完整性的重要条件，是固定的、不能随意变更的特定的规范格式，它对于体现党政机关工作的严肃、权威、庄重是必备的（见图 3-1）。

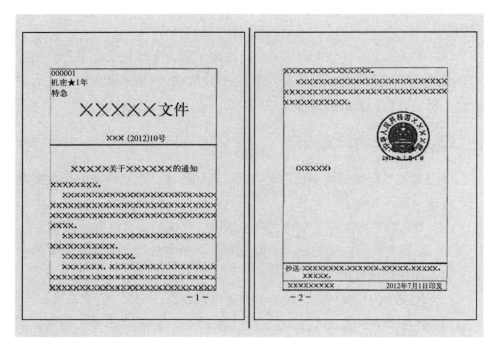

图 3‑1　公文文本格式模板

中共中央办公厅和国务院办公厅 2012 年印发的《党政机关公文处理工作条例》和《党政机关公文格式》国家标准中，规定了党政机关的公文格式，明确了公文文面版式、公文通用的纸张要求、排版和印制装订要求以及公文格式各要素的编排规则等内容，本书重点讨论公文版式内容。

二、公文文本格式的种类

公文文本格式可以分为两类：普通公文格式和特殊公文格式。

（一）普通公文格式（见图 3‑2）

1. 公文版式

按照国家制定的《党政机关公文格式》标准，党政机关公文版式由版头、主体、版记三大部分 18 个要素组成（见图 3‑3）。

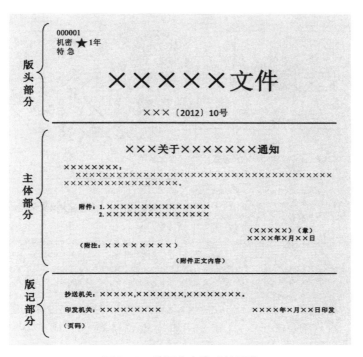

图 3‑2　普通公文格式的要素

2. 公文版式要素

1) 版头部分

公文的版头是指正式行文的公文首页都有一条与公文版心等宽的红色标识横线（称为红色反线），其上方内容就称为版头部分，又称为版头。版头由份号、密级和保密期限、紧急程度、发文机关标志、发文字号、签发（会签）人等 6 个要素组成。

（1）份号。指公文印制份数的顺序号。涉密公文应当标注份号，份数序号标在公文首页版心左上侧顶格位置，用 6 位阿拉伯数字表示，如份号"000001"。

（2）密级和保密期限。指公文的秘密等级和保密的期限。涉及国家秘密的公文应当根据涉密程度分别标注"绝密""机密""秘密"和保密期限等。秘密的标志为"★"，置于密级之后，其后是保密期限。保密期限用阿拉伯数字标注，如"机密★1 年"，置于公文首页版心左上侧第二行位置。

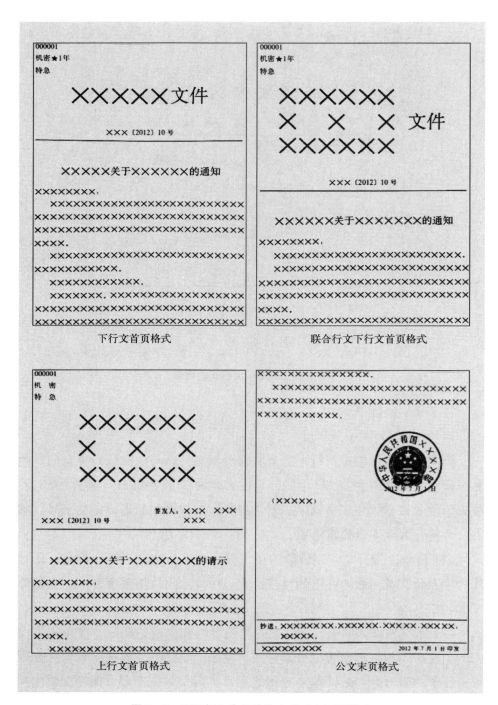

图 3-3　不同行文方向的公文首（末）页格式

（3）紧急程度。指公文送达和办理的时限要求。根据紧急程度，紧急公文应当分别标注"特急"或"加急"，电报应当分别标注"特提""特急""加急"或"平急"。紧急程度置于公文首页版心左上侧第三行、密级和保密期限下方位置。

（4）发文机关标志。由发文机关全称或者规范化简称加"文件"二字组成。联合行文时，发文机关标志并用联合发文机关名称，一般应当将主办机关名称排列在前；当联合发文机关数量过多，发文机关标志并用联合发文机关名称会导致公文首页无法显示正文时，发文机关标志也可以单独用主办机关名称。信函格式、命令格式、公告格式等特定格式公文依照有关规定标注。

（5）发文字号。指某公文在该公文发文机关发文总数中的实际顺序号，它由发文机关代字、年份、发文顺序号组成，一般居于文件名称正下方居中位置。联合行文时，使用主办机关的发文字号。机关代字由能体现本单位及其工作性质的代字组成，年份应用阿拉伯数字全称，用六角括号"〔　〕"括入，发文顺序号不加"第"字，不编虚位，在阿拉伯数字后加"号"字。

（6）签发人。指批准发出公文的机关领导人。上行文应当标注签发（会签）人姓名。如果是联合发文须标注所有联合发文机关签发人姓名，主办单位签发人姓名置于第 1 行，从其下第 2 行起按发文单位顺序依次排列会签（发）人的姓名，并相应下移红色反线，使发文字号与最后一个会签（发）人姓名同处一行。

2）主体部分

主体部分是公文最核心的部分，它由标题、主送机关、正文、附件说明、发文机关署名、成文日期、印章、附注、附件等 9 个要素组成。

（1）标题。由发文机关名称、事由和文种组成。标题制作要注意，发文机关应用全称或规范化简称，事由要准确简要地概括公文的主要内容，公文种类要正确选用《党政机关公文处理工作条例》规定的 15 种公文文种之一。会议通过的文件，应在标题之下、正文之上注明会议名称和通过日期并加括号标注。标题中除法规、规章名称书名号外，一般不用标点符号；标题的排列要保持居中、对称和醒目，移行排列时不得将结构紧密的词语拆开跨行排列，字体应与正文有所区别。

（2）主送机关。指公文的主要受理机关，应当使用机关全称、规范化简称或者同类型机关统称，它位于标题与正文之间，左侧顶格书写。上行公文"请示"一般只写一个主送机关，如需同时送其他机关，应用抄送形式；普遍性下行公文主送机关较多，一般使用规范化简称或者统称；一些没有特定主送机关、面向广大社会公众的知照性公文，则不写主送机关。

（3）正文。指公文的主体，是公文主题的具体体现部分，它由三个部分组成：开头部分，多表明凭据，即制发公文的依据或理由；主体部分，是事项，标明有什么事情或事项；结尾部分，是论断或判断，多数为提出要求、措施等。

正文的结构层次序数依次可用"一、""（一）""1.""（1）"标注，一般第一层用黑体字、第二层用楷体字、第三层和第四层用仿宋体字标注。

（4）附件说明。指公文附件的顺序号和名称。公文如有附件，则应在正文左下侧空1行注明，"附件"两字距行首左端空两格，后标全角冒号和用阿拉伯数字按顺序分行对齐排列附件名称。

（5）发文机关署名。指署发文机关全称或者规范化简称。发文机关"署名"有时也称"落款"，标明公文的法定作者，在正文下方空3～5行的右侧位置标示；有时机关公章可替代发文机关名称。联合上报的公文，一般署主办机关名称；联合下发的公文，署全部发文机关名称。

（6）成文日期。指署会议通过或者发文机关负责人签发的日期，在落款处下一行的位置标示。成文日期应用阿拉伯数字标注，年、月、日标全，年份应标全称，月、日不编虚位。

（7）印章。指发文机关的公章。公文中有发文机关署名的，应当加盖发文机关印章并与署名机关相符。有特定发文机关标志的普法性公文、纪要和电报可以不加盖印章。印章应加盖于成文日期之上，要求盖端正，以显示履行职权的严肃性和庄重。

（8）附注。指公文印发传达范围、联系人等需要说明的事项。公文如有附注，应注明联系人的姓名和联系电话，位置应置于成文日期下空 1 行、左边空 2 个字加圆括号用以标识。

（9）附件。指部分公文附带的公文正文的说明、补充或参考资料，是附属正文的印证性、说明性或附带性材料。附件应注明件数序号和名称，附件顺序号和名称应当与附件说明的表述一致。

3）版记部分

公文版记部分是指分布在公文最后一页位置，由一条反线与主体部分分隔，宽度同版心，包含抄送机关、印发机关标识和印发日期、页码等三个因素。

（1）抄送机关。指除主送机关外其他需要执行或知晓公文内容的受文机关，应当使用机关全称、规范化简称或者同类型机关统称。该抄送的就抄送，既不要漏抄，也不要滥抄；如有多个抄送机关，排列顺序应该按照相应的机构设置规定执行。

（2）印发机关标识和印发日期。指公文的送印机关和送印日期。印发该公文的机关部门，常为机关的办公室（厅），在印发标识栏的左端；印发日期以公文付印日期为准，使用阿拉伯数码。

（3）页码。指公文页数顺序号。

（二）特殊公文文本格式

特殊公文格式主要有三种：信函格式、命令格式、纪要格式。

1.信函格式

信函格式是一种特定的公文格式，并不是一个文种。常使用这种格式的文种有通知、批复、意见和函（见图 3－4）。

2.命令格式

命令格式适用于公布法规和规

图 3－4　信函格式首页

章，宣布施行重大强制性措施，批准授予和晋升衔级，嘉奖有关单位和人员。特别要注意的是：命令只适用于命令（令）文种，具有专门性和单一性（见图3-5）。

3. 纪要格式

纪要格式是专门记载会议议定事项的一种固定格式。纪要格式也只适用于纪要文种，纪要格式与纪要文种也是严格绑定的（见图3-6）。

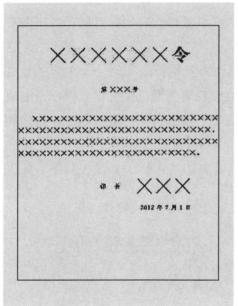
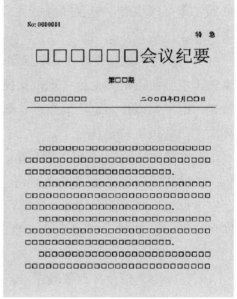

图 3-5　命令格式首页　　　　　　图 3-6　纪要格式首页

三、公文用纸、用字和排版等要素

（一）公文用字、用纸等要求

党政机关公文使用的汉字、数字、外文字符、计量单位和标点符号等，按照有关国家标准和规定执行；少数民族自治地方的公文，可以并用汉字和当地通用的少数民族文字。公文如无特殊说明，公文格式各要素一般用仿宋体3号字；一般每面排22行，每行排28个字，撑满版心；公文中文字的颜色一般均为黑色。

用纸幅面采用国际标准 A4 型。特殊形式的公文用纸幅面根据实际工作需要来确定。公文用纸主要技术指标：一般使用定量为 $60\sim80$ g/m² 的胶版印刷纸或复印纸，纸张白度 $80\%\sim90\%$，横向耐折度 $\geqslant15$ 次，不透明度 $\geqslant85\%$，pH 值为 $7.5\sim9.5$。公文用纸幅面尺寸及版面要求：采用 GB/T 148 中规定的 A4 型纸，其成品幅面尺寸为 210 mm×297 mm；天头（上白边）为 37 mm±1 mm，订口（左白边）为 28 mm±1 mm，版心尺寸为 156 mm×225 mm。用于张贴的公文用纸大小根据实际需要确定。

（二）公文印刷、装订、排版等要求

印制装订总要求：版面干净无底灰，字迹清楚无断划，尺寸标准，版心不斜，误差不超过 1 mm。

印刷要求：双面印刷；页码套正，两面误差不超过 2 mm；黑色油墨应当达到色谱所标 BL100%，红色油墨应当达到色谱所标 Y80%、M80%；印品着墨实、均匀；字面不花、不白、无断划。

装订要求：公文应当左侧装订，不掉页，两页页码之间误差不超过 4 mm，裁切后的成品尺寸允许误差±2 mm，四角成 90°，无毛茬或缺损。公文页码位于版心外。公文的文字从左到右横写、横排。在少数民族自治地方，可并用汉字和通用的少数民族文字（按其习惯书写、排版）。

公文格式各要素编排规则：将版心内的公文格式各要素划分为版头、主体、版记等三部分。公文首页红色分隔线以上的部分被称为版头；公文首页红色分隔线（不含）以下、公文末页首条分隔线（不含）以上的部分被称为主体；公文末页首条分隔线以下、末条分隔线以上的部分被称为版记。

第二部分　实务篇

第四章

请　　示

一、请示的概念

请示是下级机关向上级机关请求批准、指示事项的一种上行公文，即下级机关对自己不能解决的事项或者问题，需要得到上级机关予以批准或者明确指示才能办理时所制发的文件。

哪些问题要向上级请示呢？凡是下级机关涉及向上级机关要求下面五类东西时应使用请示：要钱、要人、要物、要权、要政策等，我们归纳为"五要"。

其中，前三类为要求"力"，是请求批准性质的，属于硬件范畴，也就是请求上级机关帮助下级机关解决无力解决的问题。这个"力"包括人力、物力、财力三个方面，我们称之为要人、要物、要财；后两类为要求"权"，是请求批示（指示）性质的，属于软件范畴，也就是请求上级机关授予或者明确下级机关在职责范围外的某些权力。这个"权"包括授权、解释权和裁决权三个方面，我们称之为要权。其中，"授权"属于明确具有审批性的权限，即指下级机关在工作过程中所涉及的事项不在下级机关的职责范围内，这个职责或者"权力"掌握在上级手中，所以必须由上级"授权"某项工作才能顺利开展，此类请示称之为审批性请示；"解释权"属于明确政策性的权限，即指明确政策解释的请示，又称之为政策性请示。下级机关在工作过程中，遇到某项现行政策中没有规定或者规定模糊、有歧义的事项时如何处理？"解释权"不在下级机关手中，所以不能胡乱解释，这种情况下上级机关就应该做出政策性解答；"裁决权"是指在工作中遇到重大或者疑难问题，或者协作部门之间有分歧难以统一的，需要请求上级机关指示或者裁决。

在此需要强调几点行文规范：一是请示是上行文，一定要有签发人；二是请示的内容只能是一件事，必须是一事一文；三是请示的内容必须是事前，是还没有做的事项；四是有请示必须有批复，有请必复；五是请示的主送机关只能是一个，且不能针对个人；六是接受请示的机关对请示事项的态度必须明确。

在工作中我们会遇到某些业务问题，需要向上级机关归口主管业务的平级部门请示批准事项，该用"请示"还是"函"？这个问题涉及的是公文处理过程中的归口管理问题，它是一种职能授权管理问题，被授权的上级机关的职能部门要代替上级机关行使职权，属于奉权行事，因此，下级机关在行文中要用"请示"文种。

二、请示的特点

请示的特点主要体现在以下三个方面：

（一）单一性

单一性具体体现在两个方面：一是从主送机关来看，请示只写一个主送机关；二是从内容来看，请示的事项只有一个，即"一文一事"。

（二）对应性

对应性具体体现在两个方面：一是从回复的角度来看，有请示必有批复，是一一对应的；二是从答复内容来看，针对请示的内容回复，回复要明确。

（三）程序性

程序性具体体现在四个方面：一是请示需要逐级上报。根据行文隶属关系按照级别向上呈送，除特殊情况外，不得越级请示；二是请示是上行文，必须是下级向上级行文；三是请示只对单位不对个人，下级机关不得向上级机关负责人行文；四是请示中个人不能够对单位，即请示的下级机关负责人不得向上级机关报送公文。

（四）事前性

向上级机关呈报请示的最大特点是事前请示，即在推进某项工作前向上级机关提出申请批准或者批示的请求。要站在考虑全局、客观的立场上对申请事项进行充分的说明，论证其实施的必要性和重要性。所以，请示写作既要理由充分，还要明确提出需要解决的主要问题，这样才容易获批，请示写作切忌先斩后奏。

三、请示的种类

（一）请求批准

这类请示主要涉及下级机关在职权范围内无权解决、有待上级批准的问题，是请求的物质方面的内容，通常包括建立机构、增加编制、人事安排、资产购置、财款动用等问题，上级机关不批准就不能办理。

（二）请求指示

这类请示通常涉及政策、认识和裁决方面的问题，是请求的精神方面的内容。凡是下级机关对路线、方针、政策不甚了解，有待上级明确指示的问题，工作中发生了重大问题或者原无规定、难以处理的问题，工作中遇到分歧难以统一的问题时，都需要呈送此类请示，请求上级机关给予指示或者决断。

四、请示的写法

请示主要由标题、主送机关、正文、落款几个部分组成。

（一）标题

请示的标题一般由发文机关、事由和文种三要素组成。在此要注意两点：一是标题中不得出现申请、请求等祈请类的词语，即不得用"关于申请（请求）××的请示"，避免语义重复。因为"请示"即"请求指示"之意；二是不能把"请示"与"报告"混用，写成"关于××的请示报告"，因为请示和报告行文签报的目的和时间是不同的。

（二）主送机关

请示的主送机关是指能够解决下级机关遇到问题的直接上级领导机关。一般情况下，请示的主送机关只写一个，原则上不能越级请示。若下级机关受到双重机关的领导，在需要另一个上级机关知晓的情况下，应采用抄送形式，即根据其内容属性写明主送机关和抄送机关。

（三）正文

请示的正文有三部分：请示缘由、请示事项、请示要求。

1. 请示缘由

请示缘由部分主要包含提出请示的目的、原因、理由、依据等。缘由很重要，关系到事项是否获批，请示的目的能否得以顺利实现。请示的缘由部分的写法一般比其他公文的缘由部分要详细一些。要用简明精练的语言把请示的目的、背景、依据等要素交代清楚，做到一句话传递出一个信息量，要惜墨如金。这部分内容是为请示事项的提出做充分的铺垫，也是请示目的能否达成的关键环节。

2. 请示事项

这部分就是提出有关问题要求上级指示或者批准，这是请示的核心内容。需要注意的是，提出请示的内容要符合有关方针、政策，切实可行，不可盲目上交目的不明确的问题，请示的事项要写得具体、明白。其中，请求指示的请示，请示主体要写明确想在哪些具体问题、哪些方面得到指示；请求批准的请示，如果请示的事项内容比较复杂，要分清主次，把要求批准的事项分条列款——写明，条理清楚，重点突出。

在此要注意，请示是上行公文，语气要诚恳谦恭，常用语有"拟""为此，特请求……""鉴于上述情况，特请示如下……"等。切忌使用具有明确强烈主观色彩的语词，如"我们认为""一定要""决定"等，减少下级请示机关对上级机关施压的嫌疑。若行文者在主观表达方面处理不好，可能会引起上级部门的反感，使请示的批准被耽搁，或者不予批复而转回。

3. 请示要求

请示要求部分是在请示事项之后另起一段，根据请示目的的不同，用一般征询、期盼的口吻，使用"妥否，请批示""是否妥当，请批示""特此请示，请予批复""以上请示妥否，请批示""以上请示如无不妥，请批准"等程式化语言，表达请求上级批复的希望。

（四）落款

请示落款部分是在请示正文之后标注发文机关的名称和成文日期。成文日期应用阿拉伯数字，年、月、日齐全。

写作请示时要注意的是，请示公文写作的终结目的在于赢得上级机关的支持，而取得支持的关键是请求事项的理由说明要充分，有说服力，能够打动上级机关同意解决请示的问题。作为下级机关的请示公文，要力求把理说清、把事说明、辅之以情，这样才能获得理解和支持。请示能否成功，要注意四个方面的要素：一是体现必要性，要使上级机关能够感觉到请示事项的客观需要；二是体现可能性，使上级机关感觉到请示事项已具备了相关条件，上级机关对于下级机关请示事项的同意与否或者同意的程度轻重，往往既取决于上级机关对请示事项的认可度，也取决于请示事项实现的可能性；三是体现紧迫性，要使上级机关感觉到请示事项需要解决的紧急程度；四是体现真诚性，要使上级机关感觉到请示语气的恳切，请示的诚意，切忌在撰写请示时带着情绪，抱怨、责难甚至要挟上级机关。

五、请示格式

××关于××的请示

_____：

请示的缘由；

请示的事项和要求；

请示的结语（妥否，请批复。）

发文机关（章）

××××年××月××日

六、例文分析

 例文1

××××关于拟签署××××-××××年××合作组织成员国××合作纲要的请示①

国务院：

　　为加强××合作组织各成员国××的务实合作，我××于××××年底

_____

① 中国海关门户网站．http：hgzs．intra．customs．gov．cn．

起草并向各方提交了《××××—××××年××合作组织成员国××合作纲要（草案）》（以下简称《合作纲要》）。经过多轮积极磋商，在××××年××月召开的××合作组织××工作组第二十七次会议上，各方对《合作纲要》文本内容基本达成一致，并议定于今年××月在华召开的××合作组织总理会议期间签署。《合作纲要》作为××合作组织成员国××未来5年开展务实合作的指导性法律文件，主要明确了各成员国××下一阶段的重点合作领域，拟定了具体合作项目，同时细化了合作内容及合作方式。

现将《合作纲要》中文本（详见附件）呈上，请审批。对外商谈时如无原则性修改，将不再另行报批，建议授权我一位领导在今年××合作组织总理会议期间签署。

妥否，请审批。

××××（印章）

××××年××月××日

 例文分析

这是××××向国务院呈送的一份"请示"公文，它由请示缘由、请示事项、请示要求三部分组成。其中，缘由部分"为加强××合作组织各成员国××的务实合作"是请示的目的，"我××于××××年底起草并向各方提交了……同时细化了合作内容及合作方式"是请示的事实依据；"现将《合作纲要》中文本呈上，……建议授权我一位领导在今年××合作组织总理会议期间签署"是请示事项；"妥否，请审批"是请示的要求。

 例文2

××××关于报请审议《中华人民共和国口岸管理工作条例（送审稿）》的请示①

国务院：

为了规范口岸管理，优化口岸服务，保障口岸安全有序运行，促进对外

---

① 中国海关门户网站. http://hgzs. intra. customs. gov. cn.

开放和经济社会发展，按照国务院立法工作计划，我在认真总结实践经验、深入调查研究、广泛征求意见的基础上，起草了《中华人民共和国口岸管理工作条例（送审稿）》，现报请审议。

妥否，请批示。

×××（印章）

××××年××月××日

例文分析

这是××××向国务院呈送的一份"请示"公文，由请示缘由、请示事项、请示要求三部分组成。其中，缘由部分"为了规范口岸管理，优化口岸服务，保障口岸安全有序运行，促进对外开放和经济社会发展"是请示的目的，"按照国务院立法工作计划，我在认真总结实践经验、深入调查研究、广泛征求意见的基础上"是请示的上级指示依据和事实依据；"起草了《中华人民共和国口岸管理工作条例（送审稿）》，现报请审议"是请示事项；"妥否，请审批"是请示的要求。

第五章

报　　告

一、报告的概念

报告是下级机关向上级机关汇报工作、反映情况或回复上级机关询问的一种上行公文，它是党政机关使用频率较高的一个文种。报告主要有工作报告、情况报告和答复报告等表现形式。

写作报告时应该注意几点：一是上报内容要客观真实。报告是上级机关了解下级机关工作开展情况的信息渠道，也是指导下级机关推进工作决策的依据，所以上报的信息中汇报成绩不能夸大虚报，反映问题也不能掩饰瞒报，要准确、全面、真实地反映客观事实，它是上级机关决策的基础；二是上报内容要有必要。报告上报的信息要在一定范围内具有普遍借鉴意义，要具有影响全局工作的价值，要能够紧扣当前的重点工作，对上级机关的决策过程起到借鉴意义；三是上报内容要有质量。报告是能够体现下级机关工作推进效果和质量的窗口。工作推进能否抓住要害，处理问题能否逻辑思路清晰，这些均会在报告的重点、深度、广度，材料安排的精当、详略、突出等方面有所体现；四是上报的内容要迅速及时。特别是对于重大事故的情况报告，一定要在 24 小时内反馈信息，以便上级机关快速做出判断、决策；五是报告中不得夹带请示事项。因为报告是无须批复的，若夹带了请示事项，上级机关又没有回复，就会耽误工作。

"请示"与"报告"均为上行文，它们之间的区别主要在以下六个方面。一是适用范围不同。"请示"主要是向上级机关请求批示、批准；"报告"则是向上级机关汇报工作、反映情况、答复询问。二是行文目的不同。"请示"是为了解决某一具体问题请求上级回复；"报告"则是为了沟通情况，下情上达，为上级机关决策作参考。三是公文要求性质不同。"请示"是呈请性公文；"报告"是呈报性公文。四是行文时间不同。"请示"是事前，不能先斩后奏；"报告"是事中或者事后。五是内容容量不同。"请示"是一文一事；"报告"则是可以一文多事（数事）。六是上级机关处理方式不同。"请示"是办件，上级机关要答复，即有请必复；"报告"则是阅件，上级机关可以不答复。

"工作报告"和"情况报告"同样是报告，它们的区别主要在以下三个方面。一是报告反映的内容不同。"工作报告"的内容是比较稳定的、固定的、常规性的，内容比较丰富；"情况报告"的内容是不确定的、临时的、偶发性的，内容比较单一。二是反映工作内容的时限不同。"工作报告"反映的是定期的、经常性的工作，汇报时间相对比较固定；"情况报告"反映的是突发性的、特殊的工作，汇报时间由工作的紧急与否来决定，没有固定的时间。三是表达方法不同。"工作报告"的表达方式比较稳定，有不同程度的夹叙夹议，是有某些固定套路的；"情况报告"的表达方式视工作的具体情况而定，重在叙述、说明情况，写法比较灵活多样。

二、报告的特点

（一）内容的广泛性

报告的目的是下级机关向上级机关汇报工作、反映情况、提出意见或者建议、答复上级机关询问事宜，汇报的工作内容是综合的，涉及多个方面，数量不受限制，一般是一文数事，是让上级机关及时了解、掌握下情并及时对工作进行指导，为决策提供依据。报告不得夹带请示事项，不直接请求上级机关正面回答报告中的问题，不需要上级回复。

（二）内容的典型性

报告是下级机关向上级机关讲述做了什么工作，或者工作是怎样做的，有什么情况、经验、体会，存在哪些问题，今后有什么打算。这就需要报告撰写人员透过纷繁庞杂的工作现象，剥茧抽丝，追根探源，从取得的成绩、教训以及经验中总结、发掘出典型性，找出规律，概括出理性结论。

（三）双向的沟通性

报告虽然不需要批复，却是下级机关取得上级机关的工作支持、决策指导的桥梁；同时，上级机关也能够通过报告了解下情，及时获取下级机关推进工作的有效信息，感知下级机关工作的节奏，报告也因此成为上级机关决策指导和协调工作的依据。所以，上级机关与下级机构经常性的、必要的顺畅沟通对于有针对性地开展工作、实质性地落实任务起到非常重要的作用。

（四）成文的事后性

写报告要用正确的立场、观点、方法对事实进行分析、研究，从成功的经验或者是失败的教训中总结出带有规律性的属性，才能对今后的工作有启迪。因此，报告写作环节既要收集、整理、归纳大量的素材，梳理出主要问题，理清工作推进的具体步骤和措施，还要分析原因，找出对策，提出建议等。这些要素都是在事情发生过程中或者完成后才能获得的，因此，向上级机关呈送报告的行文特点是事中或者事后。

三、报告的种类

按照行文目的和作用的不同，报告主要呈现出三种形式：一是下级机关定期向上级机关汇报阶段工作完成情况的工作报告；二是下级机关向上级机关反映某些偶发、重大、特殊情况的情况报告；三是下级机关有针对性地答复上级机关询问某些事项的答复报告。

按照报告写作范围不同，报告主要呈现出两种形式：一是用于反映一定范围或者一定阶段多方面、全方位工作情况的综合报告；二是用于反映某个单一方面、专项工作情况的专题报告。

按照报告的时限长短又可分为定期报告和不定期报告。定期报告是定时向上级机关所作的周报、月报、季报、年报等时限不同的报告；不定期报告是不定时的、根据工作需要向上级机关上报的报告。我们选择的是按照行文和作用分类的第一种形式。

四、报告的写法

报告由标题、主送机关、正文、落款四个部分组成。

（一）标题

报告的标题主要表现为两种形式：一是三要素齐全式，包括发文机关、事由和文种（报告），如《××大学关于××××工作情况的报告》等；二是两要素式，包括事由和文种，如《政府工作报告》等。在此须注意，"报告"不以单独文种作为标题。

（二）主送机关

报告的主送机关是指发文机关的直接上级机关，原则上主送一个上级机关，可根据工作需要同时抄送相关上级机关，一般不向上级机关负责人报送报告。

（三）正文

报告的正文一般由报告缘由、报告事项、报告结语三部分组成。

1. 报告缘由

报告缘由是以简单地概括说明报告的背景、依据、目的、原因、结论，以及对工作的意义等为主要内容。这部分不一定要素齐全，主要是视公文内容来决定。有的报告在本段末有"现将有关情况报告如下"字样，承上启下，导入下文。

2. 报告事项

报告事项部分是正文的核心，是报告写作的重点部分，其中要把工作推进的主要情况、主要问题、措施及效果，取得的经验和教训分条列项地表述出来，必要时辅之以数据统计和支撑材料，效果会更有说服力。结尾部分可以针对工作中存在的问题，提出下一步推进工作的具体步骤或者思路。

3. 报告结语

报告的结语比较简单，通常以"特此报告""特此报告，请审阅""请查收"等惯用语结束，但也有的不写结束语，仅用简明的语词概括全文作结。

（四）落款

落款位居正文之后，包括发文机关名称、印章和成文时间。成文时间应用阿拉伯数字，年、月、日齐全。

在此要注意的是，报告有不同的种类，不同报告的写法也有所不同。

1. 工作报告

"工作报告"具有综合性汇报工作的特点，主要包括三个部分。一是开头部分。概括说明一段时间内各方面工作的总体情况，包括行文依据和目的，工作基本概况，取得的成效，并在此基础上总结经验和教训，然后以"现将有关工作汇报如下"承转下文。二是主体部分。即工作具体推进情况，涉及工作目标达成、推进步骤以及实现成效等内容，有些报告结尾会有今后工作的打算和拟采取的整改措施。三是结尾部分。一般用"特此报告""请审阅"等语句作结。

工作报告这部分是对工作实践的理性认识，要善于概括，抽象出规律性的东西，使之系统化、理论化，以备今后工作借鉴。分析工作取得成绩时，注重客观到位，多采用统计数据和典型事实论述，增强说服力，忌简单地堆砌事实，罗列材料，不加分析地平铺直叙。一般分析成绩是通过三个层次写作的：工作取得的成绩、做法、经验和体会，以及存在的问题和建议。分析工作失误的原因时，找准根源，挖出痛点，吸取教训，要善于在事实的基础上归纳分析，使之条理化，避免在今后的工作中再犯类似的错误。有些工作报告会进一步交代处理相关事件的对策，即基于事件原因的分析，提出解决问题的办法。在报告写作时要注意点面结合，突出重点、详略得当，否则会使报告不得要领，对上级机关决策和参考没有帮助。

2. 情况报告

"情况报告"写作是以陈述情况为主，主要包括三个部分。一是开头部分。开头主要陈述事情的基本情况，即事件缘由（事实背景或事实依据），简明介绍事件时间、地点、原因、经过、结果等，然后以"现将有关情况汇报如下"承转下文。二是主体部分。即情况报告事项，这部分要交代清楚事件的具体情况，重点还要写明事件目前处理情况，通常包括人员处理、现场处理、善后处理、舆论处理等多种要素。三是结尾部分。一般用"特此报告"作结。

在写作"情况报告"时要特别注意：情况报告是专题报告，在陈述事件和提出处理意见或者建议时，反馈的信息一定要集中单一、具体、明确，还要迅速及时，要注意时效。对于特大事故，发文单位必须要在 24 小时内写出情况报告报送上级，以使上级尽快了解下情，做出决策。

3.答复报告

"答复报告"写作针对性强，主要是针对上级机关、业务管理部门提出的某些问题或者布置的具体任务进行回复，一般问什么就答什么。主要包括三个部分。一是开头部分。开头部分是报告的缘起，交代为什么要报告，即总述发生事件，使用"根据上级机关的要求（指示）"等语句介绍下文。二是主体部分。这部分主要介绍工作任务落实的过程，用叙述的方法简要介绍工作任务落实的来龙去脉，要求时间、地点、任务、结局（现状）要素齐备清晰。三是结语部分。一般用"特此报告"作结。

在此要注意的是，答复报告不能漫无边际地涉及与上级机关询问无关的事项，针对所提问题答复或者处理结果，有问必答，答其所问，表述明确具体，用语准确，不含糊其词，不模棱两可。

五、报告格式

××报告

_____：

报告的缘由（目的、依据、原因等）；

报告的事项；

报告的结尾（特此报告）。

附件：（此处可有可无，视情况而定）

发文机关（章）

××××年××月××日

六、例文分析

例文 1——工作报告

全国××（单位）××××年政府信息公开工作年度报告[①]

本报告根据《中华人民共和国政府信息公开条例》《国务院办公厅政府信

_____

[①]　例文来源：http://www.customs.gov.cn//customs/302249/zfxxgk/gknb/3590811/index.html.

息与政务公开办公室关于政府信息公开工作年度报告有关事项的通知》，梳理××××年度××系统政府信息公开工作情况编制而成。报告中所列数据的统计期限，自××××年1月1日起至××××年12月31日止。如对报告有疑问或有任何意见、建议，请联系××××办公厅政务公开处，地址：××××××××××××××××，邮编××××××；电话：（××）××××××××；电子邮箱：××××@××××.××.cn。

一、总体情况

××××年，全国××××深入学习贯彻习近平新时代中国特色社会主义思想和党的十九大、十九届二中、三中、四中、五中全会精神，坚持以人民为中心的发展思想，充分运用政府信息公开职能、作用、手段，以为民、便民、惠民的实际行动和实际成效切实推动《中华人民共和国政府信息公开条例》在××系统的贯彻落实，各项工作取得长足进展。

（一）持续夯实××信息公开工作机制

以制度为抓手、以问题为导向，持续巩固、优化、完善工作基础，推进××信息公开各项工作规范化、标准化、机制化。

第一，在制度建设上下功夫。××××年××月××日，××××正式废止原部门规章《中华人民共和国××政府信息公开办法》，对外统一适用《中华人民共和国政府信息公开条例》；同时，修订印发《××××政府信息公开工作规程》《××××政府信息公开审查规程》。39个直属××也已完成适应新版条例的内部制度流程的制订、修订。至此，经过近两年的时间，全国××基本完成新版条例所要求的政府信息公开内部配套制度建设工作。

第二，在工作推进上下功夫。对照国务院办公厅××××年度政务公开评估结果，××机关逐条拟定改进措施并完成整改。根据国务院办公厅《××××年政务公开工作要点》和××党委对政务公开的工作要求，制定《××××年××政务公开工作要点》，部署4个方面15项工作任务，均已推动完成。郑州、武汉、汕头、昆明、南宁、兰州等××细化分解××重点工作任务，明确时间节点，定期通报检查，确保落实到位。

第三，在能力提升上下功夫。尽力克服疫情影响，开展多形式、分层次的培训宣贯：××办公厅组织开展了××系统政务公开科长培训班；石家庄、呼和浩特、哈尔滨、厦门、成都等 19 个直属××组织了本关区的政务公开专题培训；北京××通过微信小程序组织"政务公开十问十答"在线答题，沈阳××在本关内网开展"5.15 政务公开日"宣传，青岛××隶属××××举办条例宣贯知识竞赛；全系统配发政府信息公开工具用书、学习读本 4 000 余册，为贯彻落实新版条例营造了良好氛围。

（二）助力口岸疫情防控和促进外贸稳增长

充分发挥政府信息公开的职能、作用，全力保障打赢疫情防控阻击战、落实"六稳""六保"等重大工作部署。

一是加大信息公开力度。坚决贯彻党中央、国务院部署要求，××机关先后出台 30 余项与口岸疫情防控、防疫物资快速通关、支持外贸企业复工复产等相关的政策措施。武汉××在疫情防控初期发布《武汉××关于用于新型冠状病毒肺炎疫情防控和治疗的进口捐赠物资办理通关手续的公告》，《人民日报》将其列为抗击疫情 30 条好消息之一。××和 42 个直属××在网站首页全部设置了"统筹推进口岸疫情防控和促进外贸稳增长"专栏，集中发布政策文件、政策解读、实施情况、违法公示信息等；××网站疫情专栏全年发布信息 1 698 条，访问量 78 万余次。

二是加强政策宣贯传播。运用多渠道、多媒介、多形式主动发声，积极回应群众关切。全年参加国务院新闻办公室发布会 6 场、吹风会 1 场、国务院联防联控机制发布会 15 场。通过"××发布""12360××热线"等新媒体发布的《解读｜如何区分医用与非医用口罩》《促外贸稳增长——××技术性贸易措施指南（口罩出口篇）》等 4 篇解读稿件成为网络"爆款"，仅微信阅读量即突破 10 万。合肥、厦门、武汉、拱北、黄埔、南宁、海口等××深入基层积极开展复工复产政策线下巡回宣讲会和"点对点"服务跟踪，青岛××向企业发放《××惠企便民手册》3 000 余册，帮助企业尽享××政策红利。

三是创新政务服务模式。针对疫情期间现场办事、咨询的实际困难，各级××创新工作模式，便利企业群众：广州××在 9 个领域 48 项业务推行"××通办"，企业"哪里方便哪里办"；杭州××网站上线"关企互动平台（复工复产专业版）"，全年收集处置企业困难 802 个，工作举措被央视新闻频道报道；济南××通过微信小程序开展企业调查、收集 863 家企业复工复产需求 56 个；深圳××开展"深数半月坛""专家在线"等线上宣讲 26 场、参与企业 1 397 家、处理咨询 1 730 件；南京××推出"企业问题清零云课堂"，阅读量超 2.3 万次。

（三）不断提升主动公开"含金量"

以条例要求为基准、以社会关切为重点，督促各级××切实履行法定主动公开职责，推进××政府信息"应公开、尽公开"。

一是推进基层××信息上网。针对政府网站集成化管理原则下、各隶属××不再单独设立网站的实际，年内部署直属××汇总、梳理关区隶属机构相关信息，通过本关网站上网公开。目前 42 个直属××所辖隶属××的机构职能、机构设置、办事地址、联系方式、负责人姓名等信息均已对外公布。

二是推进行政执法信息公示。直属××全部发布 2020 年度行政执法统计年报。13 个直属××完成关区行政处罚、强制事项事前公开清单的梳理发布。石家庄、长春、青岛××在机构改革后率先更新、发布本关权责事项清单；聚焦优化营商环境，合肥××编制发布了《合肥××监管项目清单》，成都××从 2020 年 1 月起定期发布四川省整体通关时间；石家庄、青岛××将关区执法人员信息上网公开，有效提升执法透明度。

三是推进基层政务公开建设。黄埔、成都××制定了《业务现场政务公开标准化手册》；上海、厦门、广州、江门等××统一制定基层业务现场、政务大厅的政务公开标准；长沙××在 7 个隶属××的 9 个业务场所推广政务公开智能服务台，集成语音咨询、流程指引、公告资讯、业务查询等功能；南宁××加强关区政务公开大屏联动管理，统一发布、管理信息；郑州××组织开展基层××政务公开标准化课题研究等。

四是推进年报编制"应编尽编"。组织完成××机关、全部××个直属××、604 个隶属××（较××××年增加 10 个）的××××年政府信息公开年报编制工作，并在网站"政府信息公开年报"专栏集中发布。至此，除拉萨××所辖 9 个隶属××因客观困难、23 个隶属××因开关尚不足 6 个月等予以豁免编制外，各级××实现了信息公开年报编制全覆盖。

（四）不断提升依申请公开办理质量

以完善内部操作指引为抓手、以隶属××为重点，全面提升××依申请公开工作办理质量。

在××层面，××××年3月，将××现有的36类程序性和实体性的答复文书模板印发全系统参照使用；7月，部署要求各直属××"打通"全部隶属××的依申请接收渠道，并将隶属××依申请公开质量作为年度评估重点；9月，向全系统征集信息公开申请典型案例，征得21个直属××报送的44个案例；12月，组织对42个直属××和42个隶属××进行了依申请实战测试，抽查发现2个直属××、11个隶属××的办理存在瑕疵，并要求立查立改。

在直属××层面，郑州、广州、深圳、汕头、黄埔等××着眼关区实际，细化制定依申请公开操作指引、工作流程图及文书模板等；天津××编制《政务公开基层实操工作手册》，汇编解答基层信息公开常见的93个问题；太原、乌鲁木齐××通过模拟演练、抽查测试等，加强对隶属××依申请公开业务指导。

通过上述努力，2020年全国××因依申请公开引发的行政争议大幅减少，全年涉及依申请公开的行政复议17起、行政诉讼7起，分别较2019年减少29起、19起。

（五）不断提升公开平台建设水平

充分发挥各类平台在政府信息发布、传播、互动中的不同优势，推动网站专栏、热线话务、互联网新媒体"三位一体"集成发力。

一是规范网站公开专栏建设。完成直属××网站"政府信息公开专栏"优化升级，推动专栏更专、服务更优。在国务院办公厅组织的××××年政府网站检查通报中，××××网站被列为"总体较好"网站；组织完成直属××网站升级改版，××网站建设正从"合格达标"迈入"规范优质"。

二是保持热线服务优势。××××年，×××××××热线受理话务170.7万次，较××××年增长4.1％；接通率97.4％，答复抽查准确率98.2％，均为历史最高；网站在线答复业务咨询12 165条。

三是加强新媒体便捷互动。上海××升级12360微信公众号查询系统，拓展功能至25项，月查询量超8万，订阅人数17万；天津××12360微信答复咨询13 950条，同比增长20％；深圳××12360公众号提供"智能客服"咨询，机器人答复1.4万余次，线上办理业务2.4万条；重庆××开展"微客服"在线服务等。

（六）持续强化信息公开工作保障

推动各级××政府信息公开机构切实履行工作职责，加强业务指导和层级监督，强化保障措施。

一是明确领导责任。年内组织完成全部直属、隶属××承担政府信息公开责任的领导人员备案工作，强化各级××政务公开领导责任。

二是完善考核评估。继续组织××系统政务公开第三方考核评估，对××××年考核成绩较好的南京××、黄埔××、青岛××、广州××、杭州××、天津××、福州××、南宁××、济南××、宁波××、郑州××、湛江××、深圳××、厦门××、哈尔滨××、汕头××，在全系统予以通报表扬。

三是加强内部和外部监督。××办公厅继续定期通报本级机关政务公开工作情况，推动机关司局落实信息公开义务。全系统全年收到涉及依申请公开的投诉举报4件，2件维持、2件自行撤回。杭州××由督审部门牵头，对各部门咨询答复质量进行专项督察通报；郑州××开展条例实施一周年问卷调查，征集企业意见建议；汕头××开展关区政务公开专项检查，通过向企业发送二维码匿名问卷、实地检查等形式了解企业对××政务公开的满意度等。

二、主动公开政府信息情况

第二十条第（一）项			
信息内容	本年新制作数量	本年新公开数量	对外公开总数量
规章	4	4	181
规范性文件	212	212	2 250
第二十条第（五）项			
信息内容	本年项目数量	相比上年增/减	处理决定数量
行政许可	14	0	447 879

第二十条第（六）项			
信息内容	本年项目数量	相比上年增/减	处理决定数量
行政处罚	7	0	71 195
行政强制	16	0	31 653

第二十条第（八）项		
信息内容	本年项目数量	相比上年增/减
行政事业性收费	0	0

第二十条第（九）项		
信息内容	采购项目数量	采购总金额（万元）
政府集中采购	18 696 383	499 66

三、收到和处理政府信息公开申请情况

（本列数据的钩稽关系：第一项加第二项之和，等于第三项加第四项之和）		申请人情况						
		自然人	法人或其他组织					总计
			商业企业	科研机构	社会公益组织	法律服务机构	其他	
一、本年新收政府信息公开申请数量		907	177	3	6	2	5	1 100
二、上年结转政府信息公开申请数量		51	1	0	0	0	0	52
三、本年度办理结果	（一）予以公开	304	64	1	0	0	2	371
	（二）部分公开（区分处理的，只计这一情形，不计其他情形）	118	5	0	0	0	0	123
	（三）不予公开　1.属于国家秘密	0	0	0	0	0	0	0
	2.其他法律行政法规禁止公开	1	0	0	1	0	0	2

（本列数据的钩稽关系：第一项加第二项之和，等于第三项加第四项之和）			申请人情况						
			自然人	法人或其他组织					总计
				商业企业	科研机构	社会公益组织	法律服务机构	其他	
三、本年度办理结果	（三）不予公开	3. 危及"三安全一稳定"	1	0	0	0	0	0	1
		4. 保护第三方合法权益	6	0	0	1	0	0	7
		5. 属于三类内部事务信息	7	1	0	0	0	0	8
		6. 属于四类过程性信息	0	3	0	0	0	0	3
		7. 属于行政执法案卷	4	0	0	1	0	0	5
		8. 属于行政查询事项	1	11	0	0	0	0	12
	（四）无法提供	1. 本机关不掌握相关政府信息	189	21	1	2	0	0	213
		2. 没有现成信息需要另行制作	32	3	1	0	0	1	37
		3. 补正后申请内容仍不明确	1	0	0	0	0	0	1
	（五）不予处理	1. 信访举报投诉类申请	8	1	0	0	0	0	9
		2. 重复申请	8	1	0	0	0	0	9
		3. 要求提供公开出版物	0	0	0	0	0	0	0
		4. 无正当理由大量反复申请	0	0	0	0	0	0	0
		5. 要求行政机关确认或重新出具已获取信息	2	0	0	0	0	0	2

续　表

（本列数据的钩稽关系：第一项加第二项之和，等于第三项加第四项之和）			申请人情况						
			自然人	法人或其他组织					总计
				商业企业	科研机构	社会公益组织	法律服务机构	其他	
三、本年度办理结果	（六）其他处理	1. 申请人撤销申请	184	26	0	0	1	1	212
		2. 咨询事项，指引咨询渠道	39	31	0	0	0	1	71
		3. 逾期未补正	20	4	0	0	0	0	24
	（七）总计		925	171	3	5	1	5	1 110
四、结转下年度继续办理			33	7	0	1	1	0	42

四、政府信息公开行政复议、行政诉讼情况

行政复议					行政诉讼									
					未经复议直接起诉					复议后起诉				
结果维持	结果纠正	其他结果	尚未审结	总计	结果维持	结果纠正	其他结果	尚未审结	总计	结果维持	结果纠正	其他结果	尚未审结	总计
5	7	2	3	17	0	0	0	0	0	2	0	1	4	7

五、存在的主要问题及改进情况

（一）××××年问题整改情况

针对××系统政务公开工作不平衡的问题，在××××年直属××政务公开评估中，专门设置了"往年问题整改"指标并赋予较高权重，督促评估成绩低于80分的9个直属××开展专项整改。从××××年直属××政务公开评估结果看，尽管各关工作差距不可避免依然存在，但总体水平进步明显，平均分从84.7分提升到89.3分；低于80分的直属××也从9个减少到5个。

针对部分××依申请公开基础薄弱的问题，××××年分别采取业务培训、制订修订内部制度、统一规范办理文书、征集典型案例、对隶属××抽查测试等多种措施着手改进。从测试情况来看，目前直属××依申请公开工作基础（包括制度、流程、人员能力）已基本完善，但隶属××工作基础仍有待夯实。

（二）待改进问题

长期以来，隶属××政务公开工作缺重视、缺标准、缺评价，存在明显短板，影响企业群众对××政务公开的"获得感"。××××年，全国××拟以隶属××政务公开标准化建设为抓手，重心下移、强化基层，打通××政务公开服务群众的"最后一公里"。

六、其他需要报告的事项。

 例文分析

这是××××提交的一份工作报告，由两部分组成。一是报告撰写的缘由。法律依据是《中华人民共和国政府信息公开条例》《国务院办公厅政府信息与政务公开办公室关于政府信息公开工作年度报告有关事项的通知》，背景依据是梳理××××年度××系统政府信息公开工作情况编制，报告中所列数据的统计期限，自××××年1月1日起至××××年12月31日止。二是报告的事项，这是这份报告的核心内容，包括以下六项。第一，××××年全国××切实推动《中华人民共和国政府信息公开条例》贯彻落实的总体情况：持续夯实××信息公开工作机制；助力口岸疫情防控和促进外贸稳增长；不断提升主动公开"含金量"；不断提升依申请公开办理质量；不断提升公开平台建设水平；持续强化信息公开工作保障。第二，主动公开政府信息情况。第三，收到和处理政府信息公开申请情况。第四，政府信息公开行政复议、行政诉讼情况。第五，存在的主要问题及改进情况。第六，其他需要报告的事项。

这份报告全面汇报了××××年度××系统政府信息公开工作开展的做法、经验和不足，使上级能够及时掌握该项工作推进进度，有利于上级获取对执行结果的判断和决策。

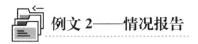 **例文 2——情况报告**

<h2 style="text-align:center">关于××"4.6""4.8"和"4.21"特大
安全事故调查处理意见报告①</h2>

全国社会治安工作会议、全国整顿和规范市场经济秩序工作会议（以下简称"两会"）结束不久，××连续发生了三起特大安全事故。4月6日××××矿务局××煤矿发生了瓦斯爆炸事故（以下简称"4.6"事故），38人死亡，7人受伤。4月8日在××××市××市（县级）××（道观）通往××西山门的人行涵洞内，发生了人群拥挤踩踏伤亡事故（以下简称"4.8"事故），17人死亡，5人受伤。4月21日××××矿务局××煤矿多种经营公司一处个体承包井发生了瓦斯爆炸事故（以下简称"4.21"事故），48人死亡。

党中央、国务院对××连续发生的这几起特大安全事故十分重视。对"4.6"和"4.8"事故，遵照×××、×××、×××和×××同志的批示，4月9日，国家经贸委副主任×××、国务院副秘书长×××率领由国务院办公厅、国家经贸委、监察部、公安部、国家安全生产监督管理局（国家煤矿安全监察局）、国家工商总局、国家质检总局、国家旅游局和全国总工会等有关部门同志组成的国务院调查组，立即赶赴陕西进行了深入的调查。经过调查取证查清了事故的原因，认定这两起事故均为责任事故。对"4.21"事故，遵照×××、×××、×××同志的批示，国家安全生产监督管理局局长×××率有关人员于当天下午赶赴现场，会同××领导及有关部门进行了调查，认定这也是一起责任事故。现将有关情况和处理工作报告如下：

一、"4.8""4.6""4.21"事故的基本情况

（一）××市"4.8"事故

每年的农历三月十五日（今年公历4月8日）是××市××传统的古庙会，已有上百年的历史。今年古庙会时逢双休日，天气又好，加上电视、报刊广告宣传，庙会的规模较往年扩大，活动内容增加，游人数量翻番，多达6万余人。在由××通往××西山门的狭窄的人行涵洞内（长29米，宽3米），由于上下山的

---

① 例文来源：https://www.gov.cn/xxgk/pub/govpublic/mrlm/201201/t20120129_64759.html.

游人多，加上涵洞内无照明，光线严重不足，路面高低不平，使得游人十分拥挤混乱。上午 10 时 40 分左右，有人在涵洞内被高出地面 6 公分的混凝土盖板（下面为水道）绊倒，随之不少游人相继扑倒，叠压在一起，造成群体踩踏挤压伤亡事故，17 人死亡，5 人受伤，其中绝大多数是老人和儿童。

事故的主要原因：

（1）××市委、市政府和××管理局对安全工作缺乏足够认识，安全意识淡薄；对这次大规模的公众聚集活动的安全，没有给予足够的重视；对今年古庙会出现的新情况，没有进行认真的分析研究，也没采取切实有效的安全措施，掉以轻心，麻痹大意。

（2）××市委、市政府对这样大规模的活动，既未向上级政府报告，也没有制定切实有效的应急预案和控制、疏导游人的具体办法，安全防范措施不力。实际上这里游人上下山已具备单方向行进的条件，如果能够有效地组织引导游人从涵洞上山，从××旁侧旅游路下山，单方向行进，这起事故是完全可以避免的。

（3）省、市、县三级政府责任不落实，监督管理不力，致使涵洞内无照明、道路不平等安全隐患长期得不到解决。特别需要提出的是 20 世纪 80 年代，××曾因道路不畅发生过游人伤亡事故。为此，国家投资 220 万元，于 1985 年在距涵洞不远的××旁侧增修了一条可直达××西山门的专用旅游道路。由于这条旅游道路不经过××，这就直接影响了××的门票收入。门票承包人为××市民政局殡仪所主任，他除每年上交××100 多万元外，还要从收入中拿出 2 万元给市民政局。因利益关系，曾多次出现××派人到专用旅游道路上封道、拦阻游人的现象，甚至与游人发生冲突。省、市领导了解这些情况，并派人协调过，但没有从根本上解决问题，使得这条旅游道路长期被弃置不用。

综上所述，××市政府对这起事故负有直接的领导责任。××市政府对××市这一传统的、大规模的活动，长期失于监督管理，对这起事故负有重要领导责任。

（二）××煤矿"4.6"事故

××矿务局建于 1955 年，为国有大型煤炭企业。××煤矿是××矿务局的重点矿井之一。2001 年 4 月 6 日，××煤矿四采区皮带下山（"下山"就是沿煤层倾斜方向向下掘进的巷道）巷道中发生瓦斯爆炸事故，造成 38 人死亡，7 人重伤。

事故的主要原因：该矿井是高瓦斯矿井，掘进工作面的瓦斯涌出量大，在掘进过程中没有按《煤矿安全规程》的规定及时采取瓦斯抽放措施；事故发生地点的扇风机没有正常运行，造成瓦斯积聚，并达到爆炸界限，由于电气设备短路产生火花而引起瓦斯爆炸。按规定，该瓦斯突出的矿井的下井人员应携带能自制氧气的隔离式自救器，而实际下井人员携带的是过滤式自救器，致使事故发生时矿工难以逃生。

（三）××煤矿"4.21"事故

4 月 21 日，××××矿务局××煤矿多种经营公司一个体承包井发生特大瓦斯爆炸事故，造成 48 人死亡。

经查，××矿务局于 1996 年将××煤矿边角煤划给该矿多种经营公司开采，多种经营公司于 1998 年 7 月又承包给个体户吴秀东经营，因超层越界违规开采，2000 年 11 月 21 日该承包井被下令关闭，但吴秀东（正在缉拿中）见利忘义，一直在擅自开采。国务院三令五申要求关闭国有大矿范围内的小井，但××及其有关部门贯彻不力，致使发生特大安全事故。

二、关于对事故责任人员的处理意见

对这三起特大安全事故责任人员的处理原则：一是坚决贯彻"两会"精神，充分体现《国务院关于特大安全事故行政责任追究的规定》；二是在事实清楚、证据确凿的前提下，依法从严处理；三是国务院调查组重点调查的对象为县处级以上政府及其部门有关负责人。

（一）对"4.8"事故责任人的具体处理意见

（1）×××，××管理局党委委员、副局长（古庙会指挥部执行副总指挥）。给予撤销副局长处分，建议给予撤销党委委员处分。

（2）×××，女，××管理局党委书记、局长（古庙会指挥部执行总指挥）。给予撤销局长处分，建议给予撤销党委书记处分。

（3）×××，××市副市长（古庙会指挥部总指挥）。给予撤销副市长处分，建议给予党内留党察看一年处分。

（4）×××，××市委副书记（古庙会指挥部政委）。建议给予撤销市委副书记处分。

（5）×××，女，××市委副书记、市长（从今年2月起在省委党校脱产学习）。给予行政降级处分，建议给予党内严重警告处分。

（6）×××，××市委常委、常务副市长。给予行政降级处分，建议给予党内严重警告处分。

（7）×××，××市委书记。建议给予党内严重警告处分。

（8）×××，××市委常委、常务副市长。给予行政记过处分。

（9）×××，××市委书记。建议给予党内警告处分。

（10）×××，××市代市长，2001年元月18日从省工商局调任。此前，作为省工商局局长，对拼装车市场问题负有领导责任，待调查清楚后一并给予处分。

（二）对"4.6"事故责任人的具体处理意见

（1）××，××煤矿总工程师。事故发生后，组织涂改伪造原始记录，给予开除公职处分，移交司法机关处理，建议给予开除党籍处分。

（2）×××，2001年3月起代理××煤矿矿长职务（该矿原副矿长）。给予行政撤职处分，建议给予留党察看一年处分。

（3）×××，××煤矿党委书记。建议给予撤销党委书记处分。

（4）×××，××矿务局通风处处长。给予行政记过处分。

（5）××，××矿务局通风副总工程师。给予行政记大过处分，建议给予党内严重警告处分。

（6）×××，××矿务局总工程师。给予行政降级处分，建议给予党内严重警告处分。

（7）××，××矿务局党委常委、局长。给予撤销局长处分，建议给予撤销党委常委处分。

（8）××，××矿务局党委书记。建议给予党内严重警告处分。

（三）对"4.21"事故部分责任人的处理意见

（1）×××，××矿务局党委常委、局长。给予撤销局长处分，建议给予撤销党委常委处分。

（2）×××，××煤炭工业局党组副书记、副局长。对"4.6"和"4.21"事故负有重要领导责任，给予行政降级处分，建议给予党内严重警告处分。

（3）×××，××煤炭工业局党组书记、局长。对"4.6"和"4.21"事故负有重要领导责任，给予行政记大过处分，建议给予党内严重警告处分。

涉及以上三起特大安全事故的其他责任人，由××和有关部门作出严肃处理，直至追究直接责任者的刑事责任。

（四）对××领导的处理意见

××连续发生三起特大安全事故，性质非常严重，影响特别恶劣。××政府对安全生产工作抓而不实，监督管理不到位，对"4.6""4.8"和"4.21"特大安全事故负有领导责任。建议对××省长×××同志给予行政记过处分，并由国务院通报全国。对负有责任的有关副省长，在进一步核实情况和责任后，依照有关规定严肃处理。

有关省部级以下党员领导干部的党纪处理，由地方党委按规定程序办理。

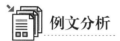 **例文分析**

这是一份情况报告，它具有临时性和突发性的特点。报告由三部分组成：一是报告的缘由，交代了××连续发生三起特大安全事故的背景；二是叙述了××市"4.8"、××煤矿"4.6"、××煤矿"4.21"事故的基本情况和主要原因；三是报告了关于对事故责任人员和有关省部级以下党员领导干部的处理原则和意见。这份报告反映了调查了解到的三起重大安全事故情况、处理原则和意见。这种情况报告的特点是能够及时地把下级发现的事件下情上传，使上级机关及时了解临时发生的突发事件，正确作出决策参考。

 例文 3——答复报告

××医保局关于 2023 年 7 月全省政府网站自查情况的报告①

××政府办公厅：

按照政办发电〔2018〕10 号通知要求，我局对 2023 年 7 月网站运行情况进行了自查，现将有关情况报告如下。

---

① 例文来源：https://www.shanxi.gov.cn/ztjj/wzcc/szqk/202308/t20230807_9079200.shtml.

一、基本情况

（一）网站可用性

7月我局门户网站未出现过网站无法打开的情况，网站的外部链接、专题专栏、二级页面以及医保信息查询内容可以正常访问。

（二）信息更新情况

"工作动态""时政要闻"栏目累计更新109条。"通知公告""政策法规""政策解读"栏目更新7条。信息公开目录更新3条。

（三）互动回应情况

共收到网站"局长信箱"和"网上信访"164件，办结105件，公开回复105件。

（四）政务服务情况

目前，我局在网站首页设有"政务服务"栏目，下设"受理平台"和"药采平台"。"受理平台"已上线8个模块，均运行正常；"药采平台"已正式上线，运行正常。

二、存在的问题及下一步整改措施

目前，我局门户网站整体运行状况良好，下一步我局将按照政府网站建设要求，不断加大网站更新及维护力度。

网站名称	××医疗保障局网站						
信息发布（单位：条）	总数	国务院重要信息转载量	省政府重要信息转载量	政务动态信息更新量	图片信息更新量	信息公开目录更新量	报送省政府信息量
	142	14	72	35	18	3	0
"我为政府网站找错"平台网民留言办理	收到留言数量（单位：条）	0					
	按期办结数量（单位：条）	0					
解读回应	解读信息发布数量（单位：条）	0					
	回应公众关注热点或重大舆情数量（单位：次）	0					

续 表

网站名称		××医疗保障局网站		
互动交流	留言办理	收到留言数量（单位：条）		164
		办结留言数量（单位：条）		105
		公开答复数量（单位：条）		105
	征集调查	征集调查期数（单位：期）		0
		收到意见数量（单位：条）		0
		公布调查结果期数（单位：期）		0
	在线访谈	访谈期数（单位：期）		0
安全防护	安全监测评估次数（单位：次）	1		
	发现问题数量（单位：个）	0		
	问题整改数量（单位：个）	0		
移动新媒体	是否有移动新媒体	□是		□否
	微博	名称		
		信息发布量（单位：条）		
		关注量（单位：个）		
	微信	名称		××医保局、山西医保
		信息发布量（单位：条）		54
		订阅数（单位：个）		5 136 803
	其他	无		

例文分析

这是××医保局给××办公厅的一份答复报告。报告由两部分组成。第一部分是答复报告的缘由，交代了行文的依据"按照政办发电〔2018〕

10 号通知要求，我局对 2023 年 7 月网站运行情况进行了自查"。第二部分介绍了答复报告的事项：一是基本情况，包括网站可用性；信息更新情况；互动回应情况；政务服务情况；二是存在的问题及下一步整改措施。这份报告是应××办公厅对网站工作通知要求而进行的工作答复，内容较为单一，一事一报，针对性强，即上级机关要求什么或问什么就答复什么，不答非所问，不节外生枝。

第六章

批　　复

一、批复的概念

批复是上级机关答复下级机关请示事项时使用的一种下行公文，即上级机关针对下级机关请求指示、批准的事项，要用批复给予明确答复、阐明指示性意见。批复是一个非常被动的文种，它的写作要以下级"请示"为前提，没有"请示"便没有批复，其内容涉及面比较窄，仅限于直接回答下级机关所请示的某一种事项。

在此要强调以下几点。一是批复的针对性问题。批复一定要与请示的内容一一对应，即一请一复，下级请示什么内容，上级就批复什么内容，批复的内容要有针对性。二是一个批复只能有一个内容。即批复一次只能批复一个事项。三是批复的答案一定要明确。批复的观点一定要明确，直截了当，不能模棱两可，以免下级不知所措。四是批复要注重实效性。凡是下级向上级请示的事项，一般都是时间紧迫、事关重大的内容，急需上级机关的指示和解决，所以上级机关应当及时批复，否则可能贻误时机，影响工作有序推进，严重者会造成重大损失。五是批复要言简意赅。批复的行文要具有权威性，要做到言止意尽，措辞严密、精准。

批复与复函的区别在哪里呢？批复是答复请示的主要方式，但绝不是唯一的方式，不是所有的请示都要用批复来答复，还有一种答复的形式是"复函"。当上级机关遇到下面两种情况时，可以用"复函"来答复下级机关的请示：一是当上级机关对下级机关的请示形成意见时，交由其下设的办公部门（机构）答复请示事项时；二是当下级机关请示事项是一般业务问题，上级机关授权给业务部门解释、答复该事项时。在此要特别强调的是，复函必须经过请示的收文机关批准方可行文，而且必须把经过批准或者授权的情况写进复函的正文中作为依据。在此要注意两点：一是"批复"和"复函"的行文方向是不同的，"批复"是下行文，"复函"是平行文，因此在行文时要注意去文单位与来文单位的隶属关系，正确选择适合的文种；二是两种文种结尾语是不同的，上级机关写给下级机关的"批复"，一般使用语气较为严肃的结尾专用语"特此批复"，办公机构或者业务部门写给下级机关的"复函"，一般使用语气较为婉转的"特此函复"，而简洁的"此复"是两者均可使用的。

此外，还要注意"批复"不能用于回复下级机关的"报告"。"批复"虽然是答复性文种，但它只针对"请示"，它答复的是上级机关或批准，或确认，或是对新决策的指示内容。"批复"和"批示"也不能混同。"批复"是党和国家机关的法定文种，是专门答复下级机关报送的"请示"文种而使用的，批复的主送机关正是报送请示的机关；"批示"则不是法定文种，是针对下级机关报送的"工作计划""工作总结""工作简报""信息快报"等事务文书之中的可以推广的成绩、值得借鉴的经验、引起警戒的问题等所作的批语，甚至下级机关报送的信息如果具有普遍意义，发文的范围可以扩大至与此工作相关的单位。

二、批复的特点

（一）行文的被动性

使用批复的前提是下级机关要有呈送上级机关的请示，它是上级机关专门用于答复下级机关请示事项的一种下行公文。即先有上报的请示，后有下发的批复，请示和批复属于一来一往的互动行文，没有请示，便没有批复。

（二）内容的专一性

批复要针对下级机关请示的事项表明态度，是否同意或者是否可行。请示是提问，批复是回答，批复事项必须紧扣请示的具体内容进行答复，着重解决请示中的具体问题，而不能另外找与请示内容不相关的话题进行答复，不能答非所问。有一些批复还会要求下级机关将执行情况上报，以便督促落实。

（三）态度的明确性

批复的态度和观点必须十分明确地直接表达。对于下级机关请求批示的事项，上级机关批复要给予明确指示，要体现上级机关的政策精神和指导方针；对于请求批准的事项，上级机关要明确是批准还是不批准，同意还是不同意，语言要精确，态度要鲜明，不能模糊暧昧，特别是遇到不同意的请示事项，一定要直截了当地否决。若遇到情况复杂的事项，可以原则上同意，但针对某些个别问题提出不同的意见和要求。

（四）效用的权威性

批复是上级机关针对下级机关请示问题做出的指示，无论同意或者不同意，这种批复对下级工作都具有指导性，是下级机关开展工作的指南和依据。批复所给予的结论性意见，下级机关必须按照批复意见执行或者贯彻落实，不得违背，特别是对一些重大事项的答复，体现了党和国家的有关方针、政策，具有权威性，所以批复一经下发，下级机关必须遵照执行。

三、批复的种类

（一）指示性批复

指示性批复又称为阐释性批复，是上级机关用于答复下级机关请求指示的文种，主要从三个方面表现出来：一是下级机关针对现行政策、法律、法规指示不明确，需要上级机关做出具体解释或者答复，批复还会就请示事项的落实、执行或者该事项的重要性、意义及落实措施提出若干指示性意见，该批复对下级机关的该项工作具有指导作用；二是针对下级机关提出的难以解决的政策问题或者没有明文规定的实际疑难问题予以指导；三是授权政府职能部门发布或者修改行政法规和规章制度。

（二）批准性批复

批准性批复又称为表态性批复，是上级机关用于答复请求批准的文种，主要针对下级机关请求批准的事项进行认可和审批，通常是关于机构设置、人事安排、项目设立、资金划拨等事项的审批，带有表态性和手续性，是对请示事项表示同意或者不同意的批复。

四、批复的写法

批复由标题、主送机关、正文、落款等部分组成。

（一）标题

批复的标题有两种：一是由批复机关、事由和文种三部分组成，这是常见的三要素标题，在事由中一般是用介词"关于"加下级机关请示的问题组成，如《国务院关于虹桥国际开放枢纽建设总体方案的批复》；二是由发文机关、表态词、请示事项、文种组成，如《教育部关于同意中国传媒大学章程部分条款修改的批复》。上级机关在批复中若是同意下级机关请示的内容，可在标题中明示"同意"；若是不同意下级请示的内容，则标题不宜采用"不同意"之类的否定性文字。在此，表态词一定要明确、清晰，不能含糊。

（二）主送机关

批复的主送机关，一般只有一个，即发给请示的下级机关；但有时请示的问题涉及几个单位，则批复发给对应的单位。如果所请示问题有普遍性或者需要告知其他一些机关，可用抄送等形式。

（三）正文

批复的正文一般由批复引据、批复事项、批复结语三部分组成。

1. 批复引语

批复引语是正文起首段或者起首语，是批复的起因或者依据，主要说明批复的起因，通常包含两方面要素。一是引据，即简要表明知晓来文所请示的事项，这部分引据写法较为固定，是由下级机关请示的标题、发文字号，添加"收悉""收到"等引词组成，引语在此主要起到承上启下的作用，既表达已经知道下级机关请示的问题，又引出后面要表达的答复性文字。

二是引述来文事项，然后表明批复者的态度，成为引语到主体的承转句。

2. 批复事项

批复是针对请示事项所给予的具体指示，或者是肯定或者是否定的回答。批复事项是批复的核心内容，这部分内容主要呈现出两种形式。一是批示性批复，即针对软件性质请示的答复。要分层次，或者从党和国家的方针、政策、法律、法令、规章、制度层面，或者是针对请示的具体事项给予恰当和明确的答复，请示什么问题就答复什么问题，答复要具体、准确，答复内容简单的可以采用篇幅段合一形式，答复内容复杂的可以分条表述。二是批准性批复，即针对硬件性质请示的答复。答复有三种情况。第一种是明确表示"同意"的答复。这种答复首先要针对来文表明态度，用"同意"作肯定的答复，然后再逐一引述请示事项予以首肯。根据实情还可以做出相关的指示，提出实施办法、注意事项或者补充意见，明确保证批复事项完成的条件。此类批复也可以只表明肯定意见，答复后没有必要的就不再作指示，行文十分简洁。第二种是表示"基本同意"的答复。这是对请示事项使用"基本同意"或者"原则同意"的表态批复，同时还须写明修正意见和补充处理办法。第三种是明确表示"不同意"请示事项的批复。这种批复首先用否定性表态语"不同意"表明态度，然后须具体说明否定的理由，防止某些问题出现，有理有据地纠正下级机关的错误请示，以便下级机关接受，也可提供其他解决办法。有些批复事项的后面会概括地提出一些执行或者落实相关工作的希望和要求，以示深入强调批复的核心要点。

3. 批复结语

批复的结语比较简单，一般单独成段，有以下三种表示方法：一是用惯用语"特此批复""此复"表示；二是如果开头已用"现批复如下"此类承上启下用语，可以批复事项完则公文结束，省略结语；三是部分批复不用结语，而是简要提出执行要求。

（四）落款

批复在正文之后署上发文机关的名称和成文时间，成文时间应用阿拉伯数字，年、月、日齐全。

五、批复格式

××关于××的批复

_____：

批复的缘由（即依据，往往是来文的文件名＋文号＋收悉）；

批复的事项（有针对性地就请示内容予以答复）；

批复结语（特此批复、此复等）。

发文机关（章）
××××年××月××日

六、例文分析

 例文1——指示性批复

国务院关于虹桥国际开放枢纽建设总体方案的批复①
国函〔2021〕21号

上海市、江苏省、浙江省、安徽省人民政府，国家发展改革委：

国家发展改革委《关于报送〈虹桥国际开放枢纽建设总体方案（送审稿）〉的请示》（发改地区〔2021〕10号）收悉。现批复如下：

一、原则同意《虹桥国际开放枢纽建设总体方案》（以下简称《方案》），请认真组织实施。

二、《方案》实施要以习近平新时代中国特色社会主义思想为指导，全面贯彻党的十九大和十九届二中、三中、四中、五中全会精神，深入贯彻习近平总书记在扎实推进长三角一体化发展座谈会上的重要讲话精神，按照党中央、国务院决策部署，认真落实《长江三角洲区域一体化发展规划纲要》有关要求，立足新发展阶段、贯彻新发展理念、构建新发展格局，紧扣"一体化"和"高质量"两个关键，着力建设国际化中央商务区，着力构建国际贸易中心新平台，着力提高综合交通管理水平，着力提升服务长三角和联通国

① 例文来源：https://www.gov.cn/gongbao/content/2021/content_5591409.htm.

际能力，以高水平协同开放引领长三角一体化发展。

三、上海市、江苏省、浙江省、安徽省人民政府要切实加强组织领导，完善工作机制，制定配套政策，落实主体责任，确保《方案》确定的目标任务如期实现。《方案》实施涉及的重要政策和重大建设项目要按程序报批。

四、国务院有关部门要按照职责分工，加强对《方案》实施的协调和指导，在政策实施、体制创新、项目建设等方面给予积极指导和支持，协调解决《方案》实施中遇到的困难和问题。

五、国家发展改革委、推动长三角一体化发展领导小组办公室要会同有关方面加强对《方案》实施情况的跟踪分析和督促检查，适时组织开展《方案》实施进展情况评估，注意研究新情况、解决新问题、总结新经验，重大问题及时向国务院报告。

国务院（章）

2021 年 2 月 4 日

 **例文分析**

这是国务院给上海市、江苏省、浙江省、安徽省人民政府以及国家发展改革委的一份指示性批复。由于这份请示事项涉及虹桥国际开放枢纽建设的上海、江苏、浙江、安徽以及国家发改委，所以批复的主送机关就有五家。批复的引语包括"国家发展改革委《关于报送〈虹桥国际开放枢纽建设总体方案（送审稿）〉的请示》（发改地区〔2021〕10 号）"和"收悉"。"现批复如下"是承转句，承上启下，引出批复的事项。批复事项是本公文的核心内容，它从五个方面答复下级机关"请示"中的问题：一是原则同意《虹桥国际开放枢纽建设总体方案》（以下简称《方案》），请认真组织实施；二是《方案》实施的指导思想，依据、落实的要求等内容；三是上海市、江苏省、浙江省、安徽省人民政府要切实加强组织领导，完善工作机制，制定配套政策，落实主体责任以及程序报批等要求；四是针对国务院有关部门加强对实施工作的协调、指导、支持等职责要求；五是针对国家发展改革委、推动长三角一体化发展领导小组办公室加强对实施推进工作环节的要求。由于批复的内容涉及五个方面，所以答复内容采用了五段分条表述的形式。

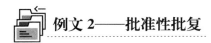 例文 2——批准性批复

国务院关于同意在海南省暂时调整实施
有关行政法规规定的批复①

国函〔2023〕23 号

海南省人民政府，海关总署、发展改革委、司法部、财政部、税务总局：

你们关于优化海南离岛免税政策提货方式的请示收悉。现批复如下。

一、同意在海南省暂时调整实施《中华人民共和国海关事务担保条例》的有关规定（目录附后），自 2023 年 4 月 1 日起对符合规定的离岛免税品可提交担保后提前放行。

二、海关总署、海南省人民政府要根据上述调整，及时对本部门、本省制定的规章和规范性文件作相应调整，建立相适应的管理制度。

三、国务院将根据有关政策在海南省的实施情况，适时对本批复的内容进行调整。

附件：国务院决定在海南省暂时调整实施的有关行政法规规定目录

国务院（章）

2023 年 3 月 3 日

附件：

国务院决定在海南省暂时调整实施的有关行政法规规定目录

有关行政法规规定	调整实施情况
《中华人民共和国海关事务担保条例》第四条第一款　有下列情形之一的，当事人可以在办结海关手续前向海关申请提供担保，要求提前放行货物：（一）进出口货物的商品归类、完税价格、原产地尚未确定的；（二）有效报关单证尚未提供的；（三）在纳税期限内税款尚未缴纳的；（四）滞报金尚未缴纳的；（五）其他海关手续尚未办结的。	对符合规定的离岛免税品可提交担保后提前放行。

---

① 例文来源：https://www.gov.cn/zhengce/zhengceku/2023-03/21/content_5747668.htm.

例文分析

　　这是国务院给海南省人民政府，海关总署、发展改革委、司法部、财政部、税务总局发送的一份关于同意在海南省暂时调整实施有关行政法规规定的批准性批复。该批复的引语是"你们关于优化海南离岛免税政策提货方式的请示收悉"，"现批复如下"是承转句，承上启下，引出批复的事项。批复事项是本公文的核心内容，它从三个方面答复下级机关"请示"中的问题：一是"同意在海南省暂时调整实施《中华人民共和国海关事务担保条例》的有关规定"；二是"海关总署、海南省人民政府要根据上述调整，及时对本部门、本省制定的规章和规范性文件作相应调整，建立相适应的管理制度"；三是"国务院将根据有关政策在海南省的实施情况，适时对本批复的内容进行调整"；最后以内容结束自然作结。由于内容不止一个，所以答复内容采用了分条表述的形式。

第七章

命　令

一、命令的概念

命令（令）是指国家机关及其领导人颁布的具有强制性、权威性和指令性的下行公文，是国家法定公文表达的最高形式。它是国家权力机关、行政机关、军事机关依照有关法律发布的行政法规和规章制度、宣布施行重大强制性行政措施、批准授予和晋升衔级、嘉奖有关单位和个人的公文载体。根据发文不同用途，命令呈现的形式也不尽相同，常见的有公布令、行政令、任免令、嘉奖令等。海关系统的命令（令）主要是海关总署或者署长发布，多见于公布令、嘉奖令、授衔令。命令大多数时候是充当法规性文件发布的载体，实行复体行文。

在此需要强调两点：第一，命令的内容偏重公布国家、政府机关的法规、规章，宣布重大强制性措施，批准授衔、嘉奖等事项；第二，命令的发布者是国家权力机关，政府行政机关，执法机关、军队、公安等。

"命令"和"令"有什么区别呢？在 1987 年 2 月 18 日《国家行政机关公文处理办法》发布之前，它们是具有相近特点和性质的两个文种，从本质上看区别不大，主要由使用者的使用习惯决定，因此 1987 年国务院将"命令"和"令"合并为一个文种，把"令"加括号放置"命令"之后。但是，我们在学习时还是要区别它们之间的细微差别：当国家发布部署重大军事行动，宣布施行重大强制行政措施时，要用"命令"，它是国家重要的行政公文之一；当国家发布法律、行政法规、规章制度，或者颁布授衔令、嘉奖令、任免令、赦免令、通缉令时，要用"令"，即当内容比较集中单一时使用"令"。

二、命令的特点

(一) 专属性

命令是国家权力机关意志的集中体现，对于使用者有严格的规定。《中华人民共和国宪法》《中华人民共和国各级代表大会和地方各级人民政府组织法》中对使用命令的作者权限有明确限定，国家主席、全国人民代表大会常务委员会、委员长、国务院总理、国务院各部委及其部长、主任，县级以上（含县级）地方各级人民政府和各级地方人民代表大会，才有权力发布命令（令）。由此可见，命令专属性的特点主要体现在三个方面，即级别高、权力大、影响面广，人民团体、企事业单位以及基层部门是无权发布命令（令）的。

(二) 权威性

从命令的发布内容和发布者可以看出其权威性，它或者是高层会议集体讨论通过，或者是领导机关在自己的职权范围内作出的，对推进相关工作具有较强的决策指导性。命令不能任性发布、随意更改，应当具有相对的稳定性，有"法"随"令"出的特点，"令"的发布体现了对"法"的确认。从发布内容来看，它主要是发布国家的各种法律、法令、法规等指令性质法定公文，发布重大强制性行政措施，应对重大的自然灾害、恐怖行为、疾病传播等天灾人祸事件，宣布重要的人事任免等内容；从发布者来看，主要是国家主席、人大常委会委员长、国务院总理、部委、部长、主任、地方政府和地方人大等。

(三) 强制性

命令是最具权力象征的公文，也是最具强制性的下行公文文种。它是以国家法律、法规和有关规定为依据，对重要的行政工作进行决策、部署，强制指挥、统一人们的行为准则，它要求对命令的贯彻执行没有任何商量、反对的余地，要无条件服从。选择使用这个文种一定要慎重，一般的事项和工作要求不可轻易使用，使用者也不能超越《中华人民共和国宪法》规定使用的范围越级使用。命令无论是制定还是发布，都需要严格遵循法律规定的程序，令一颁布，需要受文单位和个人必须坚决执行，令行禁止。

三、命令的种类

根据命令的用途，常使用的主要是公布令、行政令、任免令、嘉奖令。其中，公布令是依照有关法律公布行政法规和规章，如发布法规、规章、规定、办法等内容；行政令是宣布施行重大强制性措施，如戒严、动员、通缉等；嘉奖令是嘉奖有关单位及人员；授衔令是批准授予和晋升衔级等内容；任免令是用于国家行政领导机关及领导人宣布人事任免。

四、命令的写法

(一) 一般命令的写法

命令由标题、令号、受令机关、正文、落款五个部分组成。

1. 标题

命令标题主要有三种写法：一是由发文机关、事由以及文种组成，如《上海市关于对徐汇区公安局的嘉奖令》《××××关于公布〈中华人民共和国进口食品境外生产企业注册管理规定〉的令》；二是由发文机关及其负责人职务名称和文种构成，在此发文机关不能用规范化简称或者简称，须用该机关被批准成立时核定的全称，如中华人民共和国国务院令、上海市人民政府令、中华人民共和国主席令；三是省略发文机关和事由，直接用文种做标题，如授衔令、嘉奖令等。

2. 令号

命令发文字号又称令号，由"机关代字＋年号＋序号"组成，命令这一文种与其他公文发文字号的表示是不同的，序号前加"第"字，如"署衔令〔2021〕第 6 号"。若几个部门联合发布命令，按照主办方的编号排序。令号写法主要有三种：一是以年度发令顺序编制流水号，这种标识常用于国家主席签发的命令，一般按照一年中领导人签发命令的先后顺序编号，位于标题之下居中位置；二是以领导人任期发令顺序编制流水号，即以发文机关领导人整个任期发布的命令顺序号编排流水号，该领导人任期内首次发令编为第一号，后面发令依次类推下去，直至任职期满为止；三是以公文发文号编排，通常由发令机关代字、年份和发文顺序号三个部分组成。

3．受令机关

受令机关即发文的主送机关。这部分的写法有两种：一是公布令，主要发布国家权力机关的法律、法规等内容，发布对象是面向社会大众公开的，具有普发性，因而无须标注受令机关；二是嘉奖令、任免令、授衔令等，发布的内容是限定发给某机关单位的，具有针对性，因此需要明确标注受令机关。

4．正文

命令正文一般由发文开头、主体和结尾三部分组成。其中，开头部分一般主要是介绍发布命令的缘由（原因、依据、目的、意义等）；主体部分是全文的核心内容，主要写命令的事项，要清楚交代受令任务；结尾部分主要是提出明确的执行要求。需注意的是，公布令、行政令、任免令、嘉奖令、授衔令等不同的命令写法有所不同，后文再作介绍。

5．落款

落款部分由发文机关名称或者签署人职务、姓名、印章以及成文日期组成。

(二) 几种主要命令的写法

1．发布令

发布令主要用于发布国家权力机关根据法律制定的重要行政法律和规章，正文一般包括公布对象、发布依据、宣布决定三个部分。其中，"公布对象"是指公布的法律、法规、规章的文件名称，如《中华人民共和国公务员法》等。"发布依据"是说明公布对象由何机关、何会议、何时批准或者通过，有些发布令该项内容可以省略，相关信息可以从发文中获悉。"宣布决定"是指发布命令实施的时间，一般有两种表示方法：一是发布与施行为同一时间，常常表述为"现予以公布实施"；二是发令时间与施行时间不同，一般用"现予公布，自××时间起实施"。

在写作发布令时要注意三个问题：一是发布令中法规的具体条文不需要出现在正文中，一般放在命令的正文之后，即"被公布的内容"应附在"令"后，但不作为附件，无须附件标注，且与正文一同装订；二是"发布令"与"被公布的法律、法规"是同时公布的；三是发布令写作时要做到公布的文件名称（法律、法规、规章）清晰，实施的两个时间清楚，发布的机关明确。

2. 行政令

行政令主要是国家权力机关就某项工作所发布的强制性行政措施，这种命令要谨慎使用。行政令一般在下面三种场合中用到：一是特别场合，即当遇到特别重要、特别严肃、特别稳定的政策措施时；二是重要场合，即当遇到全局性、重大性、强制性行政措施时；三是危急场合，即当遇到重大战争，严重自然灾害（如地震、海啸），大面积蔓延疾病（如新冠病毒、SARS），维护国家和人民群众利益时。在此须特别注意的是，行政令的发布者一定是县以上人民政府或者其领导人，只有他们才能有资格发布行政令。

行政令的正文一般包括命令缘由、命令事项、执行要求三个部分。其中，"命令缘由"是指发布命令的原因和依据，往往是国家公布的宪法、基本法等法律规定的内容；"命令事项"就是命令下达需要落实的具体任务；"执行要求"是针对任务完成需要做到的保障条件。行政令在写作中须注意两点：一是当发布的行政命令是限制性命令时，要标注清楚附注内容，即该命令在某个范围内发布、在某个范围内印发传达，公开发布的行政令附注可以省略；二是行政令发布的成文日期标注时要特别慎重，行政令一般自发布三日起执行。

3. 嘉奖令

嘉奖令是国家权力机关用于对下级机关和工作人员在工作中的突出贡献进行表彰和奖励的命令。一般被嘉奖的单位和人员要具备以下特点：一是在大范围内表现相当突出的楷模；二是功绩特别显赫；三是模范行为影响极大；四是值得全系统、全行业、大范围效仿学习。在此同样要特别注意的是，嘉奖令的发布者也一定是县以上人民政府或者其领导人。

嘉奖令的正文一般包括嘉奖缘由、嘉奖事项、希望和号召三个部分。其中，"嘉奖缘由"是指受奖的原因和依据，即被表彰单位和人员的先进事迹的介绍和评价，以及国家法律条文中的相关规定；"嘉奖事项"是指授予何单位、何人、何种奖励，这个奖励包含精神奖励和物质奖励；"希望和号召"是指结尾处发出的普遍性希望和号召。这部分可以从两个层次去写：一个层次是针对受嘉奖者提出的希望；另一层次是对其他单位和人员提出的号召。

4. 任免令

任免令是指国家权力机关及领导人在宣布高层人事任免时使用的命令。任免令的正文由命令起草缘由、任免事项两部分构成。其中，"命令起草缘由"主要是交代任免命令的依据，"任免事项"是介绍被任免人的姓名及职务。任免令可以任免一人时使用，也可任免多人时使用。如果只有一位被提升或者被免职的人员，可以接着写下去，不必另起一行；如果多位人员被提升或者被免职，则要一位一行，有多少人就用多少行。任免令的使用是有限制的，一般团体、企事业单位无权使用任免令这一文种。没有权力使用这类命令的机关、团体、企事业单位，在进行人事任免时，常以任免性"决定""通知""批复"等文种形式代替。

五、命令格式

格式1——公布令

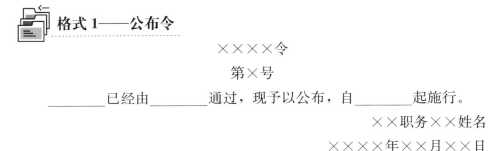

××××令

第×号

_____已经由_____通过，现予以公布，自_____起施行。

××职务××姓名

××××年××月××日

格式2——行政令

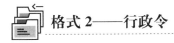

××关于××的命令

命令的缘由（依据、目的等），为此，发布命令如下：

命令的事项；

命令的要求（有些可省略）。

××职务××姓名

××××年××月××日

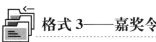 **格式3——嘉奖令**

××关于××的嘉奖命令

先进事迹介绍和评价；

嘉奖决定；

希望和号召。

××职务××姓名
××××年××月××日

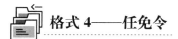 **格式4——任免令**

××××××令

第××号

命令任免的依据；

命令任免的决定：

免去××的××职务；

任命××为×××职务。

××职务××姓名
××××年××月××日

六、例文分析

 例文1——公布令

中华人民共和国主席令①

第九十一号

《中华人民共和国个人信息保护法》已由中华人民共和国第十三届全国人民代表大会常务委员会第三十次会议于2021年8月20日通过，现予公布，自2021年11月1日起施行。

中华人民共和国主席　习近平
2021年8月20日

---

① 例文来源：https://www.gov.cn/xinwen/2021-08/20/content_5632404.htm.

中华人民共和国个人信息保护法

（2021 年 8 月 20 日第十三届全国人民代表大会
常务委员会第三十次会议通过）

目　录

例文分析

　　这是一份中国国家主席习近平发布的公布令。文中《中华人民共和国个人信息保护法》是公布对象；"中华人民共和国第十三届全国人民代表大会常务委员会第三十次会议于 2021 年 8 月 20 日通过"是发布依据；"现予公布，自 2021 年 11 月 1 日起施行"是发布决定。在例文中，《中华人民共和国个人信息保护法》具体条文不出现在正文中，而是附在命令的正文之后，但不作为附件，无须附件标注，它与正文同时发布生效。在此须注意的是，本公布令的发布时间与实施时间是不一致的，发布时间是 2021 年 8 月 20 日，施行时间是 2021 年 11 月 1 日。

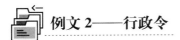 **例文2——行政令**

中央军委2020年开训动员令①

2020年，全军要坚持以习近平新时代中国特色社会主义思想为指导，贯彻习近平强军思想，贯彻新时代军事战略方针，强化当兵打仗、带兵打仗、练兵打仗思想，紧盯强敌对手，大抓实战化军事训练，保持高度戒备状态，确保召之即来、来之能战、战之必胜。

突出以战领训，研透作战任务、作战对手、作战环境，加强实案化训练，加强使命课题专攻精练，加强应急应战训练，有效塑造态势、管控危机、遏制战争、打赢战争。

突出体系练兵，强化联合指挥训练，强化军兵种互为条件训练，强化新领域新力量融入作战体系训练，强化军地联训，加大训练科技含量，加大战备拉动力度，提高体系作战能力。

突出对抗检验，加强指挥对抗、实兵对抗、体系对抗，创新对抗方式方法，完善检验评估体系，实际检验作战概念、作战方案、作战指挥、作战力量、作战保障，促进备战工作落实。

突出打牢基础，严格按纲施训，严格考核考评，严格督导问责，完善保障条件，抓好群众性练兵比武，把每一个单兵、每一型装备、每一类作战要素训到位，夯实打胜仗能力基础。

突出锤炼作风，从实战需要出发从难从严摔打部队，发扬一不怕苦、二不怕死的战斗精神，敢于战胜一切困难，敢于压倒一切敌人，坚决完成党和人民赋予的新时代使命任务。

习近平

2020年1月2日

 **例文分析**

这是一份中央军委主席习近平发布的行政令，文中内容主要包括三个

---

① 例文来源：http://www.mod.gov.cn/gfbw/qwfb/4857905.html.

部分：一是制定和发布命令的缘由"2020 年，全军要坚持以习近平新时代中国特色社会主义思想为指导，贯彻习近平强军思想，贯彻新时代军事战略方针，强化当兵打仗、带兵打仗、练兵打仗思想，紧盯强敌对手，大抓实战化军事训练，保持高度戒备状态，确保召之即来、来之能战、战之必胜"；二是分条列项，指出（重大）强制性措施的具体内容"突出以战领训""突出体系练兵""突出对抗检验""突出打牢基础""突出锤炼作风"；三是执行要求，主要说明执行重大强制性措施的办法和其他要求等。

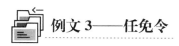 **例文 3——任免令**

中华人民共和国主席令①
第九十七号

根据中华人民共和国第十三届全国人民代表大会常务委员会第三十次会议于 2021 年 8 月 20 日的决定：

免去陈宝生的教育部部长职务；

任命怀进鹏为教育部部长。

中华人民共和国主席　习近平
2021 年 8 月 20 日

 **例文分析**

这是一份中国国家主席习近平同志发布的任免令。"根据中华人民共和国第十三届全国人民代表大会常务委员会第三十次会议于 2021 年 8 月 20 日的决定"是该命令起草的依据；"免去陈宝生的教育部部长职务；任命怀进鹏为教育部部长"是任免事项。在此须注意的是，任免令写作的顺序一般是先写免去职务人员，再写提任职务人员，一位一行。国家部长级以上人员的任免是有使用限制的，要由国家主席来签发，一般团体、企事业单位是无权使用这一文种的。

---

① 例文来源：https://www.gov.cn/xinwen/2021-08/20/content_5632419.htm.

第八章

公 告

一、公告的概念

公告是向国内外宣布重要事项或者法定事项时使用的一种下行公文文种，主要用于行政、司法、海关、公安等国家执法机关。

首先，要从以下四点内涵去正确理解公告的概念。一是公告特殊的使用范围。公告适用于向国内、国外告知信息，如果仅限于告知国内或者某个系统内部信息时是不能用公告的。二是特定的作者。公告的作者多为权力机关、执法机关或者其领导人，如中华人民共和国主席，国务院总理，全国人大常委会委员长、秘书长，全国最高人民检察院检察长等。三是对"事项"的理解。可以分两个层次。第一层次是对"重要事项"的理解。"重要"一方面体现在国家或者行业决策内容的重要性，主要是指权力机关或者执法机关的重要决策，如国家、行业颁布的《中华人民共和国宪法》《中华人民共和国婚姻法》《中华人民共和国海关法》等；另一方面体现在使用范围的重要性，主要是指需要让国内外周知的事项，如国家主席、中央军委主席等国家重要岗位的人事任免变动等；向国内外发布举行具有重大影响力的庆典礼仪，如建党100周年庆祝仪式等；国家领导人重要出访；重大军事演习，如宣布我国将向太平洋发射运载火箭试验等；举行某种高规格的祭吊仪式，如某个国家领导人的追悼会等；颁布国家法律、法规；发行国库券，召开全国人民代表大会等。第二层次是对"法定事项"的理解。公告是法律、法规框架下要求面向社会广而告之的内容，它是具有规定性、权威性和约束性的事项。如《考录公务员公告》，是依据《中华人民共和国公务员法》第 26 条规定"录用公务员，应当发布招考公告。招考公告应当说明招考须知事项"；再如《财政部关于海南离岛旅客免税购物政策公告》，适用于根据法律规定要向国内外公布的有关法定事项等。四是对传播范围的理解。公告一般不以文件下发，主要借助报刊、广播、电视、张贴等大众传媒进行发布，而且是一文一告，一事一告。

其次，要注意"公告"和"通告"在下面两个方面的不同点。一是内容的不同：公告适用于重大事项、法定事项，而且内容单一，篇幅短小；通告适用于在一定范围内公布应当遵守或者周知的事项，篇幅较长一些。二是制发机关、范围的不同：公告的制发机关级别高，涉及的事项大，告知范围广；通告则由国家行政机关或者某个执法部门制发，使用范围窄，如某市一交通主干道实施改造的"通告"，就限于在一定范围内或者区域内宣布。

再次，要从四个方面正确区别"公告"与"公报"的不同。一是内容不同：公告内容适用于重大事项、法定事项，内容单一，篇幅短小；公报内容适用于会议情况、谈判情况、统计情况，内容详细、具体。二是语言表达不同：公告的语言简练、篇幅短小，不加评论或者议论，语气庄重；公报的篇幅较长，语气庄重、热烈，感情浓重。三是格式不同：公告的标题下用编号；公报没有编号，一般用题注形式。四是发布机关不同，这是两者重要的不同点："公告"的"公"有特殊的含义，是党和国家权力的象征，它的使用者一定得是党和国家的高级行政机关，是国家行政的权力机关，如公安、司法、海关等执法机关向国内外发布信息、宣布重大国家活动信息等；"公报"主要用于党的机关发布重要信息。

二、公告的特点

(一) 广泛性

公告宣布的广泛性主要体现在以下两点。一是内容涉及面广。发布内容是在世界范围内事关全局、能产生重大影响的重要事项或法定事项；二是告知对象范围广。告知对象可以涉及国内外的社会大众，而且发布公告的机关和被告知对象之间可以具有隶属关系，也可以没有隶属关系。

（二）专属性

公告的专属性主要体现在两个方面：一是对制发机关有要求，即公告一般是由级别高的国家行政机关、执法机关或权力机关及其授权机关制发，该文种对制发单位的级别有要求；二是对发布者有限定，公告的发布者多为国家政府机关、执法机关及其领导人等特定范围，如国家主席，国务院总理，全国人大常委会委员长、秘书长，全国最高检察院检察长等，一般的基层单位不能滥用这个文种。

（三）重要性

公告宣布的事项是事关国家的政治、经济、军事、科技、教育、人事、外交等方面的重要决策。公告的内容必须能够体现国家权力机关、行政机关和执法机关的威严，既要将有关信息和政策公之于众，又要考虑在国内国际具有重要的影响力。

三、公告的种类

公告可以分为重要事项公告和法定事项公告两大类。

（一）重要事项的公告

重要事项的公告主要是指公布国家重大的政治、经济活动或者重要法律、法规等内容的公告，如公布国家领导人的选举或者任免事项、公布重大事件或者国家重大科技贡献等。"重要"多从发文内容、发文机关体现，发文机关多为行政机关。

（二）法定事项的公告

法定事项的公告主要是指政府职能部门根据国家相关法律、法规要求，依照国家《中华人民共和国宪法》有关规定行事，按照法定程序发布的某些具有专业指导性质事项的公告，这类公告往往程序性、权威性和法律效力更强，发文机关主要是国家权力机关或者执法机关。

四、公告的写法

公告一般由标题、编号、题注、正文、落款几部分组成。

下面重点介绍重要事项的公告、法定事项的公告这两种常用公告的写法。

（一）重要事项公告

1. 标题

宣布重要事项公告的标题主要有三种形式：① 发文机关＋事由＋文种；② 发文机关＋文种；③ 事由＋文种。

2. 题注

如果落款处不签署制发公告的日期，可以在题注标明制发公告的年、月、日。如：

中华人民共和国××××公告第×号

（××××年××月××日）

3. 正文

正文通常主要包括以下三个部分：① 告知缘由，包括背景、根据、目的等；② 告知事项，有分条列项写法和贯通式写法两种形式；③ 通告结语，如"特此公告""现予公告"等。

4. 落款（成文日期、印章）

落款要写在正文的右下方，标明发文机关全称和制发日期。制发日期位于发文机关名称之下，年、月、日都要用阿拉伯数字书写。

（二）法定事项公告

1. 标题

法定事项公告的标题主要也有三种形式：① 发文机关＋事由＋文种；② 发文机关＋文种；③ 事由＋文种。

2. 题注

如果落款处不签署制发公告的日期，可以在题注标明制发公告的年、月、日。

3. 正文

正文通常主要包括以下三个部分：① 告知缘由，包括背景、根据、目的等；② 告知事项，分项交代将要颁布的具体事项等内容，主体部分要求层次清晰、准确简明；③ 公告结语，通常用"特此公告""现予公告"

等固定的惯用语作结，或者自然作结。

4.落款（成文日期、印章）

落款要写在正文的右下方，标明发文机关全称和制发日期。制发日期位于发文机关名称之下，年、月、日都要用阿拉伯数字书写。

若在题注中已经写明制发公告的机关名称及制发日期，落款处可以不写；若题注中未标明发文机关名称，落款处必须署发文机关名称及其制发日期。

五、公告格式

××公告

发布公告的缘由（依据、目的、原因等）；

发布公告的事项；

发布公告的结语（特此公告、现予以公告或自然作结）。

发文机关（章）
××××年××月××日

六、例文分析

 例文1——重要事项公告

国 务 院 公 告①

为表达全国各族人民对抗击新冠肺炎疫情斗争牺牲烈士和逝世同胞的深切哀悼，国务院决定，2020年4月4日举行全国性哀悼活动。在此期间，全国和驻外使领馆下半旗志哀，全国停止公共娱乐活动。4月4日10时起，全国人民默哀3分钟，汽车、火车、舰船鸣笛，防空警报鸣响。

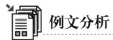 **例文分析**

这是一份国务院向国内外宣布的重要事项公告。公告首先交代了发文

---

① 例文来源：https://www.gov.cn/zhengce/zhengceku/2020-04/03/content_5498472.htm.

的目的"为表达全国各族人民对抗击新冠肺炎疫情斗争牺牲烈士和逝世同胞的深切哀悼";其次明确了发文事项,包括国务院对全国性哀悼活动时间、方式、范围和活动要求的安排等;最后自然作结。

 例文 2——法定事项公告

中央机关及其直属机构 2022 年度补充录用公务员公告①

根据中央机关及其直属机构 2022 年度考试录用公务员工作安排,结合录用情况和用人需求,有部分职位需要面向社会进行补充录用。现将有关事项公告如下:

一、报考条件

除具备《中央机关及其直属机构 2022 年度考试录用公务员公告》规定的资格条件外,报考者还应当符合以下条件:

(一)参加了中央机关及其直属机构 2022 年度考试录用公务员笔试。

(二)符合拟报考职位所要求的资格条件。

(三)公共科目笔试成绩同时达到拟报考职位和原报考职位的最低合格分数线,且考试类别相同。拟报考职位设置了专业科目笔试条件的,专业科目笔试成绩还须同时达到最低合格分数线。

(四)在中央机关及其直属机构 2022 年度考试录用公务员工作中,尚未被原报考职位确定为拟录用人员。

二、报考程序

(一)职位查询

报考者自即日起,可以登录"中央机关及其直属机构 2022 年度考试录用公务员专题网站"(以下简称"考录专题网站",http://bm.scs.gov.cn/kl2022)查询补充录用职位、招考人数、考试类别、资格条件、咨询电话等。

(二)报名

2022 年 7 月 10 日 8:00 至 7 月 12 日 18:00 期间,报考者凭报名时注册的用户名和密码登录"考录专题网站",选报 1 个职位并提交报考申请。报考者

---

① 例文来源:http://edu.nc.gov.cn/ncjyj/zkly/202210/f02d408f73d24b739cc5143618675875.shtml.

对有关职位的专业、学历、学位、工作经历等资格条件有疑问需要咨询时，可直接与招录机关联系。在提交报考申请截止时间之前，报考者可以改报其他职位。

前期非网上报名的报考者参加补充录用时，请直接与招录机关联系，在2022年7月12日18:00前提交书面报考申请。

（三）资格审查

2022年7月13日8:00至7月14日18:00，招录机关对报考本单位的网上申请和书面申请一并进行资格审查。资格审查一般依次按照报考者公共科目笔试总成绩、行政职业能力测验科目成绩从高分到低分的顺序进行，两项成绩均相同的人员，一并进入资格审查；对于设置了专业科目笔试条件的职位，资格审查依次按照报考者合成成绩、公共科目笔试总成绩、行政职业能力测验科目成绩从高分到低分的顺序进行，三项成绩均相同的人员，一并进入资格审查。各职位审查合格人数与录用计划数之比达到规定的比例后，招录机关不再对其他人员进行资格审查。

2022年7月16日之后，报考者可以登录"考录专题网站"查询资格审查结果和进入面试人员名单。

三、面试及后续工作安排

本次补充录用面试、体检、考察、公示等工作由招录机关具体实施，有关安排和要求详见招录机关在本部门网站和"考录专题网站"上发布的面试公告。

四、其他事项

诚信是社会主义核心价值观的重要内容，更是成为一名公务员的基本要求和必要条件。请广大报考者珍惜本次补充录用机会，诚信报名、诚信参考，同时自觉配合招录机关做好新冠肺炎疫情防控有关工作，共同营造风清气正、安全健康的考试环境。

特别提醒：

本次补充录用不出版也不指定考试辅导用书，不举办也不委托任何机构或者个人举办考试辅导培训班。凡有假借公务员考试命题组、考试教材编委会、中央公务员主管部门授权等名义举办的有关公务员考试培训、网站或者发行的出版物等，均与本次补充录用无关，请广大报考者提高警惕，莫被误导干扰，谨防上当受骗。请社会各界加强监督，如发现以上情况，请向相关部门举报，依法依规严肃查处。

国家公务员局（章）

2022 年 7 月 9 日

 **例文分析**

这是一份国家公务员局发布的法定事项公告《中央机关及其直属机构2022 年度补充录用公务员公告》。公告首先交代了发文的依据"根据中央机关及其直属机构 2022 年度考试录用公务员工作安排，结合录用情况和用人需求，有部分职位需要面向社会进行补充录用"；其次介绍了公务员报考条件、报考程序、面试及后续工作安排等事项；最后以"特别提醒"作结。

第九章

决　　定

一、决定的概念

决定是党和国家机关对重要事项作出决策和部署、奖惩有关单位及人员，变更或者撤销下级机关不适当的决定事项时使用的下行公文。

根据决定的概念，我们可以归纳出其内涵主要表现在以下三个方面：一是对重要事项作出决策和部署，规定实施重要的政策；二是召开重要的会议、宣布重要的人事任免、奖惩有关单位及人员；三是确定需要履行的法定程序，批准、变更或者撤销特定事项。由此可知，决定属于比较严肃、庄重的公文文种，其内容大多涉及事关全局、政策性强、任务艰巨、时间较为稳定的重要工作，具有规定性、强制性、约束性和指导性，要求下级机关遵照执行。它对使用的发文机关没有限制，上至党和国家的重大决策和战略部署，下至基层单位的奖惩，机构变更、撤销等事宜均可制发，越是级别高、管辖面广的机关，制发的决定内容就越重要、重大，使用决定的频率也越高。

在此须注意，"决定"与"决议"均属于性质相近的下行公文，均具有决策属性，但是在使用时还需要注意两者的区别，主要表现在以下三个方面。一是内容方面："决定"的内容是已经根据相关的规定或要求形成结论，是经过讨论定性的，内容比较具体、明确，重在统一行动，安排落实，操作性强，可以直接成为下级机关行动的准则；"决议"的内容只是在政策性的框架下给出一个简章，内容较为概括，适用于会议讨论通过的重大决策事项，更多是关系全局性、原则性的重大问题、重大事件或者活动，具有宏观性和战略指导性，下级机关在贯彻执行时，还需根据"决议"制定相应的具体办法或者实施措施。二是行文程序方面："决定"不一定经过法定会议讨论通过这一程序，可以由领导机关直接研究确定并予以公布，即凡是以领导机关的名义发布而未经有关法定会议讨论通过程序的议决性文件，均只能使用决定；"决议"形成的程序则较为严格，需经过某一级机关或者组织机构的法定会议对某一议题进行集体讨论，由法定多数表决通过，然后形成正式文件，并以会议的名义公布才能生效。三是行文格式方面："决定"大多采用通常格式，即成文时间放在最后落款处，但有时是标明题注，即成文时间放在标题下，题注多数只写形成时间；"决议"的形成时间是不放在正文之后的落款处，而是加圆括号放在标题之下，采用题注形式，用会议通过的时间标明。

二、决定的特点

（一）重要性

决定的重要性主要体现在三个方面：一是决定遵循的原则符合党和国家的重大方针和政策，决定必须依据国家的有关政策法令，结合本地区、本系统、本行业、本单位实际情况而作出；二是决定的性质是领导机关针对"重要事项"或"重大行动"等事宜作出决策、部署或安排时使用的文种，一般性的事项或活动不宜使用该文种；三是决定属于决策性的下行文文种，它或者是会议集体讨论通过的，或者是领导机关在自己的职权范围内做出的，具有较强的约束力，一经发布，受文机关须无条件地遵照执行。

（二）权威性

决定的制发旨在上级领导机关针对所辖范围内的某一重要事项或重要行动所做的决策、部署，它一般是经过重要会议研究通过后提出的重要意见，决定观点提出要鲜明，决定事项要明确、决断，它在对重要事项作出决策的同时也确定了行动的意义、原则、措施及实施方案，具有一定的理论性、政策性、指导性，具有指挥方向的作用。因此，决定在发布之前可以对有争议的内容进行讨论、研究，明辨是非，但是一旦经过统一思想，作出决定，一经发布，就对受文单位具有强制的约束力，必须无条件、严格地遵照执行。决定从内容到用语，都坚定确凿，不容置疑，它的规格仅次于命令，体现了决定的权威性。

（三）全面性

决定的内容所涉及的事项、行动以及解决的问题一般都比较重要，具有全局性，这些相对重要的决策或决断、部署或安排，同时呈现出多样性，它既可以是观念方面的内容，如某个单位的政策、方针、制度，也可以是行动方面的内容，如措施、奖惩等内容。在行文过程中，其主送机关一般不是限于某一个具体部门，而是具有一定的普遍性。决定对于发文机关也没有什么限制，上至中央、下至地方，都可以根据工作需要制发相关决定，因此，这个文种呈现出全面性的特点。

三、决定的种类

按内容和使用情况，决定主要可以分为三种类型。

（一）公布性决定

公布性决定用户对某些重要事项、重大行动作出决策部署，提出要求，告知有关单位、有关人员，内容涉及人事安排、机构设置、事项布置等。

（二）政策性决定

政策性决定一般用于制定、修订、补充法律法规，由全国人民代表大会及其常务委员会以及国务院等国家立法机关或者权力机关作出。该决定一般通过两种形式呈现：一是根据宪法规定，全国人大是享有立法权的权力机关，有权对法律作出修订和补充，它是立法机关制定、修改、补充法律法规的一种形式；二是国务院及其部委有依法制定、修改或者补充行政法规的权力，行政法规主要表现为使用条例、规定、办法或者实施细则等形式。两种方式都常常由重要会议通过，或者以命令（令）的方式发布。

（三）奖惩性决定

奖惩性决定用于对一些事迹突出、有典型意义的先进集体和先进个人进行表彰，或者对一些造成较大社会负面影响事件的相关负责人以及犯错人进行惩戒、责罚处理。

四、决定的写法

决定在结构上大体包括标题、主送机关、正文、署名和成文日期等要素。

（一）标题

决定的标题有两种写法。一是单一式标题写法。单一式标题常常用于发布一些重要行政事项或者行动，一般常用的是齐全式标题，即由制发机关、事由和文种三部分组成，例如《国务院关于修改〈中华人民共和国烟草专卖法实施条例〉的决定》《中共中央关于授予"七一勋章"的决定》《国务院关于 2020 年度国家科学技术奖励的决定》等。在此，需要说明的是，标题中除了可以在主要内容部分加双引号或者书名号外，一般不得使用其他标点符号。二是正副标题写法。正副标题常常用于表达一些经会议通过的事项。这种标题的正题与第一种形式一样，副标题以题注的形式表达，需要在正标题下标明该决定是由哪次会议通过或者批准，也可以只写会议通过的日期，并用圆括号括起来，文末不再需要落款。例如：《中共中央关于坚持和完善中国特色社会主义制度推进国家治理体系和治理能力现代化若干重大问题的决定》（2019 年 10 月 31 日中国共产党第十九届中央委员会第四次全体会议通过）。标题应该采取何种形式的表达方式，要视公文内容表达的具体情况来确定。

（二）主送机关

发文时是否需要标注主送机关要根据正文内容来确定。一是无主送机关的写法。这种形式常常是普发性质的，主要用于党和国家高层领导机关颁发的关于重大政策和方针、战略决策等重要工作的决定。二是有主送机关的写法。这种形式主要用于上级机关有针对性地向下级机关部署工作，要明确写出主送机关。主送机关使用全称，若收文机关较多，应采用规范化简称或者统称。

（三）正文

决定的正文一般由决定缘由、决定事项、决定结语三部分构成。"决定缘由"可以从背景、原因、理由、依据、目的和意义等几个方面写作。其中，依据可以是理论依据、政策依据，也可以是事实依据。在写作缘由部分内容时，一定要注意它与决定事项内容要融为一体，有紧密的内在逻辑关系，不可以前后毫无关联性。"决定事项"要交代清楚所做决定的具体内容。涉及事项少的，内容可以采用单项贯通式写法，观点突出地表达核心事项。涉及事项较多的，内容可以采用分条列项式，即把决定涉及的若干问题，按照主次列成若干条项：或者将每条中心内容归纳成段头提要，分列于每一部分之前；或者将内容特别重要、篇幅较长的决定采用分几个部分表述的方式，每一个部分表达一个中心内容。"决定结语"是决定的结尾部分，一般是提出执行要求、希望或者发出号召等。

（四）落款

决定的落款部分包括发文机关和成文时间。发文机关的标注要视具体情况而定。如果是经会议通过的决定，一般省略这项内容；如果是国家政府权威机关、执法机关或者各相关地方发布的决定，发文机关的标注位置一般在正文之右下方。决定的成文时间是指作出决定的日期，标注位置视情况而定。如果是会议通过的决定，日期一般标注在标题之下，用圆括号标注；如果是国家机关或国家领导人发布的决定，日期一般标注在正文下方，发文机关的位置之下。

五、决定的格式

关于××××的决定

（××××年××月××日会议通过）

主送机关（普发性决定可以省略）：

决定缘由（原因、依据、目的等）。

决定事项（决定主体、决定内容。内容单一的决定可以用贯通式表达；内容复杂的决定可以用分项列段式表达）。

决定结尾（要求、希望、号召等）。

发文机关（印章）

××××年××月××日（若有题注，此处省略）

六、例文分析

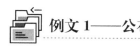
例文1——公布性决定

中共中央关于坚持和完善中国特色社会主义制度
推进国家治理体系和治理能力现代化若干重大问题的决定①

（2019年10月31日中国共产党第十九届中央
委员会第四次全体会议通过）

为贯彻落实党的十九大精神，十九届中央委员会第四次全体会议着重研究了坚持和完善中国特色社会主义制度、推进国家治理体系和治理能力现代化的若干重大问题，作出如下决定。

一、坚持和完善中国特色社会主义制度、推进国家治理能力现代化的重大意义和总体要求

中国特色社会主义制度是党和人民在长期实践探索中形成的科学制度体系，我国国家治理一切工作和活动都依照中国特色社会主义制度展开，我国国家治理体系和治理能力是中国特色社会主义制度及其执行能力的集中体现。

中国共产党自成立以来，团结带领人民，坚持把马克思主义基本原理同中国具体实际相结合，赢得了中国革命胜利，并深刻总结国内外正反两方面经验，不断探索实践，不断改革创新，建立和完善社会主义制度，形成和发展党的领导和经济、政治、文化、社会、生态文明、军事、外事等各方面制度，加强和完善国家治理，取得历史性成就。党的十八大以来，我们党领导人民统筹推进"五位一体"总体布局、协调推进"四个全面"战略布局，推动中国特色社会主义制度更加完善、国家治理体系和治理能力现代化水平明显提高，为政治稳定、经济发展、文化繁荣、民族团结、人民幸福、社会安宁、国家统一提供了有力保障。

......

当今世界正经历百年未有之大变局，我国正处于实现中华民族伟大复兴

---

① 例文来源：https://www.gov.cn/zhengce/2019-11/05/content_5449023.htm?eqid＝eaf71f3d00065c00000000066475aa87.

关键时期。顺应时代潮流，适应我国社会主要矛盾变化，统揽伟大斗争、伟大工程、伟大事业、伟大梦想，不断满足人民对美好生活新期待，战胜前进道路上的各种风险挑战，必须在坚持和完善中国特色社会主义制度、推进国家治理体系和治理能力现代化上下更大功夫。

必须坚持以马克思列宁主义、毛泽东思想、邓小平理论、"三个代表"重要思想、科学发展观、习近平新时代中国特色社会主义思想为指导，增强"四个意识"，坚定"四个自信"，做到"两个维护"，坚持党的领导、人民当家作主、依法治国有机统一，坚持解放思想、实事求是，坚持改革创新，突出坚持和完善支撑中国特色社会主义制度的根本制度、基本制度、重要制度，着力固根基、扬优势、补短板、强弱项，构建系统完备、科学规范、运行有效的制度体系，加强系统治理、依法治理、综合治理、源头治理，把我国制度优势更好转化为国家治理效能，为实现"两个一百年"奋斗目标、实现中华民族伟大复兴的中国梦提供有力保证。

坚持和完善中国特色社会主义制度、推进国家治理体系和治理能力现代化的总体目标是，到我们党成立一百年时，在各方面制度更加成熟更加定型上取得明显成效；到二〇三五年，各方面制度更加完善，基本实现国家治理体系和治理能力现代化；到新中国成立一百年时，全面实现国家治理体系和治理能力现代化，使中国特色社会主义制度更加巩固、优越性充分展现。

二、坚持和完善党的领导制度体系，提高党科学执政、民主执政、依法执政水平

中国共产党领导是中国特色社会主义最本质的特征，是中国特色社会主义制度的最大优势，党是最高政治领导力量。必须坚持党政军民学、东西南北中，党是领导一切的，坚决维护党中央权威，健全总揽全局、协调各方的党的领导制度体系，把党的领导落实到国家治理各领域各方面各环节。

（一）建立不忘初心、牢记使命的制度。确保全党遵守党章，恪守党的性质和宗旨，坚持用共产主义远大理想和中国特色社会主义共同理想凝聚全党、团结人民，用习近平新时代中国特色社会主义思想武装全党、教育人民、指导工作，夯实党执政的思想基础……

（二）完善坚定维护党中央权威和集中统一领导的各项制度。推动全党增强"四个意识"、坚定"四个自信"、做到"两个维护",自觉在思想上政治上行动上同以习近平同志为核心的党中央保持高度一致,坚决把维护习近平总书记党中央的核心、全党的核心地位落到实处……

(三)健全党的全面领导制度。完善党领导人大、政府、政协、监察机关、审判机关、检察机关、武装力量、人民团体、企事业单位、基层群众自治组织、社会组织等制度,健全各级党委(党组)工作制度,确保党在各种组织中发挥领导作用……

(四)健全为人民执政、靠人民执政各项制度。坚持立党为公、执政为民,保持党同人民群众的血肉联系,把尊重民意、汇集民智、凝聚民力、改善民生贯穿党治国理政全部工作之中……

(五)健全提高党的执政能力和领导水平制度。坚持民主集中制,完善发展党内民主和实行正确集中的相关制度,提高党把方向、谋大局、定政策、促改革的能力……

(六)完善全面从严治党制度。坚持党要管党、全面从严治党,增强忧患意识,不断推进党的自我革命,永葆党的先进性和纯洁性……

三、坚持和完善人民当家作主制度体系,发展社会主义民主政治

我国是工人阶级领导的、以工农联盟为基础的人民民主专政的社会主义国家,国家的一切权力属于人民。必须坚持人民主体地位,坚定不移走中国特色社会主义政治发展道路,健全民主制度,丰富民主形式,拓宽民主渠道,依法实行民主选举、民主协商、民主决策、民主管理、民主监督,使各方面制度和国家治理更好体现人民意志、保障人民权益、激发人民创造,确保人民依法通过各种途径和形式管理国家事务,管理经济文化事业,管理社会事务。

(一)坚持和完善人民代表大会制度这一根本政治制度。人民行使国家权力的机关是全国人民代表大会和地方各级人民代表大会……

(二)坚持和完善中国共产党领导的多党合作和政治协商制度。贯彻长期共存、互相监督、肝胆相照、荣辱与共的方针,加强中国特色社会主义政党制度建设……

(三)巩固和发展最广泛的爱国统一战线。坚持大统战工作格局,坚持一致性和多样性统一，完善照顾同盟者利益政策，做好民族工作和宗教工作……

（四）坚持和完善民族区域自治制度。坚定不移走中国特色解决民族问题的正确道路，坚持各民族一律平等，坚持各民族共同团结奋斗、共同繁荣发展，保证民族自治地方依法行使自治权，保障少数民族合法权益，巩固和发展平等团结互助和谐的社会主义民族关系……

（五）健全充满活力的基层群众自治制度。健全基层党组织领导的基层群众自治机制，在城乡社区治理、基层公共事务和公益事业中广泛实行群众自我管理、自我服务、自我教育、自我监督……

四、坚持和完善中国特色社会主义法治体系，提高党依法治国、依法执政能力

建设中国特色社会主义法治体系、建设社会主义法治国家是坚持和发展中国特色社会主义的内在要求。必须坚定不移走中国特色社会主义法治道路，全面推进依法治国，坚持依法治国、依法执政、依法行政共同推进，坚持法治国家、法治政府、法治社会一体建设，加快形成完备的法律规范体系、高效的法治实施体系、严密的法治监督体系、有力的法治保障体系，加快形成完善的党内法规体系，全面推进科学立法、严格执法、公正司法、全民守法，推进法治中国建设。

（一）健全保证宪法全面实施的体制机制。依法治国首先要坚持依宪治国，依法执政首先要坚持依宪执政……

（二）完善立法体制机制。坚持科学立法、民主立法、依法立法，完善党委领导、人大主导、政府依托、各方参与的立法工作格局……

（三）健全社会公平正义法治保障制度。坚持法治建设为了人民、依靠人民，加强人权法治保障，保证人民依法享有广泛的权利和自由、承担应尽的义务，引导全体人民做社会主义法治的忠实崇尚者、自觉遵守者、坚定捍卫者……

（四）加强对法律实施的监督。保证行政权、监察权、审判权、检察权得到依法正确行使，保证公民、法人和其他组织合法权益得到切实保障，坚决排除对执法司法活动的干预……

五、坚持和完善中国特色社会主义行政体制，构建职责明确、依法行政的政府治理体系

国家行政管理承担着按照党和国家决策部署推动经济社会发展、管理社会事务、服务人民群众的重大职责。必须坚持一切行政机关为人民服务、对人民负责、受人民监督，创新行政方式，提高行政效能，建设人民满意的服务型政府。

（一）完善国家行政体制。以推进国家机构职能优化协同高效为着力点，优化行政决策、行政执行、行政组织、行政监督体制……

（二）优化政府职责体系。完善政府经济调节、市场监管、社会管理、公共服务、生态环境保护等职能，实行政府权责清单制度，厘清政府和市场、政府和社会关系……

（三）优化政府组织结构。推进机构、职能、权限、程序、责任法定化，使政府机构设置更加科学、职能更加优化、权责更加协同……

（四）健全充分发挥中央和地方两个积极性体制机制。理顺中央和地方权责关系，加强中央宏观事务管理，维护国家法制统一、政令统一、市场统一……

六、坚持和完善社会主义基本经济制度，推动经济高质量发展

公有制为主体、多种所有制经济共同发展，按劳分配为主体、多种分配方式并存，社会主义市场经济体制等社会主义基本经济制度，既体现了社会主义制度优越性，又同我国社会主义初级阶段社会生产力发展水平相适应，是党和人民的伟大创造。必须坚持社会主义基本经济制度，充分发挥市场在资源配置中的决定性作用，更好发挥政府作用，全面贯彻新发展理念，坚持以供给侧结构性改革为主线，加快建设现代化经济体系。

（一）毫不动摇巩固和发展公有制经济，毫不动摇鼓励、支持、引导非公有制经济发展。探索公有制多种实现形式，推进国有经济布局优化和结构调整……

（二）坚持按劳分配为主体、多种分配方式并存。坚持多劳多得，着重保护劳动所得，增加劳动者特别是一线劳动者劳动报酬，提高劳动报酬在初次分配中的比重……

（三）加快完善社会主义市场经济体制。建设高标准市场体系，完善公平

竞争制度，全面实施市场准入负面清单制度……

（四）完善科技创新体制机制。弘扬科学精神和工匠精神，加快建设创新型国家，强化国家战略科技力量……

（五）建设更高水平开放型经济新体制。实施更大范围、更宽领域、更深层次的全面开放……

七、坚持和完善繁荣发展社会主义先进文化的制度，巩固全体人民团结奋斗的共同思想基础

发展社会主义先进文化、广泛凝聚人民精神力量，是国家治理体系和治理能力现代化的深厚支撑。必须坚定文化自信，牢牢把握社会主义先进文化前进方向，围绕举旗帜、聚民心、育新人、兴文化、展形象的使命任务，坚持为人民服务、为社会主义服务，坚持百花齐放、百家争鸣，坚持创造性转化、创新性发展，激发全民族文化创造活力，更好构筑中国精神、中国价值、中国力量。

（一）坚持马克思主义在意识形态领域指导地位的根本制度。全面贯彻落实习近平新时代中国特色社会主义思想，健全用党的创新理论武装全党、教育人民工作体系，完善党委（党组）理论学习中心组等各层级学习制度，建设和用好网络学习平台……

（二）坚持以社会主义核心价值观引领文化建设制度。推动理想信念教育常态化、制度化，弘扬民族精神和时代精神……

（三）健全人民文化权益保障制度。坚持以人民为中心的工作导向，完善文化产品创作生产传播的引导激励机制，推出更多群众喜爱的文化精品……

（四）完善坚持正确导向的舆论引导工作机制。坚持党管媒体原则，坚持团结稳定鼓劲、正面宣传为主，唱响主旋律、弘扬正能量……

（五）建立健全把社会效益放在首位、社会效益和经济效益相统一的文化创作生产体制机制。深化文化体制改革……

八、坚持和完善统筹城乡的民生保障制度，满足人民日益增长的美好生活需要

增进人民福祉、促进人的全面发展是我们党立党为公、执政为民的本质要求。必须健全幼有所育、学有所教、劳有所得、病有所医、老有所养、住有所居、弱有所扶等方面国家基本公共服务制度体系，尽力而为，量力而行，注重加强普惠性、基础性、兜底性民生建设，保障群众基本生活。创新公共服务提供方式，鼓励支持社会力量兴办公益事业，满足人民多层次多样化需求，使改革发展成果更多更公平惠及全体人民。

（一）健全有利于更充分更高质量就业的促进机制。坚持就业是民生之本，实施就业优先政策，创造更多就业岗位。健全公共就业服务和终身职业技能培训制度，完善重点群体就业支持体系……

（二）构建服务全民终身学习的教育体系。全面贯彻党的教育方针，坚持教育优先发展，聚焦办好人民满意的教育，完善立德树人体制机制，深化教育领域综合改革，加强师德师风建设，培养德智体美劳全面发展的社会主义建设者和接班人……

（三）完善覆盖全民的社会保障体系。坚持应保尽保原则，健全统筹城乡、可持续的基本养老保险制度、基本医疗保险制度，稳步提高保障水平……

（四）强化提高人民健康水平的制度保障。坚持关注生命全周期、健康全过程，完善国民健康政策，让广大人民群众享有公平可及、系统连续的健康服务……

九、坚持和完善共建共治共享的社会治理制度，保持社会稳定、维护国家安全

社会治理是国家治理的重要方面。必须加强和创新社会治理，完善党委领导、政府负责、民主协商、社会协同、公众参与、法治保障、科技支撑的社会治理体系，建设人人有责、人人尽责、人人享有的社会治理共同体，确保人民安居乐业、社会安定有序，建设更高水平的平安中国。

（一）完善正确处理新形势下人民内部矛盾有效机制。坚持和发展新时代"枫桥经验"，畅通和规范群众诉求表达、利益协调、权益保障通道……

（二）完善社会治安防控体系。坚持专群结合、群防群治，提高社会治安立体化、法治化、专业化、智能化水平……

（三）健全公共安全体制机制。完善和落实安全生产责任和管理制度，建立公共安全隐患排查和安全预防控制体系……

（四）构建基层社会治理新格局。完善群众参与基层社会治理的制度化渠道……

（五）完善国家安全体系。坚持总体国家安全观，统筹发展和安全，坚持人民安全、政治安全、国家利益至上有机统一……

十、坚持和完善生态文明制度体系，促进人与自然和谐共生

生态文明建设是关系中华民族永续发展的千年大计。必须践行绿水青山就是金山银山的理念，坚持节约资源和保护环境的基本国策，坚持节约优先、保护优先、自然恢复为主的方针，坚定走生产发展、生活富裕、生态良好的文明发展道路，建设美丽中国。

（一）实行最严格的生态环境保护制度。坚持人与自然和谐共生，坚守尊重自然、顺应自然、保护自然，健全源头预防、过程控制、损害赔偿、责任追究的生态环境保护体系……

（二）全面建立资源高效利用制度。推进自然资源统一确权登记法治化、规范化、标准化、信息化，健全自然资源产权制度，落实资源有偿使用制度，实行资源总量管理和全面节约制度……

（三）健全生态保护和修复制度。统筹山水林田湖草一体化保护和修复，加强森林、草原、河流、湖泊、湿地、海洋等自然生态保护……

（四）严明生态环境保护责任制度。建立生态文明建设目标评价考核制度，强化环境保护、自然资源管控、节能减排等约束性指标管理，严格落实企业主体责任和政府监管责任……

十一、坚持和完善党对人民军队的绝对领导制度，确保人民军队忠实履行新时代使命任务

人民军队是中国特色社会主义的坚强柱石，党对人民军队的绝对领导是人民军队的建军之本、强军之魂。必须牢固确立习近平强军思想在国防和军队建设中的指导地位，巩固和拓展深化国防和军队改革成果，构建中国特色社会主义军事政策制度体系，全面推进国防和军队现代化，确保实现党在新时代的强军目标，把人民军队全面建成世界一流军队，永葆人民军队的性质、宗旨、本色。

（一）坚持人民军队最高领导权和指挥权属于党中央。中央军委实行主席负责制是坚持党对人民军队绝对领导的根本实现形式……

（二）健全人民军队党的建设制度体系。全面贯彻政治建军各项要求，突出抓好军魂培育，发扬优良传统，传承红色基因，坚决抵制"军队非党化、非政治化"和"军队国家化"等错误政治观点……

（三）把党对人民军队的绝对领导贯彻到军队建设各领域全过程。贯彻新时代军事战略方针，坚持战斗力根本标准，建立健全基于联合、平战一体的军事力量运用政策制度体系，构建新时代军事战略体系，加强联合作战指挥体系和能力建设，调整完善战备制度，健全实战化军事训练制度，有效塑造态势、管控危机、遏制战争、打赢战争……

十二、坚持和完善"一国两制"制度体系，推进祖国和平统一

"一国两制"是党领导人民实现祖国和平统一的一项重要制度，是中国特色社会主义的一个伟大创举。必须坚持"一国"是实行"两制"的前提和基础，"两制"从属和派生于"一国"并统一于"一国"之内。严格依照宪法和基本法对香港特别行政区、澳门特别行政区实行管治，坚定维护国家主权、安全、发展利益，维护香港、澳门长期繁荣稳定，绝不容忍任何挑战"一国两制"底线的行为，绝不容忍任何分裂国家的行为。

（一）全面准确贯彻"一国两制""港人治港""澳人治澳"、高度自治的方针。坚持依法治港治澳，维护宪法和基本法确定的宪制秩序，把坚持"一国"原则和尊重"两制"差异、维护中央对特别行政区全面管治权和保障特别行政区高度自治权、发挥祖国内地坚强后盾作用和提高特别行政区自身竞争力结合起来。完善特别行政区同宪法和基本法实施相关的制度和机制，坚持以爱国者为主体的"港人治港""澳人治澳"，提高特别行政区依法治理能力和水平。

（二）健全中央依照宪法和基本法对特别行政区行使全面管治权的制度。完善中央对特别行政区行政长官和主要官员的任免制度和机制、全国人大常委会对基本法的解释制度，依法行使宪法和基本法赋予中央的各项权力……

（三）坚定推进祖国和平统一进程。解决台湾问题、实现祖国完全统一，是全体中华儿女共同愿望，是中华民族根本利益所在……

十三、坚持和完善独立自主的和平外交政策，推动构建人类命运共同体

推动党和国家事业发展需要和平国际环境和良好外部条件。必须统筹国内国际两个大局，高举和平、发展、合作、共赢旗帜，坚定不移维护国家主权、安全、发展利益，坚定不移维护世界和平、促进共同发展。

（一）健全党对外事工作领导体制机制。坚持外交大权在党中央，加强中国特色大国外交理论建设，全面贯彻党中央外交大政方针和战略部署……

（二）完善全方位外交布局。坚定不移走和平发展道路，坚持在和平共处五项原则基础上全面发展同各国的友好合作，坚持国家不分大小、强弱、贫富一律平等，推动建设相互尊重、公平正义、合作共赢的新型国际关系，积极发展全球伙伴关系，维护全球战略稳定，反对一切形式的霸权主义和强权政治……

（三）推进合作共赢的开放体系建设。坚持互利共赢的开放战略，推动共建"一带一路"高质量发展，维护完善多边贸易体制，推动贸易和投资自由化便利化，推动构建面向全球的高标准自由贸易区网络……

（四）积极参与全球治理体系改革和建设。高举构建人类命运共同体旗帜，秉持共商共建共享的全球治理观，倡导多边主义和国际关系民主化，推动全球经济治理机制变革……

十四、坚持和完善党和国家监督体系，强化对权力运行的制约和监督

党和国家监督体系是党在长期执政条件下实现自我净化、自我完善、自我革新、自我提高的重要制度保障。必须健全党统一领导、全面覆盖、权威高效的监督体系，增强监督严肃性、协同性、有效性，形成决策科学、执行坚决、监督有力的权力运行机制，确保党和人民赋予的权力始终用来为人民谋幸福。

（一）健全党和国家监督制度。完善党内监督体系，落实各级党组织监督责任，保障党员监督权利……

（二）完善权力配置和运行制约机制。坚持权责法定，健全分事行权、分岗设权、分级授权、定期轮岗制度，明晰权力边界，规范工作流程，强化权力制约……

（三）构建一体推进不敢腐、不能腐、不想腐体制机制。坚定不移推进反

腐败斗争，坚决查处政治问题和经济问题交织的腐败案件，坚决斩断"围猎"和甘于被"围猎"的利益链，坚决破除权钱交易的关系网……

十五、加强党对坚持和完善中国特色社会主义制度、推进国家治理体系和治理能力现代化的领导

坚持和完善中国特色社会主义制度、推进国家治理体系和治理能力现代化，是全党的一项重大战略任务。必须在党中央统一领导下进行，科学谋划、精心组织、远近结合、整体推进，确保本次全会所确定的各项目标任务全面落实到位。

……

推进全面深化改革，既要保持中国特色社会主义制度和国家治理体系的稳定性和延续性，又要抓紧制定国家治理体系和治理能力现代化急需的制度、满足人民对美好生活新期待必备的制度，推动中国特色社会主义制度不断自我完善和发展、永葆生机活力。

全党全国各族人民要更加紧密地团结在以习近平同志为核心的党中央周围，坚定信心，保持定力，锐意进取，开拓创新，为坚持和完善中国特色社会主义制度、推进国家治理体系和治理能力现代化，实现"两个一百年"奋斗目标、实现中华民族伟大复兴的中国梦而努力奋斗！

例文分析

这是一篇公布党和国家所作的重大决策的决定，这类决定具有很强的政策性、指导性，其标题采用正副标题的表达方式，正题采用三要素齐全的表现方式，即"中共中央关于坚持和完善中国特色社会主义制度推进国家治理体系和治理能力现代化若干重大问题的决定"；副标题以题注的形式表达，即在正标题下标明该决定是"2019年10月31日中国共产党第十九届中央委员会第四次全体会议通过"。由于该决定是党和国家高层领导机关颁发的关于重大政策的重要工作决定，是普发性质的，因而无须标注主送机关。该决定的正文由决定缘由、决定事项、决定结语三部分构成。其中，缘由部分明确了撰写决定的目的"为贯彻落实党的十九大精神，十九届中央委员会第四次全体会议着重研究了坚持和完善中国特色社会主义制度、推进国家治理体系和治理能力现代化的若干重大问题"，统领全文。正文通过"一、坚持和完善中国特色社会主义制度、推进国家治理体系和治理能力现代化的重大意义和总体要求……十五、加强党对坚持和完善中国特色社会主义制度、推进国家治理体系和治理能力现代化的领导"等15个方面阐述了决定的事项，内容复杂的用条款显示层次，明确了具体的工作任务、方案、要求。文末提出了"全党全国各族人民要更加紧密地团结在以习近平同志为核心的党中央周围，坚定信心，保持定力，锐意进取，开拓创新，为坚持和完善中国特色社会主义制度、推进国家治理体系和治理能力现代化，实现'两个一百年'奋斗目标、实现中华民族伟大复兴的中国梦而努力奋斗"的号召和希望。关于落款部分，由于该决定是经会议通过的，会议通过的日期已经用圆括号标注在标题之下，所以此处省略了落款这项内容。

 例文2——政策性决定

国务院关于授权和委托用地审批权的决定①

国发〔2020〕4号

各省、自治区、直辖市人民政府，国务院各部委、各直属机构：

为贯彻落实党的十九届四中全会和中央经济工作会议精神，根据《中华人民共和国土地管理法》相关规定，在严格保护耕地、节约集约用地的前提下，进一步深化"放管服"改革，改革土地管理制度，赋予省级人民政府更大用地自主权，现决定如下：

一、将国务院可以授权的永久基本农田以外的农用地转为建设用地审批事项授权各省、自治区、直辖市人民政府批准。自本决定发布之日起，按照《中华人民共和国土地管理法》第四十四条第三款规定，对国务院批准土地利用总体规划的城市在建设用地规模范围内，按土地利用年度计划分批次将永久基本农田以外的农用地转为建设用地的，国务院授权各省、自治区、直辖

---

① 例文来源：https://www.gov.cn/zhengce/zhengceku/2020-03/12/content_5490385.htm.

市人民政府批准；按照《中华人民共和国土地管理法》第四十四条第四款规定，对在土地利用总体规划确定的城市和村庄、集镇建设用地规模范围外，将永久基本农田以外的农用地转为建设用地的，国务院授权各省、自治区、直辖市人民政府批准。

二、试点将永久基本农田转为建设用地和国务院批准土地征收审批事项委托部分省、自治区、直辖市人民政府批准。自本决定发布之日起，对《中华人民共和国土地管理法》第四十四条第二款规定的永久基本农田转为建设用地审批事项，以及第四十六条第一款规定的永久基本农田、永久基本农田以外的耕地超过三十五公顷的、其他土地超过七十公顷的土地征收审批事项，国务院委托部分试点省、自治区、直辖市人民政府批准。首批试点省份为北京、天津、上海、江苏、浙江、安徽、广东、重庆，试点期限 1 年，具体实施方案由试点省份人民政府制订并报自然资源部备案。国务院将建立健全省级人民政府用地审批工作评价机制，根据各省、自治区、直辖市的土地管理水平综合评估结果，对试点省份进行动态调整，对连续排名靠后或考核不合格的试点省份，国务院将收回委托。

三、有关要求。各省、自治区、直辖市人民政府要按照法律、行政法规和有关政策规定，严格审查把关，特别要严格审查涉及占用永久基本农田、生态保护红线、自然保护区的用地，切实保护耕地，节约集约用地，盘活存量土地，维护被征地农民合法权益，确保相关用地审批权"放得下、接得住、管得好"。各省、自治区、直辖市人民政府不得将承接的用地审批权进一步授权或委托。

自然资源部要加强对各省、自治区、直辖市人民政府用地审批工作的指导和服务，明确审批要求和标准，切实提高审批质量和效率；要采取"双随机、一公开"等方式，加强对用地审批情况的监督检查，发现违规问题及时督促纠正，重大问题及时向国务院报告。

国务院（章）

2020 年 3 月 1 日

 **例文分析**

这是国务院向全国各省、自治区、直辖市人民政府以及国务院各部

委、各直属机构发布的一份政策性决定。该决定的主要目的是"为贯彻落实党的十九届四中全会和中央经济工作会议精神，根据《中华人民共和国土地管理法》相关规定，在严格保护耕地、节约集约用地的前提下，进一步深化'放管服'改革，改革土地管理制度，赋予省级人民政府更大用地自主权"。决定事项包括两个方面："一、将国务院可以授权的永久基本农田以外的农用地转为建设用地审批事项授权各省、自治区、直辖市人民政府批准""二、试点将永久基本农田转为建设用地和国务院批准土地征收审批事项委托部分省、自治区、直辖市人民政府批准"。最后提出了工作落实的相关要求。

 例文 3——表彰性决定

中共中央关于授予"七一勋章"的决定①

（2021 年 6 月 29 日）

今年是中国共产党成立 100 周年。100 年来，我们党团结带领中国人民进行了艰苦卓绝的斗争，为实现民族独立、人民解放和国家富强、人民幸福接续奋斗，中华民族迎来了从站起来、富起来到强起来的伟大飞跃，创造了中华民族发展史、人类社会进步史上的伟大奇迹。党的十八大以来，以习近平同志为核心的党中央坚持以人民为中心，统筹推进"五位一体"总体布局、协调推进"四个全面"战略布局，脱贫攻坚战取得全面胜利，全面建成小康社会取得伟大历史性成就，开启了全面建设社会主义现代化国家的新征程。

在 100 年波澜壮阔的历史进程中，一代又一代中国共产党人顽强拼搏、不懈奋斗，涌现了一大批英勇牺牲的革命烈士、一大批矢志进取的英雄人物、一大批忘我奉献的先进模范。为了隆重表彰在中国革命、建设、改革各个历史时期，为党和人民事业一辈子孜孜以求、默默奉献，贡献突出、品德高尚的功勋模范党员，激励全党坚守初心使命、忠诚干净担当，党中央决定，授予马毛姐、王书茂、王占山、王兰花、艾爱国、石光银、吕其明、廷·巴特尔、刘贵今、孙景坤、买买提江·吾买尔、李宏塔、吴天一、辛育龄、张桂

---

① 例文来源：https://www.gov.cn/zhengce/2021-06/29/content_5621469.htm.

梅、陆元九、陈红军、林丹、卓嘎、周永开、柴云振、郭瑞祥、黄大发、黄文秀、黄宝妹、崔道植、蓝天野、魏德友、瞿独伊同志"七一勋章"。

这次受表彰的"七一勋章"获得者，是我们党各个时期、各条战线党员的杰出代表。他们信念坚定，对党忠诚，矢志不渝为党和人民事业奉献一切；他们践行宗旨，为了人民根本利益和美好生活，呕心沥血，拼搏奋战；他们勤勉务实，不论在什么岗位，都忘我工作、奋发有为，成就非凡功绩；他们不怕牺牲，保持革命者大无畏的战斗精神，危难时刻挺身而出，用生命践行使命，赢得全党全社会广泛赞誉。

当前，我国正处于实现中华民族伟大复兴的关键时期。党中央号召，全党要以习近平新时代中国特色社会主义思想为指导，以"七一勋章"获得者为榜样，增强"四个意识"、坚定"四个自信"、做到"两个维护"，更加紧密地团结在以习近平同志为核心的党中央周围，赓续共产党人的精神血脉，不忘初心、牢记使命，永不懈怠、一往无前，为全面建设社会主义现代化国家、实现第二个百年奋斗目标、实现中华民族伟大复兴的中国梦作出新的更大贡献！

例文分析

这是一篇中共中央关于授予"七一勋章"的表彰性决定，包括三个内容组成部分。一是标题。标题中三个要素齐全地显示出来，其中，制发单位是中共中央，发文事由是授予"七一勋章"，文种是决定。二是主送机关。由于该决定是党和国家向全国颁发的关于授予"七一勋章"的重大决定，所以无须注明主送机关。三是正文内容。表彰性决定开头要叙述基本事实，点明被表彰先进事迹的突出特点及其蕴涵的意义，其中"今年是中国共产党成立100周年……涌现了一大批英勇牺牲的革命烈士、一大批矢志进取的英雄人物、一大批忘我奉献的先进模范"是决定缘由中的事实依据，"为了隆重表彰在中国革命、建设、改革各个历史时期，……激励全党坚守初心使命、忠诚干净担当"是该决定缘由的目的。"党中央决定，授予马毛姐……瞿独伊同志'七一勋章'"是决定的具体事项。"当前，我国正处于实现中华民族伟大复兴的关键时期。党中央号召，全党要以习近平新时代中国特色社会主义思想为指导……为全面建设社会主义现代化国家、实现第二个百年奋斗目标、实现中华民族伟大复兴的中国梦作出新的更大贡献"是决定的结语，提出了号召和希望。这种决定的正文一般是写作表彰的缘由、表彰的事项以及希望和号召。该决定恰好体现了这一写法特点，全文分三大段：首先表明决定发布的缘由，紧接着写明了表彰的具体内容，最后提出了号召。

第十章

通　报

一、通报的概念

通报是适用于表彰先进、批评错误、传达重要精神和告知重要情况的下行公文。它是上级机关在系统内部沟通信息、联系情况、宣传教育、指导启示工作的下行文，其主送机关是不能省略的，行文时间多于事后，使用广泛。

如何确定通报中"传达精神或者告知情况"的重要性呢？对"重要"的界定可以从两个方面理解：一是涉及全局性、整体性的事项，是上级机关对下级机关作出的具有重要指导意义的精神；二是机关职责范围内发生的具有重要影响的事件，或者先进典型或者错误教训，在一定范围内造成重大影响的事件。在使用通报时，需要注意它和其他几个文种的区别。

首先，"通报"和"决定"的区别。两者最明显的区别在于奖惩功能方面，表现在其性质、种类、级别等方面有区别。从内容方面来看，两者都是又"奖"又"罚"，但程度不一样，通报的程度轻，决定的程度重。从表彰性来看，表彰性通报的重要程度往往比决定要轻，通报主要是针对单位内部的、例行性的单项表彰，决定则是县地市级以上地域性、行业性的综合表彰。从处罚性来看，批评性通报主要的指向是"事"，往往是对某个地方或单位的某一项工作提出批评，其批评的指向主要就工作而言，或者某一项工作没有做好，拖了全局工作的后腿；或者某一项工作没有很好地执行国家的有关法规和政策等。虽然也有涉及其中的人员，但总体上看，主要的指向是"事"。处罚性决定涉及的内容既可以是"事"，也可以是"人"，处罚范围相对宽一些。

其次，"通报""通知"和"通告"的区别。三者的区别主要表现在以下几个方面。一是告知内容不同。这三者都对受文者有告知的功能，但"通告"和"通知"告知的是"事项"，如机构的建立或者撤销、公章的改换或者启用等，而且都是事前或者事初告知，二者的不同之处是告知的范围有大有小；"通报"所告知的是"情况"，如会议情况、工作情况、事故情况等，均是事后才可告知。二是告知范围不同。"通报"告知的内容涉及表彰先进、批评错误和传达重要事项，其中传达事项的内容突出其"重要"，即所涉及的人和事多在下级机关，情况也来自下级机关，上级机关认为有普遍意义，范围明显小于通知；"通知"告知的内容主要是上级机关向下级相关单位告知、传达、布置和推动一般事务性事务，主要是用作内部行文，有些通知还是保密的；"通告"则是周知性公文，应公开发布，目的是将通告内容让大众知晓。三是行文的目的和作用不同。"通报"重在"报"，其行文多用于报道和传播信息，用来表彰先进、批评错误和传达重要事项，起到教育引导、告诫杜绝、沟通交流的作用；"通知""通告"重在"告知"，且要知之而后行，要求必须贯彻、遵照执行，不能例外。"通知"或者强调告知受文机关应该做什么事情、怎么做，起到告知、布置、要求贯彻执行的作用，或者用于规章制度的发布，公文的批转、转发、干部任免等。"通告"和"通报"没有此功能。其中需要注意的是，指示性通知和指导性通报的区别：指示性通知是上级机关在工作中发现了下级机关出现的共性问题，主动行文进行指导；指导性通报则是上级机关是从下级机关来文中发现了突发事件或者个性问题，行文是上级机关被动做出的。四是行文表达的时间不同。"通知""通告"行文是发文机关对尚未发生事情的部署，重在工作布置，是预告性的，行文于事前；"通报"是发文机关对已经发生、成为事实的典型或者情况进行告知，印发于事后，重在传达。

二、通报的特点

(一) 典型性

无论是表彰性通报还是批评性通报，都要求通报涉及的人物、事件或者情况都是具有典型意义的，而不是一般性的人物、事迹或者错误。这种典型性要注意其涉及的事项既要有普遍性、代表性、针对性，同时又要具有个体的独特性、鲜活性，发文机关是通过对这些典型性人物和事件的介绍和分析，达到宣传、借鉴、倡导、告诫和警戒的目的，而一般的事迹、错误或者情况，是没有必要选用通报发布的。

（二）教育性

表彰性通报通过树立典型表彰先进，弘扬正气，示范推广，鼓励人们学习先进，鼓舞人们上进；批评性通报则是剖析负面事例，批评错误，让当事人认识错误、改正错误以及让别人吸取教训，引以为戒；传达性通报通过传达交流重要精神或者情况引起人们注意。三种通报的写作目的都是通过介绍通报事项，提高受文对象的认识，使其思想、行为接受教育和指导，以致对今后的行为产生导向作用。上级领导对通报对象的评价和定性既有明显的指导性质，也体现出极强的政策性，这种指导性在明确舆论导向的基础上起到了"指路标"的作用。

（三）知照性

通报是将先进事迹、错误事实和需要传达的事项等核心内容告知受文对象，使其了解事实、认识事实，它起到了传递信息、告知通晓的作用。通报事件可能发生在局部，但是发文机关通过发布通报以扩大有关事项的影响，使更多相关单位和个人了解事件，并从中发挥教育或者教训等作用，因此通报具有明显的知照、告晓的特点。

三、通报的种类

由于通报主要用于表彰先进、批评错误和告知重要情况，因此其种类主要包括表彰性通报、批评性通报和情况（事项性）通报三种。

（一）表彰性通报

表彰性通报重在表彰先进、宣传典型、推广经验、树立榜样、弘扬正气，起到引导、示范、推动工作的作用。

（二）批评性通报

批评性通报重在对某人错误、违纪行为，或者对某单位的不良倾向、典型事故进行批评或处罚，总结教训，引起重视，使责任者和责任单位吸取教训，教育相关人员和单位，以示警诫。

（三）情况通报

情况通报又称事项性通报，偏重对重要事项或者重要精神的告知，主要用于传达工作进展、沟通工作落实、发布工作推进结果等信息，旨在推进、指导面上工作。

情况通报具体分为两种：一是专题性通报，是指针对某一件事、某一情况而发出的通报；二是综合性通报，指就某几个方面的情况所发出的通报。

四、通报的写法

通报的正文一般由通报缘由（开头部分）、通报事项（主体部分）以及通报希望、号召和要求（结语部分）构成，但是由于通报的性质不同，其正文的写作方法也不尽相同，下面主要介绍三类通报的写法。

1. 表彰性通报

表彰性通报主要用于表扬先进、宣传典型，总结成功经验，树立榜样，发挥引导示范作用，推动工作。这类通报的正文一般篇幅较长，重点介绍涉及的人物或者单位的先进事迹，通过分析评论，点明实质，指出事件的意义提出希望、号召或者要求。

（1）标题。一般是齐全式的，即发文机关、事由和文种三要素是齐全的。

（2）收文机关。表彰性的通报属于针对性很强的公文，所以其发文一般要标注收文机关，该项内容一般不得省略。

（3）正文。表彰性通报的正文主要由五个部分组成。第一，引言部分。一般使用说明性语言，主要是概括通报的缘由，即通报的内容、性质、作用、要求等。第二，事实部分。一般使用叙述性语言，说明表彰的原因，即通报对象的先进事迹，写作这部分内容时，既要把主要事实写清楚，又要写得概括精练。第三，分析部分。一般使用议论性语言，高度概括地对该项先进事迹的本质进行分析评议，即在事实的基础上总结经验，分析意义。第四，通报对象的表彰决定。要明确表彰决定的目的、依据，写出给予精神或物质奖励的内容。第五，对通报对象和行文对象的号召和希望。根据通报的精神要求如何去做，或者号召为实现什么目标而奋斗。

（4）落款。通报的落款在正文右下方标明发文机关名称，加盖印章，写明发文日期。

2. 批评性通报

批评性通报主要用于批评错误，有时是针对本系统、本机关的人员，主要是通报该人员的错误行为，有时是针对事件，主要是通报一些典型的事故。这类通报使用面积较广，发出这类通报的目的是举出反面典型、总结教训，以引起重视，使责任者吸取教训，并教育相关单位及人员引以为戒。

（1）标题。一般是齐全式的，即发文机关、事由和文种三要素是齐全的。

（2）收文机关。批评性通报属于针对性很强的公文，所以其发文一般要标注收文机关，该项内容一般不得省略。

（3）正文。批评性通报的正文主要由五个部分组成。第一，通报事件部分。一般使用说明性语言，主要是概括通报的缘由，即通报受批评单位和人员的主要错误事实经过，包括事实发生的时间、地点，通过相关数据说明造成的后果。第二，事实陈述部分。一般使用叙述性语言，在事实基础上从深层次挖掘、分析错误产生的主要原因（直接原因和间接原因），即通报对象的错误事实。写作这部分内容时，既要把主要事实写清楚，概括问题的实质、危害所在，又要写得概括精练，同时要注意运用数据说明问题。第三，分析定性部分。一般使用议论性语言，分析评议此错误事实的本质，即在事实的基础上分析错误的原因、危害以及处理意见。第四，处理决定部分。通报对被批评对象批评的目的和处理决定。第五，警戒要求部分。为了防范和杜绝类似错误发生，在批评性通报的结尾处，通常要有针对性地提出防范的措施或规定，或者以"希望引起大家的注意""特此通报"等惯用语，提出吸取教训、引以为戒的要求。

（4）落款。通报的落款在正文右下方标明发文机关名称，加盖印章，写明发文日期。

3. 情况通报

情况通报主要用于传递信息、沟通情况、互通情报，其目的在于通报情况，提醒注意或者提出必要措施，做好有关工作。根据事情的发展情况，分段分条一一加以叙述，突出重点，抓住实质，说明情况，讲清道理，以陈述为主，尽量少议论。具体划分为以下两种：一是专题性通报，即针对某一件事、某一情况而发出的通报；二是综合性通报，即就某几个方面的情况所发出的通报。无论是专题性通报还是综合性通报，都要求抓住重点，突出本质。通报的内容具有很强的针对性，大多是大家比较关心的事件，以事实说明问题，其作用主要是对于开展工作提供指导、参考和借鉴，一般不下结论，不写决定要求。

（1）标题。三要素齐全式，即发文机关、事由和文种齐备。

（2）收文机关。情况通报的内容具有很强的针对性，大多是大家比较关注的事件，对涉及的相关工作有指导借鉴意义，所以发文时收文机关这项要标注清楚，一般不得省略。

（3）正文。情况通报的正文主要由以下四个部分组成。第一，背景通报部分。一般使用说明性语言，主要是概括介绍通报的具体情况，即通报事件发生的时间、地点、人物、事件、原因和结果等主要情况。第二，评价分析部分。事实陈述部分一般使用叙述性语言，叙述通报发布的依据、目的、原因等，在事实基础上突出问题的重点、本质要素。若这部分内容较多，应将有关情况进行梳理归类，表述时要概括精练。事实分析部分一般使用议论性语言，对该事实的原因进行本质分析和评价。第三，希望要求部分。通报结尾处内容表达了通报发文机关的意图，针对事件原因有针对性地向受文单位提出分条改进该项工作的要求，传达指示性信息。

（4）落款。通报的落款在正文右下方标明发文机关名称，加盖印章，写明发文日期。

五、通报格式

常见的通报格式主要有两种：一是表彰性和批评性通报；二是情况通报。

关于××××通报（表彰性和批评性通报）

介绍通报的缘由（事实或背景依据、目的、意义等）；

对事实的分析和评价；

提出的希望和要求。

发文机关（章）

××××年××月××日

关于××××通报（情况通报）

阐明发布通报的缘由（依据、原因、目的、意义等）；

叙述主要事件情况、传递相关信息；

提出希望和要求。

发文机关（章）

××××年××月××日

六、例文分析

 例文1——表彰性通报

国务院办公厅关于对国务院第八次大督查发现的
典型经验做法给予表扬的通报①

国办发〔2021〕44号

各省、自治区、直辖市人民政府，国务院各部委、各直属机构：

　　为进一步推动中央经济工作会议部署和《政府工作报告》提出的目标任务落到实处，国务院部署开展了第八次大督查。从督查情况看，各有关地区在以习近平同志为核心的党中央坚强领导下，以习近平新时代中国特色社会主义思想为指导，认真贯彻党中央、国务院重大决策部署，统筹推进新冠肺炎疫情防控和经济社会发展，扎实做好"六稳"工作、全面落实"六保"任务，各项工作取得积极成效。在对16个省（自治区、直辖市）开展实地督查时发现，有关地方围绕减税降费助企发展、扩内需保就业保民生、深化"放

---

　　① 例文来源：https://www.gov.cn/zhengce/zhengceku/2021-11/15/content_5650982.htm.

"管服"改革优化营商环境、推进创新驱动发展等方面，结合本地实际，迎难而上，勇于创新，创造和形成了一批好的经验做法。

为表扬先进，宣传典型，进一步调动和激发各方面真抓实干、改革创新的积极性、主动性和创造性，推动形成干事创业、竞相发展的良好局面，经国务院同意，对北京市坚持"一抓三保五强化"推动实现更加充分更高质量就业等48项典型经验做法予以通报表扬。希望受到表扬的地方珍惜荣誉，再接再厉，充分发挥模范表率作用，不断取得新的更大成绩。

各地区各部门要全面贯彻党的十九大和十九届二中、三中、四中、五中、六中全会精神，统筹推进"五位一体"总体布局，协调推进"四个全面"战略布局，坚持稳中求进工作总基调，立足新发展阶段，完整、准确、全面贯彻新发展理念，构建新发展格局，推动高质量发展，积极应对各种风险挑战。要学习借鉴典型经验做法，加大宣传推广力度，结合实际创造性开展工作，为完成全年经济社会发展目标任务、实现"十四五"良好开局作出积极贡献。

附件：国务院第八次大督查发现的典型经验做法（共48项）

国务院办公厅（章）

2021 年 11 月 8 日

 **例文分析**

这是一份表彰性通报。标题是由发文机关"国务院办公厅"、通报事由"关于对国务院第八次大督查发现的典型经验做法给予表扬"和"通报"三要素组成；由于是针对"各省、自治区、直辖市人民政府，国务院各部委、各直属机构"发文的，所以明确标注了主送机关。通报的正文首先在缘由部分开门见山、简明地交代行文目的和依据"为进一步推动中央经济工作会议部署和《政府工作报告》提出的目标任务落到实处，……为表扬先进、宣传典型……"。其次，表达通报事项"经国务院同意，对北京市坚持'一抓三保五强化'推动实现更加充分更高质量就业等48项典型经验做法予以通报表扬"。最后，提出任务落实的希望和要求"希望受

到表扬的地方珍惜荣誉，再接再厉，……为完成全年经济社会发展目标任务、实现'十四五'良好开局作出积极贡献"自然作结。

 例文2——批评性通报

**国务院办公厅关于部分债务沉重地区
违规兴建楼堂馆所问题的通报**①

国办发〔2021〕39号

各省、自治区、直辖市人民政府，国务院各部委、各直属机构：

　　严格控制党政机关办公楼等楼堂馆所建设，是加强党风廉政建设、落实过紧日子要求的重要内容，党中央、国务院对此高度重视。习近平总书记多次强调，要发扬艰苦奋斗、勤俭节约优良作风，坚决反对铺张浪费；党政机关要坚持过紧日子，严肃财经纪律，把各方面资金管好用好。李克强总理指出，各级政府要过紧日子，把每一笔钱都用在刀刃上、紧要处；严禁新建扩建政府性楼堂馆所和搞豪华装修。韩正副总理等国务院领导同志多次对相关工作提出要求。

　　党中央、国务院明确要求，高负债地区除必要的基本民生支出和机关有效运转支出外，要大力压减基本建设支出，筹措资金化解债务风险。《机关团体建设楼堂馆所管理条例》规定，机关、团体不得建设培训中心等各类具有住宿、会议、餐饮等接待功能的场所和设施。近期，审计署审计发现，一些地区不顾自身财力状况，在政府债务沉重、风险突出的情况下，违反财经纪律和管理制度兴建楼堂馆所。为进一步严肃财经纪律，严格楼堂馆所建设管理，经国务院同意，现将有关情况通报如下：

　　一、部分地区违规建设楼堂馆所情况

　　审计发现，青海、宁夏、贵州、云南等4个地方政府债务风险较高的地区，有8个项目不同程度存在违规兴建楼堂馆所问题。

　　（一）青海国际会展中心。该项目于2019年4月由西宁市发展改革委批复立项，主要包括会展中心和酒店两部分，其中会展中心部分由青海省与西

---

　　①　例文来源：https://www.gov.cn/gongbao/content/2021/content_5649732.htm.

宁市共同出资建设，酒店部分面向社会筹资建设。2019 年 7 月，在社会投资没有落实的情况下，项目单位按照整体招标、统一建设、统一核算的方式对会展中心和酒店同时开工建设。截至 2021 年 5 月底，项目到位资金 22.77 亿元全部为财政资金，实际上通过财政资金支付了酒店建设费用。

（二）青海省人力资源社会保障公共服务中心。该项目于 2015 年 9 月由青海省人力资源和社会保障厅报省政府负责同志批准，通过购置写字楼方式建设，规划作为业务用房，主要用作就业创业培训和社会保险、劳动权益等经办服务。在实际使用中，部分作为青海省人力资源和社会保障厅机关、事业单位办公用房，还设有 24 间客房，改变了业务用房的用途。财政部门安排项目资金 2.4 亿元。

（三）青海省胜利宾馆。该宾馆原为财政差额拨款事业单位，2002 年转制为企业，在提供社会化服务的同时承担政务接待保障任务。2018—2020 年，青海省财政厅经报省政府批准，以补助、注资等方式向该宾馆拨付财政资金 8 966.45 万元，用于维修改造和运营。

（四）宁夏闽宁会议中心。2016 年 10 月，在未明确建设主体、没有资金来源、未办理施工手续的情况下，由银川市委、市政府直接选定中冶建工集团有限公司垫资建设，用于考察接待、会议、展览、餐饮、住宿。因缺乏资金，项目一度停工。2019 年 4 月和 6 月，银川市政府决定安排财政资金拨付市国资委，由市国资委按照"政府支持、市场化运作"的原则推进建设。2020 年 6 月，项目竣工预验收，按照酒店模式运行。银川市和闽宁镇以向企业注资等方式拨付财政资金 5 500 万元。

（五）宁夏闽宁镇酒店管理与服务职业技能实训中心。2019 年 6 月，宁夏回族自治区教育厅同意该中心立项建设，同时加挂宁夏回族自治区教育工委、教育厅培训基地牌子，主要作为宁夏回族自治区教育工委、教育厅培训基地和闽宁教师远程培训中心、酒店管理与服务职业技能教育培训中心，建设资金来源于财政拨款。2020 年 8 月—2021 年 3 月，该中心主要用于开展教育系统内部培训。

（六）宁夏丝路明珠塔。该项目是银川市筹划建设的集广播电视发射、观光旅游、商务会展等于一体的综合性建筑。2018 年 12 月，银川市决定由中铁城市发展投资集团有限公司与市属国有企业银川通联资本投资运营有限公司共同出资建设。目前已完成塔楼和北裙楼部分工程。项目实际到位资金 5.2 亿元，其中银川通联资本投资运营有限公司出资的 3 亿元全部为财政资金。

（七）贵州省遵义市会议中心。2018 年 2 月，遵义市确定由市属国有企业遵义道桥建设（集团）有限公司负责建设该项目，建设内容包括会议中心、酒店等。2019 年底，项目部分竣工验收并开始试运行，承担了 2020 年和 2021 年遵义市"两会"接待工作。遵义市财政局通过市自然资源局安排土地出让金 5.62 亿元，拨付给遵义道桥建设（集团）有限公司使用。此外，还拨付给该公司土地整治成本经费 2 000 万元、保障地方"两会"经费 1 000 万元。

（八）云南省级民主党派大楼和云南中华职业教育社办公楼。2019 年 4 月，云南省政府决定，该项目由昆明市出资、企业代建，建成后由昆明市以零租金或低租金永久租赁给省级民主党派、云南中华职业教育社等单位使用。2020 年 4 月，经昆明滇池国家旅游度假区经济发展局备案，代建项目由昆明市城建投资开发有限责任公司自主投资建设。2021 年，昆明市向该公司注资 2.24 亿元。

二、存在的突出问题

上述违规动用财政资金兴建楼堂馆所问题，反映出相关地区部门和单位有关人员"四个意识"不强，纪律规矩意识淡薄，艰苦奋斗、勤俭节约思想弱化，对党中央、国务院决策部署贯彻不到位；一些地区业务主管部门、监管部门作用发挥不够，未能及时发现和解决问题。主要体现在以下三个方面：

一是执行财经纪律松弛。有的地方漠视财经纪律，在建设资金没有落实的情况下擅自开工建设，或安排财政资金用于宾馆维修改造和运营，违反了预算管理等相关制度规定。青海省违规向已转制为企业的胜利宾馆安排财政资金用于维修改造和运营。宁夏闽宁会议中心在无建设主体、无资金来源的情况下直接委托企业开工建设，项目一度因资金缺乏而停工，依靠财政支持才完成建设。

二是规避项目审批程序。有的地方采取"未批先建""先建后补"或以政策文件、会议代替审批等方式规避审批，违反了政府投资项目审批管理等相关制度规定。青海省人力资源社会保障公共服务中心直接以政府文件作为建设依据，未履行审批手续。宁夏闽宁会议中心在未办理任何手续的情况下直接开工建设，边实施边补手续。

三是钻制度空子搞变通。有的地方模糊政府和企业界限，混淆业务用房和办公用房界限，违规兴建会议中心，违规使用业务用房，违反了党政机关办公用房管理等相关制度规定。青海省人力资源社会保障公共服务中心以业务用房名义建设，实际违规将部分业务用房作为机关、事业单位办公用房。遵义市以国有企业经营项目名义建设具有住宿、会议、餐饮等接待功能的场所和设施，并通过财政注资、补贴等方式给予支持。

对于审计发现问题，有关地方党委和政府高度重视，积极开展整改工作。有的已经停止项目建设，通过公开拍卖等方式对项目进行转让；有的对违规使用的业务用房进行了封存和移交；有的已按原渠道退还了财政补助资金。后续整改及执纪问责等工作正在进行中。

三、工作要求

严控楼堂馆所建设是党政机关厉行节约、反对浪费的重要内容，事关党和政府形象，无论政府债务风险高低都必须坚持。地方各级人民政府及其工作人员要从审计发现问题中深刻汲取教训，举一反三，引以为戒，认真开展自查自纠，公开曝光典型案例，坚决防止此类问题再次发生，坚定不移把党中央、国务院决策部署落到实处。

（一）切实提高思想认识。各地区、各部门要进一步增强"四个意识"、坚定"四个自信"、做到"两个维护"，对"国之大者"做到心中有数，切实把思想和行动统一到党中央、国务院决策部署上来，不折不扣地抓好贯彻落实。要坚持守土有责、守土尽责，继承和发扬党的光荣传统和优良作风，坚持勤俭办一切事业，抓实抓细楼堂馆所建设管理，坚决反对铺张浪费，坚决刹住违规兴建楼堂馆所的不正之风。

（二）从严落实财经纪律。各地区、各部门要坚持把党政机关过紧日子、严控楼堂馆所建设作为重要财经纪律落实到位。要坚持依法行政、依法理财，推进财政法治建设，细化实化管理措施，大力压缩自由裁量权，扎紧扎密制度的篱笆，消除漏洞和盲点。要硬化预算约束，严格遵循先有预算、后有支出原则，把严把紧预算支出关口。

（三）落实严控楼堂馆所建设主体责任。有关地方人民政府要进一步提高政治站位，对审计发现问题实事求是推进整改，坚决不搞形式主义、不做表面文章；积极防范整改中的风险，防止新增地方政府隐性债务、防止国有资产流失、防止财政资金损失。地方各级人民政府要切实担负起严控楼堂馆所建设的主体责任，充分考虑客观经济规律、发展阶段和财政可承受能力，做到尽力而为、量力而行，严格履行决策和审批程序，完善管理制度和措施，加大审查监督力度，杜绝违规兴建楼堂馆所。

（四）强化项目审批管理和财政支出约束。各地区、各有关部门要严格执行审批程序和规定，防止变相规避审批程序，从严审批楼堂馆所建设项目，加强国有企业投资监管。要加强预算安排与项目审批的衔接，未经审批一律不得安排预算，落实地方政府专项债券资金投向领域禁止类项目清单。地方政府债务风险较高地区要进一步强化财政支出约束，大力压缩非刚性非重点支出，筑牢"三保"（保基本民生、保工资、保运转）防线，同时加强财政可承受能力评估，杜绝超越财力安排支出，防范化解财政运行风险。

（五）加大监督问责力度。地方各级人民政府要进一步健全监督约束机制，对违反财经纪律、不顾偿还能力盲目举债上项目、变相规避审批程序等问题加大核查监督力度，充分发挥审计监督、财会监督、纪检监察监督等方面作用，加强对本地区楼堂馆所建设的全方位监督，对违法违规行为始终保持高压态势，严肃查处、问责到人，让违法违规和失职渎职者付出应有的代价。国务院有关部门要对地方楼堂馆所建设情况持续开展重点监督，及时发现问题并督促地方切实整改。

国务院办公厅（章）

2021 年 10 月 22 日

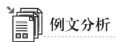 **例文分析**

这是一篇批评性通报。标题由三要素组成，发文机关是"国务院办公厅"，通报事由是"关于部分债务沉重地区违规兴建楼堂馆所问题"，文种是"通报"。由于是针对"各省、自治区、直辖市人民政府，国务院各部

委、各直属机构"发文的，所以明确标注了主送机关。通报的正文首先在缘由部分开门见山地交代行文依据和目的"严格控制党政机关办公楼等楼堂馆所建设，是……，为进一步严肃财经纪律，严格楼堂馆所建设管理"。其次，从三个方面表达了通报事项："一、部分地区违规建设楼堂馆所情况""二、存在的突出问题""三、工作要求……"。其中，在叙述完部分地区违规建设楼堂馆所事实之后，从"执行财经纪律松弛""规避项目审批程序""钻制度空子搞变通"三个方面分析了问题产生的原因。最后，从"切实提高思想认识""从严落实财经纪律""落实严控楼堂馆所建设主体责任""强化项目审批管理和财政支出约束"以及"加大监督问责力度"五个方面明确提出了任务落实的整改要求。

 例文3——情况通报

2020 年政府网站和政务新媒体检查情况通报①

为深入贯彻落实党中央、国务院关于深化政务公开、加强数字政府建设的决策部署，持续推动各地区、各部门政府网站和政务新媒体健康有序发展，助力提升政府治理能力，不断增强人民群众获得感，按照《国务院办公厅秘书局关于印发政府网站与政务新媒体检查指标、监管工作年度考核指标的通知》要求，2020 年 7 月—10 月，国务院办公厅政府信息与政务公开办公室对各地区、各部门政府网站和政务新媒体及相关监管工作进行了检查。现将有关情况通报如下：

一、总体情况

共检查政府网站 328 个（含 153 个门户网站），占全国正在运行的政府网站总数的 2.3%，总体合格率 91.8%。92 个地方政府门户网站中，广东、北京、湖南、四川、安徽、吉林 6 个省级政府门户网站和茂名、密云、合肥 3 个市（区）政府门户网站得分靠前，江西、重庆、贵州、内蒙古、陕西、浙江、广西 7 个省级政府门户网站和广元、长沙 2 个市级政府门户网站得分较

---

① 例文来源：https://www.gov.cn/zhengce/zhengceku/2020-12/16/content_5569781.htm.

高。北京、天津、上海、江苏、安徽、广东、重庆 7 个地区的省、市、县三级政府门户网站均达到良好。61 个国务院部门中，市场监管总局、国家发展改革委、水利部、交通运输部等单位的政府门户网站得分较高，公安部、中国气象局、国家药监局、税务总局、农业农村部、应急部、海关总署等单位的政府门户网站总体较好。

共检查政务新媒体 728 个，其中地方政府及其部门开设的政务新媒体 417 个、国务院部门及其内设机构开设的政务新媒体 311 个，总体合格率 91.9%。北京、天津等 16 个地区和外交部、教育部等 39 个国务院部门的政务新媒体合格率达 100%。

本次检查将各地区、各部门政府网站和政务新媒体监管工作纳入考评。总的看，各地区、各部门积极落实监管责任，加强监督考核，基本实现常态化监管。其中，北京、天津、安徽等 11 个地区得分靠前；税务总局、中国气象局、国家民委等 17 个国务院部门得分靠前。31 个省（自治区、直辖市）和外交部等 44 个国务院部门均按季度对本地区、本部门政府网站和政务新媒体开展抽查巡查，并向社会公开抽查结果。北京、吉林、上海等 11 个地区和交通运输部、税务总局、中国气象局等国务院部门每季度网站抽查比例均达 100%。江苏、安徽、江西、湖南等地区进一步规范政务新媒体监管，在加强内容建设的同时，关停整合功能重复或相近、长期不更新、用户关注度低的政务新媒体。

二、政府网站和政务新媒体成为深化政务公开、提升政府治理能力的重要抓手

今年以来，全国政府网站和政务新媒体积极围绕中心工作听民意、惠民生、解民忧，不断深化政务公开、优化政务服务，在抗击新冠肺炎疫情、深化"放管服"改革、提升政府治理能力中发挥更大作用。

（一）积极主动作为，助力疫情防控与纾困惠企。面对突如其来的疫情，各级政府网站和政务新媒体快速响应、协同联动，及时准确传递党和政府权威声音，解疑释惑、回应关切、提振信心，为打赢疫情防控阻击战、服务经济社会发展提供有力支持。31 个省（自治区、直辖市）政府门户网站均在显著位置开设疫情防控专题专栏，第一时间集中发布疫情信息。国家卫生健康委"健康中国"新媒体矩阵每日通报全国最新疫情，密集发布防控工作动态，推送通俗易懂的科普知识和政策图解。北京市政府门户网站开设"复工复产"惠企政策兑现专题，为企业设立税费减免、首贷服务、租金减免等专属页面。广东省建设"粤企政策通"平台，企业可精准查找相关政策、"一键申报"扶持资金等惠企项目。

（二）加强内容建设，"掌上看""指尖办"成为常态。各地区、各部门积极运用政府网站和政务新媒体发布政策措施，回应公众关切，提供便捷服务，为企业和群众建设"指尖上的网上政府"。在今年全国"两会"期间，各级政府网站和政务新媒体第一时间转载政府工作报告和"两会"相关报道文章，深入解读关于统筹推进疫情防控和经济社会发展工作的政策举措，半天时间发布相关稿件约36万条。人力资源社会保障部制作推出一系列关于养老金、失业保险金等热点话题的回应解读，人力资源社会保障系统新媒体矩阵联动发布，全网阅读量超2亿次。"国家移民管理局"微信公众号运用图片、视频等形式宣传《中华人民共和国出境入境管理法》，内容鲜活、接地气。吉林省延吉市医疗保障局"延吉医疗保障"微信公众号通过文字、图片等多种形式解读群众关心的医保问题，让政策易知易懂。浙江省"浙里办"移动客户端推进"一证通办"，群众只需提交1份材料，就可办理新生儿出生医学证明、户口、社保、医保4个事项。"国家税务总局"微信公众号引入纳税服务平台即时互动功能，智能答复网民政策咨询，支持便捷开票，让税收服务触手可得。

（三）加快集约共享，推进数据汇聚融通、应用百花齐放、平台安全运行。据初步统计，已有39.5%的地方政府网站迁入省（自治区、直辖市）集约化平台运行，基层网站"散小孤弱"、重复建设等问题得到初步解决，技术及安全运维压力得到缓解。11个集约化试点地区通过建设统一信息资源库，深化数据融通、服务融通、应用融通，构建"24小时不打烊网上政府"的数据底座，大力推进政策信息"一网通查"、互动交流"一网通答"、办事服务"一网通办"、数据资源"一网通管"。北京市、湖南省、广东省等对本地区政府网站信息资源进行大数据分析，研究汇总社情民意关注热点，量化评估政府施政效果，为科学决策提供参考。此外，集约化工作有力提升了政府网站内容保障和安全防护能力，网站规范性、可靠性显著增强，本次检查中未发现试点地区有不合格网站。

（四）完善功能渠道，更好保障群众知情权、参与权、监督权。不少地方和部门把政府网站和政务新媒体作为联系群众、服务群众、接受群众监督的重要渠道。98.0％的政府门户网站开设了政策解读栏目，63.4％做到解读稿与相关政策文件联动发布，45.1％在5个工作日内对简单常见咨询作出答复，20.3％能在1个工作日内答复。安徽省各区县政府门户网站开设部门和乡镇街道政务公开专栏，集中公开基层政策文件及工作动态等信息。广西壮族自治区等政府门户网站搭建功能丰富灵活的应用库，针对企业和群众办事高频事项推出专题服务。四川省、贵州省、农业农村部、应急部、市场监管总局等政府门户网站把办事服务事项设立依据与政策文件库打通，提供一体化信息服务。江苏省、山东省、湖南省、国家发展改革委等政府门户网站整合各类互动、服务平台用户入口，实现统一身份认证。吉林省、河南省、交通运输部等政府门户网站提供在线智能问答服务，常见问题"秒回"。

三、一些地方和部门运用政府网站和政务新媒体的能力水平有待提高

（一）内容保障机制有待健全。个别政府网站和政务新媒体仍然存在信息不更新、服务不实用、互动不回应等问题。如云南省"昆明市西山区政府"网存在多个空白栏目，浙江省"浙江公路"微博3年未更新，国家粮食和储备局"国储广东"微信公众号自2017年开通以来只发布了6条信息，且与工作职责无关，上海市杨浦区"睦邻延吉"移动客户端各频道内容为空白，湖北省"荆门市人民政府"移动客户端安装后无法打开，"国家煤矿安全监察局"网未提供审批事项办理入口，山西省"灵丘县人民政府"网服务事项内容不准确等。此外，抽查的政府门户网站中52.3％存在办事指南不规范、内容不完整等问题，少数网站仍未建立听民意、汇民智渠道，企业和群众在线办事、咨询政策存在困难。

（二）政策解读水平有待提升。一些地方和部门政策解读针对性不强，没有向群众讲清讲透政策措施的重点要点和公众关心的问题，未能发挥好增进共识、赢得支持和推进落实的作用。如河北省"赞皇县人民政府"网解读稿大篇幅照抄照搬文件，无实质性解读内容；四川省"色达县人民政府"网、青海省"同德县人民政府"网未发布对本级政府文件的解读；湖北省"枝江市人民政府"网未开设政策解读栏目等。

（三）监督管理责任有待落实。检查发现，62.5％的地方、37.8％的国务院部门未督促本地区、本部门政府网站规范公开有关网站工作年报。部分地方和部门未严格执行政府网站域名管理规定。一些部门未按要求开展常态化监管。除北京市、天津市、安徽省、山东省、贵州省、新疆维吾尔自治区外，其余地区未将部分信用类网站、机构改革后新开设的网站等纳入监管。一些部门政府网站和政务新媒体监管工作仅止步于解决内容不更新等底线问题，未严格对照检查指标提升服务水平。部分单位在政务新媒体摸底普查工作中存在漏报、误报等问题。

四、下一步工作要求

（一）进一步提高政治站位，强化日常监管。要始终坚持把政治建设放在政府网站和政务新媒体工作的首要位置，全面贯彻落实党的十九大和十九届二中、三中、四中、五中全会精神，坚持以人民为中心，增强"四个意识"，坚定"四个自信"，做到"两个维护"。持续加强政府网站和政务新媒体管理，健全日常监管体系，完善常态化通报机制，不断提升工作实效。

（二）进一步加强内容建设，提升服务水平。全过程推进政务公开，在确保内容及时更新的同时，更加注重信息质量，持续深入推进决策、执行、管理、服务、结果公开，努力实现群众需要的信息触手可得。加强对中央重要决策部署的发布和解读工作，各级政府网站和政务新媒体要整体联动、协同发声。全方位回应社会关切，畅通互动回应渠道，及时了解社会关注热点，做到群众有所呼、政府有所应。全流程优化政务服务，着力提升政府网站和政务新媒体在线办事体验，推进数据同源、服务同根，实现一次认证、一网通办。全链条加强政务信息管理，持续推进集约化建设，加强个人信息保护，以信息资源共享共用推动政府网站和政务新媒体整体服务水平提升。

（三）进一步夯实管理基础，及时发现和解决突出问题。依托全国政府网站和政务新媒体报送系统，建立完善全面准确、动态更新的基本信息库。强化政务新媒体开办、下线、注销等管理机制，针对群众反映强烈的"僵尸""空壳"等"指尖上的形式主义"问题，有序开展清理整合，切实减轻基层负担。

各地区、各部门要认真学习借鉴本次通报中的典型经验做法，结合实际改进工作，对照发现的问题举一反三，抓好自查整改。整改情况和本地区、本部门第四季度政府网站和政务新媒体检查情况，请于 2021 年 1 月 31 日前报送国务院办公厅政府信息与政务公开办公室。

附件：1. 抽查评分较高的政府门户网站名单

2. 1 个工作日内在线答复留言的政府门户网站名单

3. 政务新媒体抽查合格率达 100％的地方和部门名单

4. 政府网站与政务新媒体监管工作情况

2020 年 11 月 26 日

（本文有删减）

 **例文分析**

这是一篇情况通报。标题由通报事由和文种两要素组成，通报事由是"2020 年政府网站和政务新媒体检查情况"，文种是"通报"。由于是面对社会大众发布的，所以省略了主送机关。通报的正文首先在缘由部分直接交代了行文目的和依据"为深入贯彻落实党中央、国务院关于深化政务公开、加强数字政府建设的决策部署……按照《国务院办公厅秘书局关于印发政府网站与政务新媒体检查指标、监管工作年度考核指标的通知》要求，2020 年 7 月—10 月，国务院办公厅政府信息与政务公开办公室对各地区、各部门政府网站和政务新媒体及相关监管工作进行了检查"；接着，从三个方面通报政府网站和政务新媒体检查工作的相关事项；最后，从"进一步提高政治站位，强化日常监管""进一步加强内容建设，提升服务水平"以及"进一步夯实管理基础，及时发现和解决突出问题"三个方面明确提出了工作推进的要求。

第十一章

通 告

一、通告的概念

通告是在一定范围内公布应当遵守或周知的事项时使用的告知性下行公文。通告是党和国家方针、政策、法律、法令、法规在某些事项上的具体体现，通告的规定和要求要符合党和国家的法律、法规和政策，要体现党和国家的意志，一旦发布，社会各有关方均应知晓、遵守和执行，具有行政约束力和法律效力，具有政策性、法规性和权威性。一般情况下，行政机关、执法机关使用较多。

"公告"和"通告"有什么区别呢？两者的区别主要表现在以下四个方面：一是发布的机关和范围不同。公告的制发者只能用于党和国家的领导机关，公告宣布"周知文"范围涉及国内外被告知对象；通告是任何机构均可制发，通告宣布"周知文"范围仅限于国内管辖区域内的对象，所以，区别"两告"文种的重要标志就是判断其是"国内外周知"，还是"国内辖区内周知"。二是内容和目的不同。公告是向国内外宣布重要事项或者法定事项，影响力大，发布公告的目的只是告知，主要是在履行告知义务，多数没有强制约束力；通告是向国内社会有关方面公布性质一般、局部或者某方面事项，影响力小，主要是公布应当遵守或者周知的事项，目的是行使职权、进行管理，多具有约束力。三是使用频率不同。公告是"宣布"，即郑重告知，意味着告知内容的重大，因而使用相对较少，不可滥用；通告是"公布"，即公开发布，又因具有很强的管理性质，故其内容十分广泛，因而使用较多。四是发布方式不同。公告宣布需要周知的事项是面向国内外，常采用网络、电视、广播、报刊等大众传媒方式，这种方式决定了公告更为简短；通告发布的事项属于国内管辖范围，内容大多具有面向社会的需办件性质，故宜采用登报、公开张贴、文件下发等书面告知形式，这种形式决定了通告的篇幅会稍微长一些。

与此同时，也要搞清楚"通告"和"通知"的区别。两者的区别主要表现在以下三个方面：一是告知的对象不同。通告所告知的对象具有普遍性，有时被告知的对象是无法限定的；通知所告知的对象具有特定性，即告知的信息或要求遵守的事项仅限于确定需要告知的对象。二是写作的格式不同。通告因为具有普遍告知的特点，告知的对象具有不确定性，所以主送机关、抄送机关等格式元素可以省略掉；通知因为告知对象是具体的，或者至少可以限定在一个比较明确的范围内，所以主送机关和抄送机关等格式是不能省略的。三是行文的渠道不同。通告是面向社会公开行文，告知人们应当遵守或知晓的事项，行文渠道广，多用于外部行文；通知告知的是下级机关或有关人员办理或了解相关事项，行文渠道窄，多用于内部行文。

二、通告的特点

（一）行业性

通告主要是面向一定范围的单位和人群发布需要普遍知晓的信息，具有鲜明的行业特点，如公安部关于机动车年检和道路交通管理的通告，海关和税务部门关于税收征管的通告，银行关于外汇、人民币管理的通告等，都是针对所负责的业务管理事务发出的，因此在行文中常常会引用行业的法规、规章或者管理办法，通告中常见行业的专业术语。

（二）约束性

通告的发布旨在让有关单位和人群了解相关政策法规，遵守某些规定事项，共同维护社会公共管理秩序。发布机关在自己管理职权范围内发布的通告，对某些特定事项、对象及其行为作出规定和限制，用以要求和规范相关对象的行为，具有一定的约束力。

（三）广泛性

通告的发布在一定的时间和空间领域具有普遍意义，其广泛性突出体现在两个方面：一是通告的使用机关。上到国务院，下到各个基层单位等拥有法定职权的机关都可以根据管理职权使用通告。二是通告涉及的内容。通告涉及的事项上可以到国计民生，下可以到公共场所严禁随地吐痰、大小便等，只要是告知被管理对象需要周知或者遵守的事项，均可以使用通告行文。

三、通告的种类

党政机关经常使用的通告主要有规范性通告和周知性通告两种。

（一）规范性通告

规范性通告适用于在一定范围内公布社会有关方面或人员应该遵守或者执行的规范和要求。这类通告的内容是在一定范围内公布国家行政机关、执法机关等含有法律性与政策性强的临时性或者短期性事项，是被告知的有关部门或人员应该遵守、贯彻、执行的行为规范和要求，如企业营业执照更换、机动车辆年审等专项工作，具有一定的行政法规意味，具有强制性和约束性特征。在此特别要强调的是，这类通告的制发者一般是拥有相应法定职权的行政机关或者执法机关。

（二）周知性通告

周知性通告适用于在一定范围内公布需要周知或需要办理的具体事项，如新版人民币发行、国有土地使用权出让、交通路段管制等专门事项，这类通告主要是起到让社会大众知照、晓谕的作用，不具有处罚意义和强制性。

四、通告的写法

通告一般由标题、正文、结语和落款等几部分构成，通告在文头不写受文单位。

（一）标题

通告的标题一般有三种表现形式：一是三要素写法，即发文机关、事由和文种，如"国务院关于保障民用航空安全的通告"等；二是两要素写法，即省略事由，只有发文机关、文种，如"中华人民共和国国务院通告"等；三是仅写文种要素，即省略发文机关和事由，只写文种"通告"。

（二）正文

通告的正文主要是针对某些事项做出规定或限制，成为告知对象行为的规范，要求遵循，一般采用公文通用结构模式撰写，即由通告缘由、通告事项、通告结语三部分内容构成。

1. 通告缘由

作为开头部分，通告缘由主要用来表达发布通告的背景、根据、目的、意义等要素，然后用"特通告如下"过渡语领起下文，如"根据……，为了……，特通告如下"。

2. 通告事项

这是写作的核心部分，如果通告的事项单一，采用贯通式写法，文字简短，用一个自然段表述；如果通告的事项复杂，则采用分条列项的写法，篇幅较长，要做到条理分明、层次清晰。该部分的写作应该写明告知事项的合法性和规范性，应明确告知行为对象落实相关内容的界定规范，同时还要做到通俗易懂。

规范性通告涉及的内容具有强制性和约束力，在写作中要特别注意，不仅内容要合法，即符合有关法律法规，把"法"的意识融入告知的内容中，而且内在逻辑结构严谨，文字表述精准，不能让人产生歧义。

周知性通告涉及的内容具有普遍性和知晓性，在写作中，不仅内容叙述要完整，即告知要素具体明确，措施可操作性强，而且要充分考虑到通告事项推进的必要准备时间，预留一定的提前量。

3. 通告结语

这是结尾部分，写法比较简单，或提出希望"以上各点，希遵照执行"，这是对执行通告内容的补充敦促，带有强调性质；或指出执行要求，对违反通告要求的采取相应的处罚办法和措施；或明确实施时间，如"本通告自发布之日起实施"；或采用惯用语收束，使用"特此通告"模式化结语。

4. 落款（成文日期、印章）

通告在正文之后署上发文机关的名称和成文时间。成文时间应用阿拉伯数字，年、月、日齐全。

在通告写作中要特别注意以下几点。一是要突出中心。通告往往具有法规的性质，要明确规定"允许做什么和不允许做什么"，因此，通告撰写者一定要对所表达的内容十分清楚，紧紧围绕中心写出通告的事项，达到内容凝练、行文清晰的要求。二是要体现国家的方针政策。通告的政策性很强，撰写通告必须正确地把握方针、政策，熟悉有关事项的具体情况，这是写好通告的关键。三是表达要严谨。通告是向一定范围内的公众公布必须遵守的事项，因此，必须注意语言表达的准确性。专业性强的通告，应当注意专门术语的正确使用，切忌语言表达含糊不清，产生歧义，以致影响通告事项的施行。

五、通告的格式

通　　告

通告的缘由（目的、依据、背景、意义等）

通告的事项（一、二、三……）

如此通告。（或"本通告自发布之日起实施"）

发布机关（章）

××××年××月××日

六、例文分析

 例文 1——规范性通告

上海市生态环境局、上海市公安局关于重型柴油车
实施第六阶段排放标准的通告①
沪环气〔2021〕119 号

为贯彻落实《中华人民共和国大气污染防治法》和《上海市大气污染防治条例》规定，根据生态环境部《关于发布国家污染物排放标准〈重型柴油

---

① 例文来源：https://www.shanghai.gov.cn/nw49248/20210508/e80a59866bbf43ae88cac4d82509cde1.html.

车污染物排放限值及测量方法（中国第六阶段）〉的公告》（公告 2018 年第 14 号）的要求，自 2021 年 7 月 1 日起，本市对办理注册登记（含外省市转入，下同）的重型柴油车实施 6a 阶段排放标准。对 2021 年 7 月 1 日后（含当日）销售或转入的第五阶段及以下排放标准重型柴油车，停止办理注册登记。现将有关事项通告如下：

一、本通告所称重型柴油车是指《重型柴油车污染物排放限值及测量方法（中国第六阶段）》（GB17691—2018）规定的装用压燃式发动机的 M_2、M_3、N_1、N_2 和 N_3 类及总质量大于 3 500 kg 的 M_1 类汽车。

二、准予在本市申领牌证的第六阶段排放标准重型柴油车，可在生态环境部机动车环保信息公开平台（www.vecc-mep.org.cn）上查询。

三、市公安交警部门对机动车办理注册登记（含外省市转入）时，应当根据生态环境部第六阶段排放标准重型柴油车信息公开目录以及市生态环境部门核准后的联网信息，作出是否受理的决定。对未列入第六阶段排放标准重型柴油车信息公开目录的重型柴油车，不予注册登记。

四、符合以下情形之一的，在 2021 年 12 月 31 日前（含当日，以计算机系统受理时间为准），经本市生态环境部门确认后，仍可办理注册登记：

（一）在 2021 年 6 月 30 日前（含当日）已销售并开具机动车统一销售发票的第五阶段排放标准重型柴油车；

（二）2021 年 6 月 30 日前（含当日）已在原车辆注册地车辆管理所办结转出手续的第五阶段排放标准重型柴油车。

五、各重型柴油车制造和销售企业应当根据本通告，组织安排生产和销售计划。各销售企业应当在经营场所，明示本通告的有关内容，履行向购车者告知通告有关规定的义务，并在与购车者签订购销合同时，予以书面提示。

上海市生态环境局（章）

上海市公安局（章）

2021 年 4 月 29 日

 **例文分析**

这是一份上海市生态环境局、上海市公安局关于重型柴油车实施第六

阶段排放标准的规范性通告。它发布的目的是告知社会大众为贯彻落实《中华人民共和国大气污染防治法》和《上海市大气污染防治条例》规定；依据是落实生态环境部《关于发布国家污染物排放标准〈重型柴油车污染物排放限值及测量方法（中国第六阶段）〉的公告》（公告 2018 年第 14 号）的要求；通告事项是"自 2021 年 7 月 1 日起，本市对办理注册登记（含外省市转入，下同）的重型柴油车实施 6a 阶段排放标准。对 2021 年 7 月 1 日后（含当日）销售或转入的第五阶段及以下排放标准重型柴油车，停止办理注册登记"。之后使用过渡句"现将有关事项通告如下"承转到下面具体五项通告内容：一是通告所称重型柴油车的内涵；二是第六阶段排放标准重型柴油车信息公开平台查询方式；三是公布市公安交警部门对机动车办理注册登记（含外省市转入）的重型柴油车管理信息；四是告知符合相关标准的两种细化管理信息；五是提出各重型柴油车制造和销售企业组织安排生产和销售计划要求。公文的结尾以文章内容的结束自然作结，落款为"上海市生态环境局上海市公安局，2021 年 4 月 29 日"。这篇通告的事项写作逻辑层次非常清晰：首先明确告知上海市生态环境局、上海市公安局关于重型柴油车实施第六阶段排放标准的内涵、查询方式和注册登记管理；接着清晰告知 2021 年 6 月 30 日前（含当日）销售或转入的第五阶段排放标准重型柴油车的注册登记管理办法；最后对重型柴油车制造和销售企业提出具体工作要求。

 例文 2——周知性通告

上海市人民政府关于第四届中国国际进口博览会期间
实行临时价格干预措施的通告①

第四届中国国际进口博览会（以下简称"进博会"）将于 2021 年 11 月 5 日至 10 日在上海举行。为保持价格稳定，形成良好的价格秩序和环境，根据《中华人民共和国价格法》的有关规定，市政府决定，进博会期间对全市

---

① 例文来源：https://www.shanghai.gov.cn/202120zfwj/20211022/a2490e03337245b9b80c06e8bd652509.html.

除崇明区外的酒店旅馆、网络预约出租汽车（以下简称"网约车"）及部分公共停车场（库）实行临时价格干预。现将有关事项通告如下：

一、临时价格干预措施实施时间

2021年11月1日至2021年11月12日。

二、临时价格干预措施实施范围

（一）除崇明区外，具有特种行业许可证（旅馆业）的酒店旅馆及其客房销售企业。

（二）本市所有网约车。

（三）国家会展中心（上海）周边10公里范围内（涉及徐汇、长宁、普陀、闵行、青浦、松江、嘉定7个区）实行市场调节价的公共停车场（库）。

三、临时价格干预措施实施内容

（一）酒店旅馆客房价格

1. 除崇明区外，酒店旅馆销售的2021年临时价格干预措施实施期间各类客房的实际交易价格（包含线上、线下所有交易渠道）不得高于2020年临时价格干预实施期间该酒店同等房型、同等服务条件客房的最高限价。

2. 除崇明区外，2020年11月13日以后新开业的酒店旅馆，应参照同等地段、同等档次酒店旅馆客房价格水平，确定2021年临时价格干预实施期间各类客房最高销售价格，并向所在行政区文化旅游主管部门申报。其中，2020年11月13日至本通告施行前新开业的酒店旅馆，应在本通告施行后10个工作日内申报；本通告施行后新开业的酒店旅馆，应在开业前10个工作日内申报。区文化旅游主管部门应在受理酒店旅馆申报后5个工作日内，会同区价格主管部门出具审核意见，并抄送区市场监管部门。酒店旅馆销售的临时价格干预实施期间，各类客房的实际交易价格（包含线上、线下所有交易渠道）不得高于相关部门核准的价格。

（二）网约车运价

1. 本通告施行前已在沪运营的网约车平台，在临时价格干预措施实施期间，其各类车型运价（包括各运价组成部分的价格）不得高于通告施行前30日内本平台实际执行的最高运价（包括各运价组成部分的最高价格）。同时，不得新增其他收费项目。各平台经营者应在通告施行后10个工作日内，将通告施行前 30 日内本平台实际执行的最高运价表报送市市场监管局。

2. 本通告施行后在沪新投入运营的网约车平台，在临时价格干预措施实施期间，其各类车型运价（包括各运价组成部分的价格）不得高于通告施行前已在沪运营网约车平台在本通告施行前 30 日内相同或相似车型的最高运价（包括各运价组成部分的最高价格）。各网约车平台经营者应在投入运营前 10 个工作日，将临时价格干预措施实施期间平台拟实行的运价表报送市市场监管局。

（三）实行市场调节价的公共停车场（库）价格

1. 本通告施行前，国家会展中心（上海）周边 10 公里范围内已对外经营的公共停车场（库）在临时价格干预措施实施期间，机动车停放服务收费标准不得高于通告施行前经营者办理公共停车场（库）经营备案时报送的收费标准。

2. 本通告施行后，国家会展中心（上海）周边 10 公里范围内首次办理经营备案的公共停车场（库）在临时价格干预措施实施期间，机动车停放服务收费标准不得高于所在区域（国展中心周边 10 公里范围内）同等场（库）最高备案价格。各经营单位应在投入运营前 10 个工作日，将临时价格干预措施实施期间拟实行的收费标准报送所在行政区交通主管部门。

四、临时价格干预措施实施要求

（一）各经营单位应严格执行临时价格干预措施的有关规定，规范自身价格行为，认真做好明码标价。市、区有关部门应抓紧开展酒店旅馆、交通等专项检查，严厉查处未执行临时价格干预措施等违法行为，维护市场价格秩序。

（二）公民、法人或者其他组织对违反临时价格干预措施的行为，可以通过"12315"投诉举报热线等途径，进行监督举报。

（三）对不执行法定价格干预措施的，有关部门将依据《中华人民共和国价格法》《价格违法行为行政处罚规定》规定，予以严肃查处。

本通告自 2021 年 9 月 30 日起施行，有效期至同年 11 月 12 日。

上海市人民政府（章）

2021 年 9 月 19 日

 **例文分析**

这是一份上海市人民政府关于第四届中国国际进口博览会期间实行临

时价格干预措施的周知性通告，发布目的是告知社会大众在 2021 年 11 月 5 日至 10 日在上海举行第四届中国国际进口博览会（以下简称"进博会"），为保持价格稳定，形成良好的价格秩序和环境，将实行临时价格干预措施。该通告发布的依据是《中华人民共和国价格法》的有关规定。通告的事项先是概述，即上海市政府决定，在进博会期间对全市除崇明区外的酒店旅馆、网络预约出租汽车（以下简称"网约车"）及部分公共停车场（库）实行临时价格干预。后面使用过渡句"现将有关事项通告如下"承转到下面具体通告内容"一、临时价格干预措施实施时间；二、临时价格干预措施实施范围；三、临时价格干预措施实施内容；四、临时价格干预措施实施要求……"。落款为"上海市人民政府（章），2021 年 9 月 19 日"。这篇通告的事项写作逻辑层次非常清晰：从临时价格干预措施实施时间、范围和内容等三个角度清晰地告知有关单位或者个人上海市人民政府在第四届中国国际进口博览会期间将实行临时价格干预的各项措施。

第十二章

通　知

一、通知的概念

通知适用于发布、传达要求下级机关执行和有关单位周知或者执行的事项和批转、转发公文。从语义方面看，"通"通常是指范围广泛，"知"是知道，有广泛知晓之意，"通知"就是把某个事项广而告之；从文种方面看，它是由上级机关发布，要求下级机关按照要求执行有关事项，或者要求有关单位传达周知事项，或者批转、转发下级机关、上级机关、同级机关或者不相隶属机关的相关公文，要求对方知晓并遵守；从使用频率方面看，通知是法定公文中使用频率最高、适用范围最广的一种下行文种。通知和其他告知类公文的不同之处在于"通知"告知的对象非常明确，有专指或者特指的范围。

从通知发布的方式来看，通知可以分为印发的实体性通知和批转、转发的载体性通知。其中，印发性通知主要是上级机关在具有隶属关系的系统内部将制发的规章、制度、方案、规划等文件下发给下级机关，并对其提出相应的贯彻执行要求。其功能主要体现在两个方面：一是要求下级机关或者有关单位广泛知晓；二是要求下级机关和有关单位执行落实。因此，这种通知写作常常会对通知需要落实的事项提出主要任务、核心内容、实施步骤、组织保障等具体要求，有的通知结尾处会有具体任务落实时限等明确要求。通知发布的另外两种重要方式是批转性和转发性通知。批转性通知主要用于上级机关对下级机关公文的处理，是上级机关对下级机关上报的公文批注意见后下发给具有隶属关系的下级机关，要求其工作参考或者贯彻执行的行文方式，这类公文行文由批转行文和被转发的来文两部分组成，其中批转性行文正文包括被转发来文文件全称，对被批转文件的评语、批转的目的、意义、希望和要求等，对一些比较重要的问题，还会进行必要的强调或者补充说明，提出指导性意见和要求。转发性通知主要用于下级机关根据工作需要把上级机关或者平级机关、不相隶属机关的来文加批注意见后下发给所隶属的下级机关贯彻执行。无论是批转性通知还是转发性通知，都是发文机关觉得来文对开展或者推进工作有借鉴、指导、参考、学习以及推广等价值，因而添加批语批转或者转发出去。批转和转发的区别在于对被转来文的选择上，批转的文件来源只能是上级机关选择所隶属的下级机关上报的上行文，而转发的文件来源则宽泛一些，既可以转发上级机关来文，也可以转发平级机关或者不相隶属机关来文。

二、通知的特点

（一）运用的广泛性

通知在机关公文中是一种使用频率最高、使用范围最广的文种。它的广泛性体现在以下两点：第一，使用机关的广泛性。它不受发文机关级别的限制，无论是中央政府、各级党政机关，还是企事业单位、社会团体等普通的基层单位，都可以根据自己党务、政务、公务、业务活动的需要使用通知行文。第二，使用功能的广泛性。无论是涉及国计民生的重大安排，颁布行政法规，还是某个具体单位告知一般事项，都可以使用通知行文，诸如发布法规规章、传达指示、布置工作、批转或者转发文件、晓谕事项等。

（二）范围的针对性

通知发布的受文对象是明确的，是有针对性的，它仅限于对主送机关范围内的对象具有告知功能，即告知的范围限于具有隶属关系的行文机关范围内，具有领导与被领导关系范围的要求办理、遵照执行，或者具有业务指导与被指导关系范围的传达信息、告知事项。

（三）内容的指导性

通知不受内容轻重长短的限制，无论是上级领导机关的重要决策、工作指示、发布规章、布置工作、转发公文，还是一般单位的日常具体工作，都可以根据实际需要用通知来传达、部署、落实。通知的内容具有极强的指导性和执行效力，对解决问题有极其明确的处理原则和具体的落实措施、执行方法。

三、通知的种类

根据通知发布的目的和呈现方式，可以把通知分为两大类：实体类通知和载体类通知。其中，实体类通知类型主要包括发布性通知、指导性通知、事务性通知；载体类通知类型主要包括批转性通知和转发性通知。

（一）实体类通知

实体类通知主要是指发文机关印发、传达要求下级机关执行和有关单位周知的事项，主要包括以下三类。

1. 印发性通知

印发性通知是指党政机关用于印发行政法规和规章制度，公布、印发某些条例、规定、规则、细则、办法等规范性文件时所使用的通知种类，一般党政机关内部行文使用得较多。

2. 指导性通知

指导性通知是上级机关针对当前工作中存在的问题，有针对性地对下级机关办理或者执行事项发出指示、作出部署、提出要求、布置工作。指导性通知不是止于上级机关告知下级机关某些事项，而是指挥下级机关"需要做什么""应该做什么""应该如何做"。在某些情况下，指导性通知是"命令""决定""意见"等文种的变通表达方式，其内容通常是不适合上述文种来印发的那一部分。

3. 事务性通知

事务性通知是上级机关用于处理日常行政事务性工作，需要告知下级机关某些事项时使用的通知种类，它的内容涉及机构设置或者撤销，调整或者终止机构的某种职权，启用或者停用印章，催促下级机关或者有关单位报送工作安排、总结、统计报表，变更作息时间、安全保卫、放假值班安排、召开会议等，是最实用、使用频率最高的通知类型。

（二）载体类通知

载体类通知主要是指批转、转发性通知，带有指示性和指导性。

1. 批转性通知

批转性通知重点在"批"，即批示、批准，是"上转下"，即指上级机关用来批转下级机关上报的公文，可分为主动批转和被动批转两种：主动批转是指上级机关认为下级机关提交的报告、总结等所反映的情况和问题具有普遍性，对于推动全局工作具有指导意义，因而加以批转下发，推动工作；被动批转是指有些下级机关需要解决的问题，涉及平行的或不相隶属的机关，用上行意见请求上级机关批转，以便推动那些需要合作完成的工作任务。不管是哪一种情况，上级机关一旦将相关来文加注导向性批语批转，该文实际上就变成了批转机关（即上级机关）的意志，就带有指示性的性质，要求有关单位遵照执行或参照执行，具备在领导机关管辖范围内提出的执行效力要求。

2. 转发性通知

转发性通知重点在"转"，即转发，是指发文机关加注导向性批语，转发相关机关来文。这种"转发"有两种情况：一是"下转上"，即将上级机关的来文转发给所属的下级机关；二是"平转平"，即将平级机关或者不相隶属机关的来文转发给所属下级机关。作为载体类转发性通知，无论是"下转上"型，还是"平转平"型，其使用范围较批转性通知都更广，它转发的来文不局限于下级机关，还可以是上级机关，也可以是平行机关和不相隶属机关。

四、通知的写法

在撰写通知之前，首先要明确发文机关、主送机关的关系，只有确定了两者的属性和隶属关系，才能准确地选择文种、发文内容、范围以及呈送方式等要素；其次要确定通知的写作主题和思路，围绕主题组织通知的核心要素，即标题、主送机关、正文、落款等四部分展开；最后要按照相关要素的内在要求布局结构文章，规范写作。

（一）标题

通知标题的事由部分实质上就是党政机关公文的主题。

印发性通知的主题意图要求在标题中用最简洁的语言表达出来；发布性通知标题组成要素的顺序是发文机关名称、被发布的法规或者规章名称和文种三要素。在拟写标题时，注意一定要在发文机关后面添加介词"关于"；指导性通知的标题是标准的结构形式，由发文机关、事由、文种三要素组成。批转（转发）通知在标题写作中通常由批转（转发）文件的机关名称、主要内容与文种三要素构成。须注意的是，在撰写批转（转发）通知的标题时，经常会遇到几个"通知"重复出现的问题，针对此种情况，为了防止重叠和烦琐，按照惯例，可以省略中间层次和自己所使用的两个"通知"，只保留批转（转发）通知标题最后的一个文种"通知"。同时，还要注意介词"关于"的使用：如果被批转（转发）的原文标题中已经包含介词"关于"，那么在拟写通知标题时应予省略，不要出现重叠使用"关于"的情况；如果原文标题中不含介词"关于"，则要在拟写标题时应标注清楚介词"关于"。

（二）主送机关

通知的主送机关要写在标题下方、正文上方顶格位置。当主送机关名称比较多时，要注意排列顺序、表达的规范。主送机关表达的方式主要有以下三种：第一种是使用主送机关全称，如北京市人民政府、上海市教育委员会等；第二种是使用简称，如将"国务院办公厅"简称为"国办"；第三种是使用规范化统称，如广东分署，天津特派办，各直属××、院校，××各部门，各在京直属××单位等。

主送机关之间使用标点符号的规则如下：如果主送机关之间属于同一类型、同一性质，而且都是具有平行关系的，它们之间就使用顿号；如果主送机关分为多个层次，就在第一层次的机关之间用逗号，第二层次的机关之间用顿号，如"各省、自治区、直辖市人民政府，国务院各部委、各直属机构"。其中，"各省、自治区、直辖市人民政府"属于地方政府一类；而"国务院各部委、各直属机构"属于国务院直属单位一类；还有一种表达方式是括注方式，即把同类型的机构用括号的方式进行标注，如

"××××各司室（厅局）、各直属机关"等。

（三）正文

通知的正文部分一般情况下由三个方面内容组成：一是缘由部分，包含行文的原因、背景、目的、依据、意义等要素，用来问答"为什么"行文的问题，这部分可以简写；二是事项部分，回答"是什么"的问题，是行文的主体，这部分一定要详写，写明上级机关的指示要求、方法措施、计划步骤等内容，应条理清晰，逻辑层次分明；三是要求部分，即提出明确的行文内容，特别是明确时间、效果等内容，也就是上级机关下发通知要求落实、执行的具体事项，这部分可以略写。正文三要素的关系：事项是公文的核心，缘由和要求为事项所服务，缘由和事项形成因果关系，事项与要求形成事实与执行关系。不同内容类型通知的正文写法也略有不同。

1. 实体类通知

1）发布性通知

发布性通知一般是国家党政机关发布行政规章制度及党内规章制度、意见、办法等时使用的法规性公文，其内容偏重告知具体事项，提出指导性意见。"缘由部分"一般是表明该通知发布的根据是什么、目的是什么、意义是什么，即做到两个明确：一是明确指出所发布的法规或者规章的具体名称、施行或者生效日期及其相关事项说明；二是明确提出贯彻执行的希望或者要求，一些内容重要的法规或者规章，还要特别强调其重大意义。"事项部分"要逻辑层次清晰地明确通知发布规章制度的落实步骤、方法和措施等内容。"要求部分"要特别明确下发通知落实、执行的具体事项。

在此要注意的是，行政机关的发布性通知应该按照《中华人民共和国宪法》和《中华人民共和国国务院组织法》的写法写作，正确使用"发布"，不用"颁布""颁发""公布"等字样。除特别规定施行日期外，一般末条统一写作"自发布之日起施行"。

2）指导性通知

指导性通知主要是上级机关部署下级机关办理和需要有关单位周知或

者执行的事项时使用的法规性公文，其内容具有指示性，要求下级机关贯彻落实。这类通知正文的写法主要有以下两种：一是内容复杂指示性通知的写法，一般采用"总—分—总"的结构形式，即开头简短地概述总括全文中心，中间主体部分由若干并列内容组成，结尾要求下级机关及时反馈执行情况；二是内容简单的指示性通知的写法，一般采用"撮要分条式"结构形式，即开头开宗明义，交代缘由、背景的"撮要"，然后分条列项提出要求。指导性通知在写作时须注意：一要写清楚通知的原因、依据、意义、目的；二要写清楚应知或应办事项，如交代任务、政策措施、具体办法和注意事项等；三要条理清楚。

3）事务性通知

事务性通知是发文机关处理日常工作中有关事务性事项时采用的一种法规性公文，通知对象是有关机构或群体，其内容涉及发布启用新单位印章、更换单位名称，调整、合并或者撤销某个机构，更正某些信息，发布开会、放假、缴费等需要知照、告知的信息或者要求等。这类通知写作中须注意：一是告知信息要开宗明义；二是内容表述要精准到位；三是正文结构要清晰简明。

2. 批转类通知

1）批转性通知

批转性通知主要是上级机关针对下级机关呈报的报告、意见等公文所反映的情况或问题等信息有典型性，有普遍指导价值，加批注批转下发，以便推动相关工作。该类通知的写作要注意三点：一是突出批示内容，强调对批转对象的肯定，以及批转的重要意义；二是明确切实抓好工作落实的相关措施；三是强调推进相关工作的执行要求。

2）转发性通知

转发性通知主要是发文机关针对上级机关、平行机关或者不相隶属机关来文，加批注并转发给下级机关，以便开展工作。该类通知的正文写作要注意三点：一是点明转发对象；二是明确转发机关的态度；三是提出执行（传达）要求，但需注意的是，由于转发的级别不同、职权范围不同，可能被转发对象的执行效力也会有所不同。

批转（转发）通知在正文写作时一定要清晰呈现出以下三个层次：一是表明对被批转（转发）文件的态度；二强调阐述批转（转发）某文件的重要性和必要性；三是提出贯彻执行的希望和要求。呈现出这三个层次才能实现写作批转（转发）通知的以下两个作用。一是批转（转发）法定公文，推广经验做法。发文机关对来文内容比较认可，认为相关改革想法、创新工作值得推广、学习，通过通知转发之后，相关单位可以借鉴、学习，因而就具有指导性。二是批转（转发）一般事务文书，改变文种性质。一般事务文书通过通知转发之后，就变成一个法定的下行文文种，所有收文单位都必须知照执行，因而就有了强制性和约束力。因此，使用通知转发（批转）一般的非法定公文，主要目的是使事务性、一般性、规划性的文书变成要求执行落实的法定公文。虽然更多的仅是形式上的改变，但却完全改变了原有文书的性质，即推动原有一般文书上升为党政机关的法定公文，其重要性和性质发生了本质改变。

在写作批转（转发）性通知时，常常会用到典型的"批转（转发）三句话"，即三个分句一个主旨要素：第一句"……同意《……的文种》"；第二句"现批转（转发）给你们"；第三句"请认真贯彻执行"。

（四）落款

通知的落款是在正文之后署上发文机关的名称和成文时间。成文时间应用阿拉伯数字，年、月、日齐全。

五、通知的格式

（一）实体类通知参考格式

发文机关关于印发××××××的通知

主送机关：

一、印发通知缘由；

二、印发通知事项：（一）（二）（三）……

请认真贯彻执行。

发文机关（印章）

××××年××月××日

（二）载体类通知参考格式

发文机关关于批转（转发）××××××的文种的通知

主送机关：

现将《关于××××××的文种》批转（转发）给你们，请认真贯彻执行。（主旨）

发文机关（印章）

××××年××月××日

六、例文分析

（一）实体类通知

 例文1——发布性通知

国务院办公厅关于印发2022年政务公开工作要点的通知①
国办发〔2022〕8号

各省、自治区、直辖市人民政府，国务院各部委、各直属机构：

《2022年政务公开工作要点》已经国务院同意，现印发给你们，请结合实际认真贯彻落实。

国务院办公厅（章）

2022年4月11日

2022年政务公开工作要点

做好2022年政务公开工作，要坚持以习近平新时代中国特色社会主义思想为指导，全面贯彻党的十九大和十九届历次全会精神，坚持稳中求进工作总基调，加快转变政务公开职能，服务党和国家中心工作，重点围绕助力经济平稳健康发展和保持社会和谐稳定、提高政策公开质量、夯实公开工作基础等方面深化政务公开，更好发挥以公开促落实、强监管功能，以实际行动

---

① 例文来源：https://www.gov.cn/zhengce/zhengceku/2022-04/22/content_5686677.htm.

迎接党的二十大胜利召开。

一、以公开助力经济平稳健康发展

（一）加强涉及市场主体的信息公开。增强政策制定实施的透明度和可预期性，提振市场主体信心，持续打造市场化法治化国际化营商环境。加大受疫情影响重的餐饮、住宿、零售、文化、旅游、客运等行业帮扶政策的公开力度，促进稳就业和消费恢复。建立市场主体反映投资和工程建设项目审批问题的办理和反馈机制，及时回应和解决"堵点"问题，推动优化投资和建设环境。持续推进反垄断和反不正当竞争执法信息公开工作，为各类市场主体规范健康发展营造诚信守法、公平竞争的市场环境。

（二）加强涉及减税降费的信息公开。系统集成、智能推送已出台各项减税降费政策特别是大规模增值税留抵退税政策，帮助基层执行机关和纳税人缴费人第一时间全面准确了解政策，做到应知尽知、应享尽享。开展税收优惠政策咨询和政策辅导，优化 12366 纳税服务平台智能咨询功能。依托税务网站完善统一规范的税费政策库，动态更新并免费开放。加大对骗取税费优惠典型案例的曝光力度，形成有效震慑。

（三）加强涉及扩大有效投资的信息公开。认真贯彻落实中央经济工作会议精神和《政府工作报告》要求，依法依规做好扩大有效投资相关规划、政策文件及重大建设项目信息公开，积极引导市场预期。密切关注重大建设项目舆情并及时作出回应。聚焦基础设施补短板等重点领域，加大政策解读力度，加强政策咨询服务，推动扩大有效投资。

二、以公开助力保持社会和谐稳定

（四）持续做好疫情防控信息公开。严格执行疫情防控信息发布各项制度，统筹用好各类信息发布平台，持续发布疫情防控进展信息，及时充分回应社会关切，防止引发疑虑和不实炒作。加强疫情防控信息发布工作协调，行政机关向社会公开发布的信息，要与上级单位对下级单位下达的工作指令保持一致，增强多方协同合力。进一步规范流调信息发布和管理，保护个人隐私，避免对当事人正常生活产生不当影响。

（五）强化稳就业保就业信息公开。加强政策宣讲和推送工作，将各级政府出台的就业支持政策及时传达至相关群体，帮助他们更好就业创业。加大减负稳岗扩就业政策解读和政策培训工作力度，重点对基层执行机关开展政策培训，使各项政策能够落得快、落得准、落得实，最大限度利企惠民。动态公开技能培训政策规定及经办流程，让更多群众能够知悉，并获得就业培训机会。

（六）推进公共企事业单位信息公开。严格执行已出台的公共企事业单位信息公开制度，深入推进公共企事业单位信息公开，以有力有效的信息公开，助力监督管理的强化和服务水平的提升。重点加强具有市场支配地位、公共属性较强、需要重点监管的公共企事业单位的信息公开，更好维护市场经济秩序和人民群众切身利益。

三、提高政策公开质量

（七）深化行政法规和规章集中公开。完善中国政府法制信息网行政法规库，2022年底前完成现行有效行政法规历史文本收录工作，规范网络文本格式，优化数据下载功能。巩固规章集中公开工作成果，建立健全规章动态更新工作机制，高质量发布现行有效规章正式版本，稳步推进规章历史文本收录工作，探索构建统一的国家规章库。

（八）开展行政规范性文件集中公开。高质量发布行政规范性文件正式版本，在政府网站的政府信息公开专栏集中公开并动态更新现行有效行政规范性文件，2022年底前国务院部门、省级政府及其部门率先完成，市、县级政府及其部门结合实际情况有序推进。各政府信息公开工作主管部门逐步探索建立本地区、本系统统一的现行有效行政规范性文件库，建立健全动态更新工作机制。

（九）加强政策集中公开成果运用。各政府信息公开工作主管部门要加强统筹，更好发挥政策集中公开成果的积极作用，以完整准确、动态更新的现行有效制度体系，为行政机关办理政务服务事项、编制各类权责清单提供基本依据。加强政策集中公开成果的推广使用，方便社会公众全面了解各项制度规定，保障和监督行政机关有效实施行政管理。

（十）优化政策咨询服务。加大政策咨询窗口建设力度，提高政务服务便民热线、实体服务大厅的政策咨询服务水平，更好解答生育、上学、就业、创业、养老、医疗、纳税、疫情防控等方面与人民群众切身利益密切相关的问题。加强人工智能等技术运用，建设统一的智能化政策问答平台，围绕各类高频政策咨询事项，以视频、图解、文字等形式予以解答，形成政策问答库并不断丰富完善。

四、夯实公开工作基础

（十一）规范执行政府信息公开制度。在公开工作中增强规范意识，完善政府信息公开保密审查制度，对拟公开的政府信息依法依规严格做好保密审查，防止泄露国家秘密、工作秘密和敏感信息，防范数据汇聚引发泄密风险。认真执行政府信息公开行政复议案件审理制度，依法审理政府信息公开行政复议案件。

（十二）科学合理确定公开方式。准确把握不同类型公开要求，综合考虑公开目的、公开效果、后续影响等因素，科学合理确定公开方式。公开内容涉及社会公众利益调整、需要广泛知晓的，可通过互联网等渠道公开。公开内容仅涉及部分特定对象，或者相关规定明确要求在特定范围内公示的，要选择适当的公开方式，防止危害国家安全、公共安全、经济安全、社会稳定或者泄露个人隐私、商业秘密。

（十三）加强公开平台建设。严格落实网络意识形态责任制，确保政府网站与政务新媒体安全平稳运行。2022 年底前，国务院部门主管的政府网站和省级政府部门网站全面支持互联网协议第 6 版，推进省部级政务类移动客户端支持互联网协议第 6 版。深入推进政府网站集约化，强化政务新媒体矩阵建设，加强地方和部门协同，及时准确传递党和政府权威声音。规范高效办理"我为政府网站找错"平台网民留言。持续做好政府公报工作。

（十四）扎实推进基层政务公开。以公开促规范，县级政府要及时公开涉农补贴申报信息，同时汇总当年面向农村的各类惠民惠农财政补贴资金实际发放结果，年底前将发放结果以村为单位通过村务公开栏公开，公开期满相关材料留存村委会供村民查询。以公开促服务，更好适应基层群众信息获取习惯和现实条件，着力加强电话解答、现场解答等政策咨询渠道建设，推动政务公开与村（居）务公开的协调联动。务实推进政务公开专区建设，为基层群众提供政府信息网上查询、政府信息公开申请接收、政策咨询等服务。

五、强化工作指导监督

（十五）严格落实主体责任。推动落实信息发布、政策解读和政务舆情回应主体责任。在发布重大政策的同时做好解读工作，主动解疑释惑，积极引导舆论，有效管理预期。充分评估政策本身可能带来的各种影响，以及时机和形势可能产生的附加作用，避免发生误解误读。加强政务舆情监测和风险研判，前瞻性做好引导工作，更好回应人民群众和市场主体关切，为经济社会发展营造良好氛围。

（十六）有效改进工作作风。各政府信息公开工作主管部门要切实履行法定职责，进一步加强工作指导，积极主动帮助下级单位解决工作中存在的重大疑难问题，确保各项工作平稳有序。进一步规范政务公开第三方评估工作，地市级以下政府不再开展政务公开第三方评估。下级单位不得与上级单位委托的第三方评估机构开展政务公开咨询、培训、外包等业务合作。行政机关向社会公开发布排名结果或问题通报的，要按程序报本行政机关主要负责同志批准。

（十七）认真抓好工作落实。各政府信息公开工作主管部门要对照本要点提出的重点任务，梳理形成本地区、本系统工作台账，明确责任主体和时限要求，逐项推动落实。对上一年度工作要点落实情况开展"回头看"，未完成的要督促整改。要将本要点落实情况纳入政府信息公开工作年度报告予以公开，接受社会监督。

📑 例文分析

该发布性通知的写作简洁明晰，主要体现在两个方面：一是明确表态，认可发布对象，即"《2022 年政务公开工作要点》已经国务院同意"；二是补充细化要求，即对 2022 年政务公开工作要点中五个方面的原则和17 条操作内容予以明确的政策；三是直接赋予发布对象以执行效力，提出执行要求，即"现印发给你们，请结合实际认真贯彻落实"。这种发布性通知写作一定要将应知（应办）事项中的工作任务目标、具体措施、步骤以及关键节点明确交代清楚，使得下级机关推进工作方向性目标非常明确。

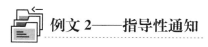 **例文 2——指导性通知**

国务院办公厅关于印发《突发事件应急预案管理办法》的通知①

国办发〔2024〕5 号

各省、自治区、直辖市人民政府，国务院各部委、各直属机构：

经国务院同意，现将修订后的《突发事件应急预案管理办法》印发给你们，请结合实际认真贯彻落实。2013 年 10 月 25 日经国务院同意、由国务院办公厅印发的《突发事件应急预案管理办法》同时废止。

国务院办公厅（章）

2024 年 1 月 31 日

突发事件应急预案管理办法

第一章 总 则

第一条 为加强突发事件应急预案（以下简称应急预案）体系建设，规范应急预案管理，增强应急预案的针对性、实用性和可操作性，依据《中华人民共和国突发事件应对法》等法律、行政法规，制定本办法。

......

第六条 国务院应急管理部门统筹协调各地区各部门应急预案数据库管理，推动实现应急预案数据共享共用。各地区各部门负责本行政区域、本部门（行业、领域）应急预案数据管理。

县级以上人民政府及其有关部门要注重运用信息化数字化智能化技术，推进应急预案管理理念、模式、手段、方法等创新，充分发挥应急预案牵引应急准备、指导处置救援的作用。

第二章 分类与内容

第七条 按照制定主体划分，应急预案分为政府及其部门应急预案、单位和基层组织应急预案两大类。

政府及其部门应急预案包括总体应急预案、专项应急预案、部门应急预案等。

---

① 例文来源：https://www.gov.cn/zhengce/zhengceku/2020-04/09/content_5500685.htm。

单位和基层组织应急预案包括企事业单位、村民委员会、居民委员会、社会组织等编制的应急预案。

......

第十七条　应急预案涉及的有关部门、单位等可以结合实际编制应急工作手册，内容一般包括应急响应措施、处置工作程序、应急救援队伍、物资装备、联络人员和电话等。

应急救援队伍、保障力量等应当结合实际情况，针对需要参与突发事件应对的具体任务编制行动方案，侧重明确应急响应、指挥协同、力量编成、行动设想、综合保障、其他有关措施等具体内容。

第三章　规划与编制

第十八条　国务院应急管理部门会同有关部门编制应急预案制修订工作计划，报国务院批准后实施。县级以上地方人民政府应急管理部门应当会同有关部门，针对本行政区域多发易发突发事件、主要风险等，编制本行政区域应急预案制修订工作计划，报本级人民政府批准后实施，并抄送上一级人民政府应急管理部门。

......

第二十二条　政府及其有关部门在应急预案编制过程中，应当广泛听取意见，组织专家论证，做好与相关应急预案及国防动员实施预案的衔接。涉及其他单位职责的，应当书面征求意见。必要时，向社会公开征求意见。

单位和基层组织在应急预案编制过程中，应根据法律法规要求或实际需要，征求相关公民、法人或其他组织的意见。

第四章　审批、发布、备案

第二十三条　应急预案编制工作小组或牵头单位应当将应急预案送审稿、征求意见情况、编制说明等有关材料报送应急预案审批单位。因保密等原因需要发布应急预案简本的，应当将应急预案简本一并报送审批。

......

第二十八条　政府及其部门应急预案应当在正式印发后20个工作日内向社会公开。单位和基层组织应急预案应当在正式印发后20个工作日内向本单位以及可能受影响的其他单位和地区公开。

第五章　培训、宣传、演练

第二十九条　应急预案发布后，其编制单位应做好组织实施和解读工作，并跟踪应急预案落实情况，了解有关方面和社会公众的意见建议。

······

第三十三条　应急预案演练组织单位应当加强演练评估，主要内容包括：演练的执行情况，应急预案的实用性和可操作性，指挥协调和应急联动机制运行情况，应急人员的处置情况，演练所用设备装备的适用性，对完善应急预案、应急准备、应急机制、应急措施等方面的意见和建议等。

各地区各有关部门加强对本行政区域、本部门（行业、领域）应急预案演练的评估指导。根据需要，应急管理部门会同有关部门组织对下级人民政府及其有关部门组织的应急预案演练情况进行评估指导。

鼓励委托第三方专业机构进行应急预案演练评估。

第六章　评估与修订

第三十四条　应急预案编制单位应当建立应急预案定期评估制度，分析应急预案内容的针对性、实用性和可操作性等，实现应急预案的动态优化和科学规范管理。

······

第三十七条　各级人民政府及其部门、企事业单位、社会组织、公民等，可以向有关应急预案编制单位提出修订建议。

第七章　保障措施

第三十八条　各级人民政府及其有关部门、各有关单位要指定专门机构和人员负责相关具体工作，将应急预案规划、编制、审批、发布、备案、培训、宣传、演练、评估、修订等所需经费纳入预算统筹安排。

第三十九条　国务院有关部门应加强对本部门（行业、领域）应急预案管理工作的指导和监督，并根据需要编写应急预案编制指南。县级以上地方人民政府及其有关部门应对本行政区域、本部门（行业、领域）应急预案管理工作加强指导和监督。

第八章　附　则

第四十条　国务院有关部门、地方各级人民政府及其有关部门、大型企业集团等可根据实际情况，制定相关应急预案管理实施办法。

第四十一条　法律、法规、规章另有规定的从其规定，确需保密的应急预案按有关规定执行。

第四十二条　本办法由国务院应急管理部门负责解释。

第四十三条　本办法自印发之日起施行。

 **例文分析**

该指导性通知写作的逻辑层次很清晰，交代了正文三个部分内容：一是写明了发布本通知的依据，即"经国务院同意"；二是指出了通知的具体事项："现将修订后的《突发事件应急预案管理办法》印发给你们"；三是提出了贯彻落实通知的要求，即"请结合实际认真贯彻落实"。文字虽然不多，但发文缘由、发文事项、发文要求等内容交代得非常清晰。

同时要注意的是，附件《突发事件应急预案管理办法》不具备独立行文的资格，在此借助印发型通知的附件形式下发，对突发事件应急预案管理工作进行指导，对于各级人民政府及其部门、基层组织、企事业单位和社会组织等依法、迅速、科学、有序应对突发事件，最大程度减少突发事件及其造成的损害，加强突发事件应急预案中规划、编制、审批、发布、备案、培训、宣传、演练、评估、修订等工作体系建设，规范应急预案管理，增强应急预案的针对性、实用性和可操作性具有很强的指导意义。

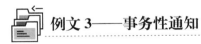 **例文 3——事务性通知**

民航局关于印发 2022 年航班正常考核指标和调控措施的通知①

民航各地区管理局，各运输航空公司、运输机场公司，局属各单位：

为进一步提升航班正常水平，推动行业提质增效，民航局在总结近几年航班正常考核指标和调控措施实施经验的基础上，结合当前境内外疫情防控形势和民航发展态势，根据《中国民用航空国内航线经营许可规定》《航班正

---

① 例文来源：https://www.caac.gov.cn/PHONE/XXGK_17/XXGK/ZFGW/202203/t20220321_212461.html.

常管理规定》，制定了《2022 年航班正常考核指标和调控措施》，现印发给你们。请各单位认真学习贯彻，严格落实各项要求。

中国民用航空局（章）

2022 年 1 月 24 日

2022 年航班正常考核指标和调控措施

为健全航班正常考核机制，努力提升航班正常水平，促进行业高质量发展，现提出航班正常考核指标和调控措施。

一、考核范围

1. 航班正常的考核范围仅限于国内航班。

2. 国际和港澳台航班暂不考核，恢复时间及考核标准根据实际情况另行通知。

3. 旅客吞吐量 2 000 万人次（含）以上的机场以 2019 年数据为基准，同时将大兴机场纳入考核范围。

4. 当突发区域性疫情时，民航局将视情对相关航班豁免考核。

二、考核标准

（一）航空公司考核指标和调控措施

1. 旅客吞吐量 2 000 万人次（含）以上的机场当月国内客运离港航班正常率低于 50％（不含）、排名后 3 位，并且航空公司自身原因占比最高（含并列）的航班，自通报后（不含当月）第二个月起取消该航班时刻。每月计划航班数 8 班（不含）以下或国内独飞航段的航班不列入统计范围。

2. 在时刻主、辅协调机场当月预先飞行计划执行率低于 85％（不含）的国内客运航空公司，自通报下发之日起连续 3 个月停止受理该航空公司在该机场新增客运航班预先飞行计划的申请。同一年度内，航空公司在同一时刻主、辅协调机场被通报 3 次（含）以上的，自通报下发之日起，连续 3 个月停止受理该航空公司在所有时刻主、辅协调机场新增或调整客运航班的预先飞行计划申请。航空公司在该机场当月预先飞行计划数 8 班（不含）以下的不列入统计范围。

3. 由于自身原因导致的不正常航班数占当月计划航班数比例高于 7％

（含）（公司原因导致的不正常航班数量/计划航班数量×100%≥7%），并且比例最高的3家客运航空公司，自通报下发之日起连续3个月停止受理该航空公司客运加班、包机和新增航线航班申请。

4. 客运航空公司当月到港航班正常率低于70%（不含）且排名后3位的，予以通报；连续2个月每月低于70%（不含）且排名后3位的，自通报下发之日起连续3个月停止受理该航空公司客运加班、包机和新增航线航班申请。

（二）机场考核指标和调控措施

1. 旅客吞吐量2 000万人次（含）以上的机场当月放行正常率和航班起飞正常率加权平均值低于75%（不含）且排名后3位的，予以通报；连续2个月每月低于75%（不含）且排名后3位的，自通报下发之日起连续3个月停止受理该机场客运加班、包机和新增航线航班申请（正常航班换季、特殊加班和包机、新开国际航线除外）。

注：放行正常率和航班起飞正常率的加权比例按照50%和50%确定。

2. 旅客吞吐量2 000万人次（含）以上的机场当月始发航班起飞正常率低于75%（不含）且排名后3位的，予以通报；连续2个月每月始发航班起飞正常率低于75%（不含）且排名后3位的，自通报下发之日起连续3个月停止受理该机场客运加班、包机和新增航线航班申请（正常航班换季、特殊加班和包机、新开国际航线除外）。

（三）空管考核指标和调控措施

由于空管原因导致的不正常航班数占当月计划航班数比例高于2%（含）的，按照《航班正常管理规定》进行处罚。

三、相关要求

1. 民航局运行监控中心自2022年1月起统计相关数据，由民航局运输司每月发布通报。

2. 请各运行保障单位高度重视航班正常工作，强化内部管理，切实履行航班正常主体责任，提升航班正常管理水平。

3. 请各地区管理局认真履行航班正常监管责任，严格执行上述调控措施，督促辖区内各单位不断提升航班运行水平。

4. 各单位在执行过程中发现问题要及时反馈民航局。

5. 本考核指标和调控措施自 2022 年 1 月 1 日起实施。

抄送：各监管局，各地区空管局，局机关各部门。

民航局综合司   2022 年 1 月 25 日印发

 **例文分析**

    该事务性通知属于民航局对国家 2022 年航班正常考核指标和调控措施的工作部署，正文结构比较简单，开宗明义交代了通知发布目的"为进一步提升航班正常水平，推动行业提质增效，民航局在总结近几年航班正常考核指标和调控措施实施经验的基础上"，指出通知发布的依据"根据《中国民用航空国内航线经营许可规定》《航班正常管理规定》"；之后直叙事项以及要求"制定了《2022 年航班正常考核指标和调控措施》，现印发给你们。请各单位认真学习贯彻，严格落实各项要求"。文字简洁，但发文缘由（发文目的、依据）、发文事项、发文要求等内容交代得非常清晰。

    同时要注意的是，《2022 年航班正常考核指标和调控措施》不具备独立行文的资格，在此借助印发型通知的附件形式下发，对 2022 年航班正常考核指标和调控措施具体工作予以指导，特别是对考核范围、考核标准以及相关的考核要求等系列工作贯彻执行提出了明确的要求，具有很强的指导性。

    （二）批转类通知

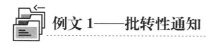 **例文 1——批转性通知**

国务院批转国家发展改革委关于 2017 年深化
经济体制改革重点工作意见的通知[①]

国发〔2017〕27 号

各省、自治区、直辖市人民政府，国务院各部委、各直属机构：

    国务院同意国家发展改革委《关于 2017 年深化经济体制改革重点工作的

---

    ① 例文来源：https://www.gov.cn/zhengce/content/2017-04/18/content_5186856.htm?ivk_sa=1024320u.

意见》，现转发给你们，请认真贯彻执行。

国务院（章）

2017 年 4 月 13 日

关于 2017 年深化经济体制改革重点工作的意见
国家发展改革委

2017 年是实施"十三五"规划的重要一年，是供给侧结构性改革的深化之年，做好全年经济体制改革工作意义重大。根据中央全面深化改革领导小组年度重点工作安排和《政府工作报告》部署，现就 2017 年深化经济体制改革重点工作提出以下意见。

一、总体要求

在以习近平同志为核心的党中央领导下，高举中国特色社会主义伟大旗帜，全面贯彻党的十八大和十八届三中、四中、五中、六中全会精神，以邓小平理论、"三个代表"重要思想、科学发展观为指导，深入贯彻习近平总书记系列重要讲话精神和治国理政新理念新思想新战略，统筹推进"五位一体"总体布局和协调推进"四个全面"战略布局，坚持稳中求进工作总基调，牢固树立和贯彻落实新发展理念，适应把握引领经济发展新常态，坚持以提高发展质量和效益为中心，坚持宏观政策要稳、产业政策要准、微观政策要活、改革政策要实、社会政策要托底的政策思路，坚持以推进供给侧结构性改革为主线，以有利于增添经济发展动力、有利于促进社会公平正义、有利于增强人民群众获得感、有利于调动广大干部群众积极性的改革为重点，持续深化经济体制改革。要坚持基本经济制度，坚持社会主义市场经济改革方向，坚持扩大开放，全面落实党的十八大以来党中央、国务院部署的改革任务，突出重点难点，突出抓好牵一发动全身的改革，推动改革精准落地，提高改革整体效能，扩大改革受益面，更好发挥改革牵引作用，更好解决经济社会发展面临的突出矛盾和问题，有效引导市场预期，增强内生发展动力，促进经济平稳健康发展和社会和谐稳定，以优异成绩迎接党的十九大胜利召开。

二、以供给侧结构性改革为主线持续深化经济体制改革

供给侧结构性改革的最终目的是满足需求，主攻方向是提高供给质量，

根本途径是深化改革。要处理好政府和市场的关系、短期和长期的关系、减法和加法的关系、供给和需求的关系，加快推动各项改革落地。

用改革的办法深入推进"三去一降一补"，推动五大任务有实质性进展。扎实有效去产能。更多运用市场化法治化手段，持续推动钢铁、煤炭、煤电等行业化解过剩产能，严格执行环保、能耗、质量、安全等相关法律法规和标准，完善职工安置、债务处置、资产处理等政策及市场化退出机制，确保职工平稳转岗就业。因城施策去库存。把去库存和促进人口城镇化结合起来，坚持住房的居住属性，推进住房公积金制度改革，健全购租并举的住房制度，继续发展公租房等保障性住房，因地制宜、多种方式提高货币化安置比例，加快培育和发展住房租赁市场，加快建立和完善促进房地产市场平稳健康发展长效机制。积极稳妥去杠杆。把降低企业杠杆率作为重中之重，促进企业盘活存量资产，推进资产证券化，支持市场化法治化债转股，发展多层次资本市场，加大股权融资力度，强化企业特别是国有企业财务杠杆约束。多措并举降成本。通过减轻企业税费负担、继续适当降低"五险一金"有关缴费比例、降低制度性交易成本、降低用能和物流成本等措施，持续综合施策降低实体经济企业成本。精准加力补短板。创新投融资体制，进一步放开基础产业和基础设施、公用事业、公共服务等领域，进一步放宽非公有制经济市场准入，加快提升公共服务、基础设施、创新发展、资源环境等支撑能力。深入实施精准扶贫精准脱贫，创新扶贫协作机制。

持续转变政府职能，坚持使市场在资源配置中起决定性作用和更好发挥政府作用。把简政放权、放管结合、优化服务改革作为供给侧结构性改革的重要内容，持续增加有效制度供给。围绕重点领域关键环节持续加大简政放权力度，做到该放则放、放而到位，降低实体经济特别是制造业的准入门槛，全面实行清单管理制度，减少政府的自由裁量权，增加市场的自主选择权。围绕营造公平竞争环境强化事中事后监管，完善社会信用体系，全面实施公平竞争审查制度，推动完善竞争有序的市场体系。围绕提高智能便捷、公平可及水平，优化政府服务，大力推行"互联网＋政务服务"，让企业和群众更多感受到"放管服"改革成效，着力打通"最后一公里"。

增强市场主体活力，着力振兴实体经济。以提高质量、效益和竞争力为中心，坚持品牌引领升级，广泛开展质量提升行动，加强全面质量管理，健全优胜劣汰质量竞争机制，全面提高创新供给能力，以创新引领实体经济转型升级。推进国有企业和重点行业改革，打破行业垄断和地方保护，完善产权保护制度，激发和保护企业家精神。加快培育壮大经济发展新动能，制定新兴产业监管规则，引导和促进新兴产业健康发展，进一步激发市场活力和社会创造力，增强微观主体内生动力。大力改造提升传统产业，增强企业对市场需求变化的反应和调整能力，加强激励，鼓励创新，提高资源配置效率和全要素生产率。

保障和改善民生，推动实现共享发展。完善就业政策，优化收入分配和社会保障体制机制，加快教育、医药卫生、文化、社会治理等领域改革，织密扎牢民生保障网，进一步提高社会事业和公共服务供给质量和水平，加快新型城镇化和城乡一体化体制创新，不断满足人民群众对美好生活的新期待。

三、深化"放管服"改革

以清单管理推动减权放权。制定国务院部门权力和责任清单，推进行政审批标准化、规范化。制定职业资格、行政审批中介服务、政府定价收费等方面清单。清理取消一批生产和服务许可证，加快向国际通行的产品认证管理转变。深化商事制度改革，制定企业设立后的经营许可清单，实行多证合一，扩大"证照分离"改革试点。加快扩大市场准入负面清单试点，为2018年全面实施市场准入负面清单制度创造条件。

完善事中事后监管制度。实现"双随机、一公开"监管全覆盖，加大事中事后监管力度，提高事中事后监管的针对性和有效性，保障市场公平竞争。推进综合行政执法，健全跨部门、跨区域执法协作机制。加快国务院部门和地方政府信息系统互联互通，形成全国统一政务服务平台。推进社会信用体系建设，充分发挥全国信用信息共享平台作用，建立健全政府部门间协同监管和联合奖惩机制，完善国家企业信用信息公示系统，加强信用监管。建立健全企业标准领跑者制度，大力培育发展团体标准，增加新兴产业标准供给，完善产品质量追溯体系，推动建立惩罚性赔偿制度。完善食品药品安全监管体制机制。

创新政府配置资源方式。落实关于创新政府配置资源方式的指导意见，深化全民所有自然资源资产有偿使用制度改革，建立公共资源目录清单，推动公共资源纳入统一平台交易，提高公共资源配置效率和效益。全面完成公务用车制度改革。

持续深化投融资体制改革。落实关于深化投融资体制改革的意见，在一定领域、区域内先行试点企业投资项目承诺制，发挥规划政策对投资的规范引导作用，探索创新以政策性条件引导、企业信用承诺、监管有效约束为核心的管理模式。出台政府投资条例。促进创业投资持续健康发展。大力推行政府和社会资本合作（PPP）模式。抓紧制定政府支持铁路等重大公益性基础设施建设和运营优惠政策。

深化价格改革。全面完成省级电网输配电价首轮改革试点，合理核定区域电网和跨省跨区电网输电价格，指导各地制定地方电网和新增配电网配电价格。深化天然气价格改革。全面推进农业水价综合改革。继续推进医疗服务价格改革，全面推开城市公立医院医药价格改革，深入开展按病种收费工作。制定出台普通旅客列车运输定价成本监审办法。深化道路客运、民航国内航线旅客票价改革。深入开展涉企收费清理规范。完善价格管理制度，修订政府定价行为规则、价格听证办法、行政事业性收费标准管理办法等规章制度。

四、深入推进国企国资改革

全面推进国企改革"1＋N"文件落地见效。以提高国有企业质量和效益为中心，抓住关键环节实施突破，增强国有企业核心竞争力。基本完成国有企业公司制改革，探索在中央企业集团层面实行股权多元化，推进董事会建设，形成有效制衡的公司法人治理结构、灵活高效的市场化经营机制。深入推进中央企业兼并重组，持续推进国有企业瘦身健体、提质增效，进一步突出主业，抓紧剥离办社会职能，解决历史遗留问题。改善和加强国有资产监管，实现国有资产保值增值。加快推动国有资本投资、运营公司改革试点。坚持党管干部原则与董事会依法产生、董事会依法选择经营管理者、经营管理者依法行使用人权相结合，探索建立中央企业领导人员分类分层管理制度。研究制定改革国有企业工资决定机制的意见，启动国有企业职业经理人薪酬制度改革试点。制定实施深化东北地区国有企业改革专项工作方案。

深化国有企业混合所有制改革。按照完善治理、强化激励、突出主业、提高效率的要求，深化混合所有制改革，在电力、石油、天然气、铁路、民航、电信、军工等领域迈出实质性步伐，严格规范混合所有制改革操作流程和审批程序，严格执行重大事项请示报告制度，在引入合格非国有战略投资者、完善法人治理结构、建立市场化激励约束机制和薪酬管理体系、探索实行国家特殊管理股制度、探索企业法人治理结构与党建工作有机结合的途径和方式等方面，形成可复制可推广的经验。指导推动各地积极稳妥开展混合所有制改革试点。在纳入首批试点的中央企业所属子企业和地方国有企业，规范推进国有控股混合所有制企业员工持股试点，成熟一户、开展一户，及时进行阶段性总结。支持非公有制企业、股权投资基金等各方参与国有企业混合所有制改革，主业处于充分竞争行业和领域的商业类国有企业，积极引入其他国有资本或各类非国有资本实现股权多元化，国有资本可以绝对控股、可以相对控股，也可以参股。

加大重点行业改革力度。加快推进电力体制改革，有序放开发用电计划，扩大电力市场化交易规模，完善可再生能源消纳保障机制，加快电力交易机构股份制改造，积极培育售电侧市场主体，深入开展增量配电业务改革试点。出台实施石油天然气体制改革方案，加快研究制定改革配套政策和专项方案。全面实施盐业体制改革，打破食盐生产批发经营区域限制，完善食盐储备和监管机制，保证食盐安全稳定供应。

五、加强产权保护制度建设

推动产权保护举措落地。落实关于完善产权保护制度依法保护产权的意见，抓紧总结一批产权保护方面的好案例，剖析一批侵害产权的案例，甄别纠正一批社会反映强烈的产权纠纷申诉案件。推动民法典编纂工作，清理有违公平的法律法规条款。落实关于加强政务诚信建设的指导意见，完善政府守信践诺机制。

激发和保护企业家精神。出台激发和保护企业家精神的意见，抓紧研究制定配套政策措施，加强对优秀企业家的社会荣誉激励，完善对企业家的优质高效务实服务，健全企业家容错帮扶机制。完善支持企业家专心创新创业的政策体系，支持企业家持续创新、转型发展。加强企业家精神的培育传承。

六、深化财税体制改革

加快推进财政事权和支出责任划分改革。落实关于推进中央与地方财政事权和支出责任划分改革的指导意见，争取在部分基本公共服务领域取得突破性进展。推进省以下相关领域财政事权和支出责任划分改革。制定中央和地方收入划分总体方案，研究提出健全地方税体系方案，进一步理顺中央与地方财政分配关系，发挥中央和地方两个积极性。

深化预算管理制度改革。加大财政支出优化整合力度，清理一般公共预算中以收定支事项。将中央国有资本经营预算调入一般公共预算的比例提高到22％。深入推进政府预决算公开。制定中央部门购买服务指导性目录。建立健全各类公共资源出让收益管理和监督制度体系。加快制定出台政府会计准则制度，开展政府财务报告编制试点。

改革完善税收制度。落实和完善全面推开营改增政策，简化增值税税率结构，由四档税率简并至三档。深化资源税改革，扩大水资源税改革试点范围。

七、推进金融体制改革

深入推进利率汇率市场化改革。加快完善利率市场化形成和调控机制，推动市场基准利率和收益率曲线建设，健全国债收益率曲线。进一步完善人民币汇率市场化形成机制，增强汇率弹性，保持人民币在全球货币体系中的稳定地位。稳妥有序推进人民币国际化。稳步推进企业外债登记制管理改革，建立健全宏观审慎管理框架下的外债和资本流动管理体系。

深化金融机构和金融监管体制改革。继续引导和支持大中型商业银行设立普惠金融事业部，实行差别化考核评价办法和支持政策，做好小微企业和"三农"金融服务。推动大型商业银行完善现代金融企业制度。完善开发银行、政策性银行治理结构，合理划分业务范围，加强内部管控和外部监管。有序推动民营银行发展，支持符合规定条件的各类出资主体申请设立和投资入股非银行金融机构。推进农村信用社改革，强化服务"三农"功能。大力发展绿色金融。稳妥推进科技创新企业投贷联动试点。加快设立国家融资担保基金。积极稳妥推进金融监管体制改革，加强金融宏观审慎管理制度建设。推进统一资产管理产品标准规制。完善存款保险制度。

深化多层次资本市场改革。完善股票发行、交易和上市公司退市等基础性制度，积极发展创业板、新三板，规范发展区域性股权市场。积极配合修订证券法。修订上市公司治理准则。完善事中事后监管制度，从严从重打击资本市场的各类违法违规行为。完善债券市场基础设施，推进企业债券注册管理制改革，健全债券发行人信息披露制度，健全信用风险市场化处置机制。开展基础设施资产证券化试点。在严格控制试点规模和审慎稳妥前提下，稳步扩大银行不良资产证券化试点参与机构范围。

完善现代保险制度。加强农业保险制度建设，在部分地区对适度规模经营农户实施大灾保险，提高保险覆盖面和理赔标准，完善农业再保险体系。积极开发适应新型农业经营主体需求的保险品种，稳步开展价格保险、收入保险试点，逐步扩大"保险＋期货"试点。推动地方开展覆盖洪水、台风等灾因的巨灾保险实践探索。拓宽保险资金支持实体经济和参与基础设施建设渠道。

八、完善城乡发展一体化体制机制

健全新型城镇化体制机制。深化户籍制度改革，落实人地挂钩、支持农业转移人口市民化财政政策，实现户籍人口城镇化率提高 1 个百分点以上，加快居住证制度全覆盖。推动各地有序扩大城镇学位供给，加快建立以居住证为主要依据的随迁子女入学政策。优化行政区划设置，推动一批具备条件的县和特大镇有序设市，出台市辖区设置标准。深入推进经济发达镇行政管理体制改革，构建符合基层政权定位、适应城镇化发展需要的新型行政管理体制。深入推进国家新型城镇化综合试点。推进建筑业改革发展。

深入推进农业供给侧结构性改革。积极稳妥推进粮食等重要农产品价格形成机制和收储制度改革，健全玉米市场化收购加补贴机制，坚持并完善稻谷、小麦最低收购价政策，完善棉花目标价格政策，调整大豆目标价格政策，促进农业结构调整优化。落实以绿色生态为导向的农业补贴制度，提高补贴政策指向性和精准性。改革财政支农投入机制，探索建立涉农资金统筹整合长效机制，将贫困县财政涉农资金整合试点推广到全部贫困县。出台实施完善粮食主产区利益补偿机制的意见。创新农业节水灌溉体制机制。

稳步推进农村集体产权制度改革。加快推进农村承包地确权登记颁证，扩大整省试点范围，细化和落实农村土地"三权分置"办法，培育新型农业经营主体和服务主体。开展土地经营权入股发展农业产业化经营试点。全面开展农村集体资产清产核资，明晰产权归属，稳妥有序、由点及面推进农村集体经营性资产股份合作制改革。扩大农村集体产权制度改革试点。统筹推进农村土地制度改革三项试点，形成可推广的改革成果。全面加快"房地一体"的农村宅基地和集体建设用地确权登记发证工作。稳妥推进农村承包土地的经营权和农民住房财产权抵押贷款试点。全面总结并推广成渝统筹城乡综合配套改革试验的经验做法。

九、健全创新驱动发展体制机制

建立健全科技创新激励机制。改革科技评价制度，制定出台科技人才评价、科研机构创新绩效评价、科研事业单位领导人员管理等改革文件，探索实行有别于行政机关和行政人员的科研机构和科研人员管理制度，激发科技人员创新创业潜能和活力。完善科技成果转移转化体系。全面完成中央财政科技计划和资金管理改革，出台国家重点研发计划管理办法及配套制度。

完善创新创业支撑政策体系。深入推进全面创新改革试验，全面开展169项重大改革举措试点，在创新激励、知识产权、军民融合等方面形成一批改革经验并加快推广。再建设一批国家自主创新示范区、高新区，进一步深化国家自主创新示范区政策试点，进一步提升高新区创新发展能力。启动科技型中小企业评价工作。持续推进大众创业、万众创新，梳理一批成熟的"双创"模式和经验在全国范围内推广，新建一批"双创"示范基地，鼓励大企业和科研院所、高校设立专业化众创空间，提升科技企业孵化器和众创空间服务能力，打造面向大众的"双创"全程服务体系。开展知识产权综合管理改革试点，完善知识产权创造、保护和运用体系。开展新一轮服务业综合改革试点。

十、加快构建开放型经济新体制

创新外商投资管理体制。修订外商投资产业指导目录，进一步放宽服务业、制造业、采矿业外资准入。对外资全面实施准入前国民待遇加负面清单管理模式。高标准高水平建设自由贸易试验区，持续拓展自由贸易试验区改革开放试点深度和广度，在更大范围复制推广成熟经验。促进开发区改革和创新发展。

引导对外投资健康有序发展。扎实推进"一带一路"建设，加快陆上经济走廊和海上合作支点建设，构建沿线大通关合作机制。深化国际产能合作，带动我国装备、技术、标准、服务走出去。加快人民币海外合作基金筹建。完善对外投资管理制度，加强对外投资真实性审查，建立对外投资黑名单制度。

构建外贸可持续发展新机制。支持市场采购贸易、外贸综合服务企业发展，积极培育外贸发展新动能，推进服务贸易创新发展试点，设立服务贸易创新发展引导基金。鼓励扩大出口信用保险覆盖面，不断优化费率。推广国际贸易"单一窗口"，实现全国通关一体化和通关作业无纸化。

十一、大力推进社会体制改革

推动养老保险制度改革。改革和完善基本养老保险制度，制定划转部分国有资本充实社保基金实施方案，在健全激励约束机制、强化基金征缴等措施基础上，研究制定基本养老保险基金中央调剂制度方案。积极发展企业年金和职业年金，开展个人税收递延型商业养老保险试点。全面放开养老服务市场，推进老龄事业发展和养老体系建设，建立以居家为基础、社区为依托、机构为补充、医养结合的多层次养老服务体系，提高养老服务质量。

深入推进教育体制改革。深化考试招生制度改革，积极稳妥推进高考综合改革试点，完善普通高等教育招生计划编制办法，进一步缩小高考录取率省际差距。统一城乡义务教育学生"两免一补"政策，实现相关教育经费随学生流动可携带。强化教育督导，加强教师队伍建设。出台深化产教融合的政策措施，推动职业教育、高等教育与产业链、创新链要素创新融合。深入推进教育管办评分离。

深化医疗、医保、医药联动改革。全面推开城市公立医院综合改革，全部取消药品加成，推进现代医院管理制度建设。推进公立医院人事制度改革，创新机构编制管理，建立以公益性为导向的考核评价机制，开展公立医院薪酬制度改革试点。健全医疗保险稳定可持续筹资和报销比例调整机制，提高城乡居民医保财政补助标准，同步提高个人缴费标准，扩大用药保障范围。改进个人账户，开展门诊统筹。深化医保支付方式改革，推进基本医保全国联网和异地就医结算，基本实现异地安置退休人员和符合规定的转诊人员就医住院医疗费用直接结算。继续推进城乡居民医保制度整合和政策统一。开展生育保险和基本医疗保险合并实施试点。在 85％ 以上的地市开展分级诊疗试点和家庭签约服务，全面启动多种形式的医疗联合体建设试点。进一步改革完善药品生产流通使用政策，逐步推行公立医疗机构药品采购"两票制"。深化药品医疗器械审评审批制度改革。出台支持社会力量提供多层次多样化医疗服务的政策措施。

加快构建现代公共文化服务体系。坚持保基本、补短板，以县为单位全面落实基本公共文化服务标准，以标准化促进基本公共文化服务均等化。完善公共文化服务设施运管机制，创新公共文化服务供给方式，鼓励社会力量参与公共文化服务体系建设。

深化事业单位和社会组织改革。在事业单位分类的基础上，积极开展承担行政职能事业单位改革试点，稳步推进从事生产经营活动事业单位转企改制，建立健全与不同类别相适应的财政支持、财务、资产、收入分配、社会保障等配套政策，提高公益服务质量和效率。总结评估行业协会商会与行政机关脱钩改革试点经验，扩大试点范围，促进行业协会商会成为依法设立、自主办会、服务为本、治理规范、行为自律的社会组织。

十二、深化生态文明体制改革

完善主体功能区制度。研究提出完善主体功能区战略和制度的意见，调整修订主体功能区规划，推动形成陆域海域全覆盖的主体功能区布局。建立健全资源环境承载能力监测预警长效机制，开展长江经济带资源环境承载能力评价和预警。以主体功能区规划为基础统筹各类空间性规划，推进"多规合一"。编制国家级、省级国土规划。指导浙江、福建、广西等 9 省区开展省级空间规划试点，研究制定编制市县空间规划的意见。健全重点生态功能区产业准入负面清单制度。

深化生态文明建设试点示范。推进国家生态文明试验区建设，编制国家生态文明试验区（江西）实施方案和国家生态文明试验区（贵州）实施方案。健全国土空间用途管制制度，开展自然生态空间用途管制试点。稳步推进三江源、大熊猫、东北虎豹等 9 个国家公园体制试点，出台国家公园体制总体方案。开展健全国家自然资源资产管理体制试点。

完善生态环境保护制度。加快建立覆盖所有固定污染源的控制污染物排放许可制。健全生态环境监测、环境保护督察制度。创新河湖管护体制机制，强化河湖执法监督，全面推行河长制。加强围填海管控和海岸线保护与利用管理，实施国家海洋督查制度。启动全国碳排放权交易市场。健全全面保护天然林制度，继续推进新一轮退耕还林还草和退耕还湿试点。

深入推进国有林场和国有林区改革。基本完成国有林场改革主要任务。因地制宜逐步推进国有林区政企分开，创新森林资源管护机制和监管体制。研究化解国有林场林区金融债务问题。

健全自然资源资产产权制度。继续推动自然资源产权制度改革。全面完成不动产统一登记工作，实现登记机构、登记簿册、登记依据和信息平台"四统一"。以不动产统一登记为基础开展自然资源统一确权登记试点。制定领导干部自然资源资产离任审计暂行规定。

十三、加强改革任务落实和总结评估

加强已出台改革方案督促落实。完善跨部门的统筹协调机制，健全改革落实责任制，充分调动地方和基层推动改革的积极性主动性。加强对国企国资、财税、金融、投资、土地、城镇化、社会保障、生态文明、对外开放等基础性重大改革的统筹推进，抓紧细化实施方案，打通政策落实的"最后一公里"，加强督查督办和工作考核，确保改革举措落实到位、取得实效。

加强对改革实施效果的评估。采取自评估、第三方评估、社会调查等方式开展改革效果评估。对评估和督查反映出来的问题，要列出清单，明确整改责任，限期挂账整改。对于改革推进过程中出现的新情况新问题，有针对性地提出解决办法，及时调整完善改革措施。

加强改革试点经验总结推广。支持鼓励地方和基层结合实际大胆闯大胆试，建立健全试点经验总结推广工作机制，对已开展的各类试点进行认真总结，巩固改革试点成果。对经实践证明行之有效的经验和做法，及时加以总结并在更大范围推广。更多挖掘鲜活案例和典型样本，树立改革标杆，放大示范效应。

加强改革理论提炼创新。对党的十八大以来改革创新理论深入研究，在转变政府职能、基本经济制度新内涵、新的产权观、新型混合所有制经济理念、与现代国家治理体系相适应的现代财政制度等方面，总结提炼改革开放重大创新理论，更好发挥创新理论对深化改革的指导作用，引领改革开放实现新突破、取得新辉煌。

附件：2017 年经济体制改革重点任务分工表（略）

例文分析

这是国务院批转国家发展改革委关于 2017 年深化经济体制改革重点工作意见的一份通知，文中肯定了国家发展改革委深化改革重点工作的做法，并对"各省、自治区、直辖市人民政府，国务院各部委、各直属机构"等收文机关提出"认真贯彻落实"的工作要求。

其中，转发通知的附件《关于 2017 年深化经济体制改革重点工作的意见》是发改委上报的来文，国务院在此借助于批转通知的附件形式下发，文中肯定其做法，对推进各省、自治区、直辖市人民政府，国务院各部委、各直属机构就 2017 年深化经济体制改革在总体要求、以供给侧结构性改革为主线持续深化经济体制改革、深化"放管服"改革、深入推进国企国资改革、加强产权保护制度建设、深化财税体制改革、推进金融体制改革、完善城乡发展一体化体制机制、健全创新驱动发展体制机制、加快构建开放型经济新体制、大力推进社会体制改革、深化生态文明体制改革、加强改革任务落实和总结评估等 13 项重点工作方面提出明确的指导意见和重点任务落实要求。

 例文 2——转发性通知

国务院办公厅转发国家发展改革委
关于推动生活性服务业补短板上水平提高
人民生活品质若干意见的通知①

国办函〔2021〕103 号

各省、自治区、直辖市人民政府，国务院各部委、各直属机构：

国家发展改革委《关于推动生活性服务业补短板上水平提高人民生活品

---

① 例文来源：https://www.gov.cn/zhengce/zhengceku/2021-11/02/content_5648192.htm.

质的若干意见》已经国务院同意，现转发给你们，请认真贯彻落实。

国务院办公厅（章）

2021 年 10 月 13 日

关于推动生活性服务业补短板上水平提高人民生活品质的若干意见
国家发展改革委

近年来，我国生活性服务业蓬勃发展，对优化经济结构、扩大国内需求、促进居民就业、保障改善民生发挥了重要作用，但也存在有效供给不足、便利共享不够、质量标准不高、人才支撑不强、营商环境不优、政策落地不到位等问题。为推动生活性服务业补短板、上水平，提高人民生活品质，更好满足人民群众日益增长的美好生活需要，现提出以下意见。

一、加强公益性基础性服务供给

（一）强化基本公共服务保障。加强城乡教育、公共卫生、基本医疗、文化体育等领域基本公共服务能力建设。认真落实并动态调整国家基本公共服务标准，确保项目全覆盖、质量全达标。以服务半径和服务人口为依据做好基本公共服务设施规划建设。探索建立公共服务短板状况第三方监测评价机制。

（二）扩大普惠性生活服务供给。在"一老一小"等供需矛盾突出的领域，通过政府购买服务、公建民营、民办公助等方式引入社会力量发展质量有保障、价格可承受的普惠性生活服务。加强普惠性生活服务机构（网点）建设，纳入新建、改建居住区公共服务配套设施规划予以统筹。加强省级统筹，推动县市因地制宜制定社区普惠性生活服务机构（网点）认定支持具体办法，实行统一标识、统一挂牌，开展社会信用承诺。

（三）大力发展社区便民服务。推动公共服务机构、便民服务设施、商业服务网点辐射所有城乡社区，推进社区物业延伸发展基础性、嵌入式服务。推动大城市加快发展老年助餐、居家照护服务，力争五年内逐步覆盖80%以上社区。支持城市利用社会力量发展托育服务设施。推动构建一刻钟便民生活圈，统筹城市生活服务网点建设改造，扩大网点规模，完善网点布局、业态结构和服务功能。探索社区服务设施"一点多用"，提升一站式便民服务能力。探索建立社区生活服务"好差评"评价机制和质量认证机制。

二、加快补齐服务场地设施短板

（四）推动社区基础服务设施达标。结合推进城镇老旧小区改造和城市居住社区建设补短板，建设社区综合服务设施，统筹设置幼儿园、托育点、养老服务设施、卫生服务中心（站）、微型消防站、体育健身设施、家政服务点、维修点、便利店、菜店、食堂以及公共阅读和双创空间等。开展社区基础服务设施面积条件达标监测评价。

（五）完善老年人、儿童和残疾人服务设施。推进城乡公共服务设施和公共空间适老化、适儿化改造。在提供数字化智能化服务的同时，保留必要的传统服务方式。建设社区老年教育教学点，推进老年人居家适老化改造。开展儿童友好城市示范，加强校外活动场所、社区儿童之家建设，发展家庭托育点。加快无障碍环境建设和困难重度残疾人家庭无障碍改造，开展康复辅助器具社区租赁。

（六）强化服务设施建设运营保障。各地补建社区"一老一小"、公共卫生、全民健身等服务设施，可依法依规适当放宽用地和容积率限制。在确保安全规范前提下，提供社区群众急需服务的市场主体可租赁普通住宅设置服务网点。推进存量建筑盘活利用，支持大城市疏解腾退资源优先改造用于社区服务。推广政府无偿或低价提供场地设施、市场主体微利运营模式，降低普惠性生活服务成本。

三、加强服务标准品牌质量建设

（七）加快构建行业性标杆化服务标准。支持以企业为主体、行业组织为依托，在养老、育幼、家政、物业服务等领域开展服务业标准化试点，推出一批标杆化服务标准。加强生活性服务业质量监测评价和通报工作，推广分领域质量认证。推动各地开展生活性服务业"领跑者"企业建设，以养老、育幼、体育、家政、社区服务为重点，培育一批诚信经营、优质服务的示范性企业。

（八）创建生活性服务业品牌。推动各地在养老、育幼、文化、旅游、体育、家政等领域培育若干特色鲜明的服务品牌。深入实施商标品牌战略，健全以产品、企业、区域品牌为支撑的品牌体系。引导各地多形式多渠道加强优质服务品牌推介。

四、强化高质量人力资源支撑

（九）完善产教融合人才培养模式。支持生活性服务业企业深化产教融合，联合高等学校和职业学校共同开发课程标准、共建共享实习实训基地、联合开展师资培训，符合条件的优先纳入产教融合型企业建设培育库。加快养老、育幼、家政等相关专业紧缺人才培养，允许符合条件的企业在岗职工以工学交替等方式接受高等职业教育。加强本科层次人才培养，支持护理、康复、家政、育幼等相关专业高职毕业生提升学历。到 2025 年，力争全国护理、康复、家政、育幼等生活性服务业相关专业本科在校生规模比 2020 年增加 10 万人。

（十）开展大规模职业技能培训。强化生活服务技能培训，推进落实农村转移就业劳动力、下岗失业人员和转岗职工、残疾人等重点群体培训补贴政策，对符合条件的人员按规定落实培训期间生活费补贴。在人口大省、大市、大县打造一批高质量劳动力培训基地。逐年扩大生活性服务业职业技能培训规模。

（十一）畅通从业人员职业发展通道。推动养老、育幼、家政、体育健身企业员工制转型，对符合条件的员工制企业吸纳就业困难人员及高校毕业生就业的，按规定给予社保补贴。做好从业人员职业技能、工作年限与技能人才支持政策和积分落户政策的衔接。关心关爱从业人员，保障合法权益，宣传激励优秀典型。

五、推动服务数字化赋能

（十二）加快线上线下融合发展。加快推动生活服务市场主体特别是小微企业和个体工商户"上云用数赋智"，完善电子商务公共服务体系，引导电子商务平台企业依法依规为市场主体提供信息、营销、配送、供应链等一站式、一体化服务。引导各类市场主体积极拓展在线技能培训、数字健康、数字文化场馆、虚拟景区、虚拟养老院、在线健身、智慧社区等新型服务应用。加强线上线下融合互动，通过预约服务、无接触服务、沉浸式体验等扩大优质服务覆盖面。

（十三）推动服务数据开放共享。在保障数据安全和保护个人隐私前提下，分领域制定生活服务数据开放共享标准和目录清单，优先推进旅游、体育、家政等领域公共数据开放。面向市场主体和从业人员，分领域探索建设服务质量用户评价分享平台，降低服务供需信息不对称，实现服务精准供给。引导支持各地加强政企合作，建设面向生活性服务业重点应用场景的数字化、智能化基础设施，打造城市社区智慧生活支撑平台。

六、培育强大市场激活消费需求

（十四）因地制宜优化生活性服务业功能布局。推动东部地区积极培育生活性服务业领域新兴产业集群，率先实现品质化多样化升级。支持中西部和东北地区补齐生活服务短板，健全城乡服务对接机制，推进公共教育服务优质均衡发展，完善区域医疗中心布局，加快发展文化、旅游、体育服务。支持欠发达地区和农村地区发展"生态旅游＋"等服务，培育乡村文化产业，提升吸纳脱贫人口特别是易地搬迁群众就业能力。

（十五）推进服务业态融合创新。在生活性服务业各领域，纵深推动大众创业万众创新。创新医养结合模式，健全医疗与养老机构深度合作、相互延伸机制。促进"体育＋健康"服务发展，构建体医融合的疾病管理和健康服务模式。推进文化、体育、休闲与旅游深度融合，推动红色旅游、工业旅游、乡村旅游、健康旅游等业态高质量发展。促进"服务＋制造"融合创新，加强物联网、人工智能、大数据、虚拟现实等在健康、养老、育幼、文化、旅游、体育等领域应用，发展健康设备、活动装备、健身器材、文创产品、康复辅助器械设计制造，实现服务需求和产品创新相互促进。

（十六）促进城市生活服务品质提升。开展高品质生活城市建设行动，推动地方人民政府制定生活性服务业发展整体解决方案，支持有条件的城市发起设立美好生活城市联盟。支持大城市建设业态丰富、品牌汇集、环境舒适、特色鲜明、辐射带动能力强的生活性服务业消费集聚区，推动中小城市提高生活服务消费承载力。支持各地推出一批有代表性的服务场景和示范项目，加强城市特色商业街区、旅游休闲街区和商圈建设，集成文化娱乐、旅游休闲、体育健身、餐饮住宿、生活便利服务，打造综合服务载体。

（十七）激活县乡生活服务消费。加快贯通县乡村三级电子商务服务体系和快递物流配送体系，大力推进电商、快递进农村。建设农村生活服务网络，推进便民服务企业在县城建设服务综合体，在乡镇设置服务门店，在行政村设置服务网点。经常性开展医疗问诊、文化、电影、体育等下乡活动。

（十八）开展生活服务消费促进行动。推动各地区有针对性地推出一批务实管用的促消费措施，地方人民政府促消费相关投入优先考虑支持群众急需的生活服务领域。深化工会送温暖活动，切实做好职工福利和生活保障，广泛开展职工生活服务项目，为职工提供健康管理、养老育幼、心理疏导、文化体育等专业服务。

七、打造市场化法治化国际化营商环境

（十九）提升政务服务便利化水平。健全卫生健康、养老、育幼、文化、旅游、体育、家政等服务机构设立指引，明确办理环节和时限并向社会公布。简化普惠性生活服务企业审批程序，鼓励连锁化运营，推广实施"一照多址"注册登记。

（二十）积极有序扩大对外开放。完善外商投资准入前国民待遇加负面清单管理制度。有序推进教育、医疗、文化等领域相关业务开放。支持粤港澳大湾区、海南自由贸易港、自由贸易试验区依法简化审批流程，更大力度吸引和利用外资。探索引入境外家政职业培训机构落户海南。

（二十一）完善监督检查机制。制定实施重点领域监管清单，梳理现场检查事项并向社会公开，大力推行远程监管、移动监管、预警防控等非现场监管。依托"信用中国"网站、国家企业信用信息公示系统等加强生活性服务业企业信用信息公开，及时公示行政许可、行政处罚、抽查检查结果等信息，加快构建以信用为基础的新型监管机制。

（二十二）加强权益保障。依法保护各类市场主体产权和合法权益，严格规范公正文明执法。维护公平竞争市场秩序，严厉打击不正当竞争行为。促进平台经济规范健康发展，从严治理滥用垄断地位、价格歧视、贩卖个人信息等违法行为。开展民生领域案件查办"铁拳"行动，从严查处群众反映强烈的预付消费"跑路坑民"、虚假广告宣传、非法集资等案件。

八、完善支持政策

（二十三）加强财税和投资支持。地方各级人民政府要强化投入保障，统筹各类资源支持生活性服务业发展。各地安排的相关资金要优先用于支持普惠性生活服务。落实支持生活性服务业发展的税收政策。发挥中央预算内投资的引导和撬动作用，加强教育、医疗卫生、文化、旅游、社会服务、"一老一小"等设施建设，积极支持城镇老旧小区改造配套公共服务设施建设。对价格普惠且具有一定收益的公共服务设施项目，符合条件的纳入地方政府专项债券支持范围。

（二十四）加大金融支持力度。积极运用再贷款再贴现等工具支持包括生活性服务业企业在内的涉农领域、小微企业、民营企业发展。引导商业银行扩大信用贷款、增加首贷户，推广"信易贷"，使资金更多流向小微企业、个体工商户。鼓励保险机构开展生活性服务业保险产品和服务创新。

（二十五）完善价格和用地等支持政策。注重与政府综合投入水平衔接配套，合理制定基础性公共服务价格标准。充分考虑当地群众可承受度以及相关机构运营成本，加强对普惠性生活服务的价格指导。经县级以上地方人民政府批准，对利用存量建筑兴办国家支持产业、行业提供普惠性生活服务的，可享受5年内不改变用地主体和规划条件的过渡期支持政策。对建筑面积300平方米以下或总投资30万元以下的社区服务设施，县级以上地方人民政府可因地制宜优化办理消防验收备案手续。

（二十六）增强市场主体抗风险能力。健全重大疫情、灾难、事故等应急救助机制，对提供群众急需普惠性生活服务的市场主体特别是小微企业，及时建立绿色通道，强化应急物资供应保障，落实租金减免、运营补贴、税费减免、融资服务等必要帮扶措施。鼓励发展适应疫情常态化防控要求的生活性服务业新业态。

九、加强组织实施

（二十七）健全工作统筹协调机制。国家发展改革委会同有关部门开展高品质生活城市建设行动，各部门按照职责分工组织实施相关建设行动，抓好相关领域和行业支持生活性服务业发展工作，完善行业政策、标准和规范。

（二十八）压实地方主体责任。县级以上地方人民政府要切实履行主体责任，因地制宜、因城施策编制生活性服务业发展行动方案，研究制定具体措施。省级人民政府要探索将生活性服务业发展纳入市县绩效考核范围，确保各项任务落实落地。

（二十九）加强统计监测评价。完善生活性服务业统计分类标准，探索逐步建立统计监测制度，建立常态化运行监测机制和多方参与评价机制，逐步形成信息定期发布制度。

（三十）强化舆论宣传引导。各地区、各部门要广泛宣传动员，加强舆论引导，做好政策解读，主动回应社会关切，及时推广新做法新经验新机制，为生活性服务业发展营造良好氛围。

例文分析

这是国务院办公厅转发国家发展改革委关于推动生活性服务业补短板上水平提高人民生活品质的若干意见的一份通知。文中肯定了国家发展改革委推动生活性服务业补短板上水平提高人民生活品质的做法，并对"各省、自治区、直辖市人民政府，国务院各部委、各直属机构"等收文机关提出"认真贯彻落实"的工作要求。

其中，转发通知的附件《关于推动生活性服务业补短板上水平提高人民生活品质的若干意见》是发改委上报的来文，国务院办公厅在此借助于转发通知的附件形式下发，文中肯定其做法，对推进各省、自治区、直辖市人民政府，国务院各部委、各直属机构在加强公益性基础性服务供给、加快补齐服务场地设施短板、加强服务标准品牌质量建设、强化高质量人力资源支撑、推动服务数字化赋能、培育强大市场激活消费需求、打造市场化法治化国际化营商环境、完善支持政策以及加强组织实施等九个方面推动社会性服务业补短板上水平提高人民生活品质工作予以有针对性的指导。

第十三章

意　见

一、意见的概念

意见适用于对重要问题提出见解和处理办法。它是所有公文中行文方向最灵活的一个文种，不仅可以用于上行文、平行文，还可以用于下行文。

党政机关遇到以下情况时会选用意见这个文种。一是针对国家政策、方针等方向进行指导。上级机关针对党和国家大政方针、治国理念、重大事项等重要问题，为了统一思想、集中认识，作出贯彻、落实方面引导性的指示。二是党政机关或者职能部门就开展和推动某项工作提出初步设想和打算。基于权限无权要求相关平行单位执行、协助配合，于是向有关平行机关提出商洽性沟通见解。三是针对工作中出现的新情况、新问题等提出的解决建议。下级机关针对工作中涉及的政治思想、经济运行、国家安全，针对冲突事件或者其他职权范围内的事项，提出带有倾向性、借鉴性的处理办法。

对意见这个文种的理解须注意以下三个方面。① 从内容的角度来看，首先提出问题应该是"重要的"，意见所涉及的内容必须是"重要问题"。"重要"主要体现在当前工作中所遇到的涉及全局性、方针政策性的重大事项和主要问题，而非一般事项和次要问题，特别是新出现的问题，而非常规问题。其次，回答问题要有见解、有措施。意见在行文中对重要问题不仅要有所见解，而且要有解决、处理的办法。其中所说的见解和办法，不仅要对问题作出全面中肯的分析，而且还要提出自己的看法和观点，并在分析认识的基础上，拿出切实可行的解决办法和措施。意见这个文种最忌讳只提出问题，不解决问题，或者对提出问题的分析轻描淡写，对问题的解决含糊不清，把问题推给上级机关去想办法、去解决。② 从意见的性质（具有建议和指示）来看：上行文的意见偏重建议性质，意见行文主要来自下级机关，一般情况下，它只有建议性质，一经上级批转或者批准，即从建议性质转化为指导性和约束性；平行文的意见偏重洽谈、协商、沟通和建议性质，意见行文主要来自平行机关；下行文的意见偏重指示性质，意见行文主要来自上级机关，虽然文种名称叫意见，但其本质含义已不再是参谋建议的性质，而是有了指示性。上级机关使用这种意见旨在促进机关工作的民主化作风，增强机关公文的公关意识。③ 从文种的角度来看，一是适用范围广，"意见"这一文种涵盖面广，可以上到中央党政机关，下到区县单位，不同的党政机关均可以使用；二是行文方向多样，"意见"适合于不同方向的行文，既可以向上级机关行文、向下级机关行文，还可以向同级别或者不相隶属单位行文。

二、意见的特点

（一）灵活性

意见的灵活性主要体现在它的行文方向方面，既可以用于上级机关向下级机关提出相关工作指导原则，表达上级机关对某一重要问题的观点主张，或者工作部署；也可以用于平级机关就某些工作事项联络沟通，寻求协商解决方法；还可以用于下级机关向上级机关提出建议，在自己职能范围之外推进相关工作。意见可以灵活自由地根据发文目的来确定行文方向。

（二）指导性

意见虽然传递出的是针对某项工作提出可供参考的建议，但实际上它确是功能性很强的指导性文种。基于此，主要有几方面考虑：一是党政机关的工作性质不同，为体现分开的原则，党的机关在涉及政务时不便使用指示性文种；二是有关机关虽然对下级同性质部门有业务指导权，但并没有行政领导权，使用意见更妥当；三是意见的内容业务性强、规划性强、组织性强，使用意见显得婉转而不生硬。无论是哪种情况，意见对于受文机关都有很强的指示意义。

（三）原则性

意见往往是站在宏观立场上对受文机关给予框架式见解、建议和方向性指导，相关机关在落实意见时，可以参照文件中提出的精神，结合自己单位具体实情来执行，这样处理起工作有很大的灵活余地。

三、意见的种类

从行文方向划分，意见可以分为以下三类。

（一）指导性意见

这种意见主要是上级党政机关针对重要问题向下级机关提出主张、部署，它所起的作用是传达指示、部署工作、提出贯彻执行要求，具有强制性特点；下级机关在接到这类意见时必须认真对待，遵照执行。指导性意见主要用于下行文，它的行文方式与内容应按照下行文的程序和要求处理。

（二）参考性意见

这种意见主要是平行机关的业务部门、职能部门就自己职权范围内的有关事项提出建议，供平级机关或者不相隶属机关参考，在行文性质上具有商榷、沟通、协调的特点，不具有任何强制性和指示性。参考性意见主要用于平行文，它的行文方式与内容应按照平行文的程序和要求办理。

（三）参谋性意见

这种意见主要是指下级机关对于重要问题、新问题以及争议问题等向上级机关提出建议和处理办法，它所起到的作用是针对某方面工作向上级献计献策，供上级机关工作决策参考，或者在广大的范围推广实施。参谋性意见主要用于上行文，它的行文方式与内容应按照上行文的程序和要求办理。

四、意见的写法

意见一般由标题、主送机关、正文、落款等部分组成。

1. 标题

意见标题一般用发文机关、事由、文种三要素表示。根据行文的需要，有时会在文种前加限定词"几点""若干"等词组进行说明。例如：国家发展改革委《关于推动生活性服务业补短板上水平提高人民生活品质的若干意见》等。

2. 主送机关

意见的收文机关根据行文的需要，分别为上级机关、平级机关和下级机关，一般写全称。其中：

（1）上行文意见的主送机关与请示类似，一般只有一个。

（2）平行文意见的主送机关视情况而定。

（3）下行文意见的主送机关有时一个，有时多个，若遇到收文机关较多的情况，应当使用规范化简称或者统称。

3. 正文

正文要素主要包括发文缘由、主要见解和解决办法、结语三个模块。

1）开头部分

开头部分提出发文的缘由。这部分写作要开门见山、直奔主题，首先要明确意见写作的目的、原因、背景，然后可使用中间过渡句"现提出如下意见"等承引出下文。整个缘由部分（目的、原因、背景）要做到直言不曲、要言不烦、言简意赅。

2）建议部分（办法、措施）

这部分是意见的主体，也是意见的核心内容，介绍清楚关于某些问题的处理办法、工作推进的措施。这部分一般都要就有关问题采用"分类标项、先论后说"的表达方式发表建议，篇幅较长。

4. 落款

意见的落款如一般公文，包括发文单位、发文日期和印章标注。

五、意见的格式

意见不论上行、下行或平行，其正文一般均表现为如下格式：

发文机关关于××××的意见

主送机关：

　　正文：（事实依据、道理依据、目的主旨、意图主旨），现就××
××××提出意见如下（意图主旨兼过渡句）：

　　一、××××××

　　二、××××××

　　三、××××××

　　……（分旨）

××××（印章）
××××年××月××日

六、例文分析

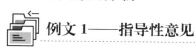 **例文1——指导性意见**

国务院关于加强数字政府建设的指导意见①

国发〔2022〕14号

各省、自治区、直辖市人民政府，国务院各部委、各直属机构：

　　加强数字政府建设是适应新一轮科技革命和产业变革趋势、引领驱动数
字经济发展和数字社会建设、营造良好数字生态、加快数字化发展的必然要
求，是建设网络强国、数字中国的基础性和先导性工程，是创新政府治理理
念和方式、形成数字治理新格局、推进国家治理体系和治理能力现代化的重
要举措，对加快转变政府职能，建设法治政府、廉洁政府和服务型政府意义
重大。为贯彻落实党中央、国务院关于加强数字政府建设的重大决策部署，
现提出以下意见。

　　一、发展现状和总体要求

　　（一）发展现状

　　党的十八大以来，党中央、国务院从推进国家治理体系和治理能力现代

---

　　①　例文来源：https://www.gov.cn/zhengce/zhengceku/2022-06/23/content_5697299.htm.

化全局出发，准确把握全球数字化、网络化、智能化发展趋势和特点，围绕实施网络强国战略、大数据战略等作出了一系列重大部署。经过各方面共同努力，各级政府业务信息系统建设和应用成效显著，数据共享和开发利用取得积极进展，一体化政务服务和监管效能大幅提升，"最多跑一次""一网通办""一网统管""一网协同""接诉即办"等创新实践不断涌现，数字技术在新冠肺炎疫情防控中发挥重要支撑作用，数字治理成效不断显现，为迈入数字政府建设新阶段打下了坚实基础。但同时，数字政府建设仍存在一些突出问题，主要是顶层设计不足，体制机制不够健全，创新应用能力不强，数据壁垒依然存在，网络安全保障体系还有不少突出短板，干部队伍数字意识和数字素养有待提升，政府治理数字化水平与国家治理现代化要求还存在较大差距。

当前，我国已经开启全面建设社会主义现代化国家的新征程，推进国家治理体系和治理能力现代化、适应人民日益增长的美好生活需要，对数字政府建设提出了新的更高要求。要主动顺应经济社会数字化转型趋势，充分释放数字化发展红利，进一步加大力度，改革突破，创新发展，全面开创数字政府建设新局面。

（二）总体要求

1. 指导思想

高举中国特色社会主义伟大旗帜，坚持以习近平新时代中国特色社会主义思想为指导，全面贯彻党的十九大和十九届历次全会精神，深入贯彻习近平总书记关于网络强国的重要思想，认真落实党中央、国务院决策部署，立足新发展阶段，完整、准确、全面贯彻新发展理念，构建新发展格局，将数字技术广泛应用于政府管理服务，推进政府治理流程优化、模式创新和履职能力提升，构建数字化、智能化的政府运行新形态，充分发挥数字政府建设对数字经济、数字社会、数字生态的引领作用，促进经济社会高质量发展，不断增强人民群众获得感、幸福感、安全感，为推进国家治理体系和治理能力现代化提供有力支撑。

2. 基本原则

坚持党的全面领导。充分发挥党总揽全局、协调各方的领导核心作用，全面贯彻党中央、国务院重大决策部署，将坚持和加强党的全面领导贯穿数字政府建设各领域各环节，贯穿政府数字化改革和制度创新全过程，确保数字政府建设正确方向。

坚持以人民为中心。始终把满足人民对美好生活的向往作为数字政府建设的出发点和落脚点，着力破解企业和群众反映强烈的办事难、办事慢、办事繁问题，坚持数字普惠，消除"数字鸿沟"，让数字政府建设成果更多更公平惠及全体人民。

坚持改革引领。围绕经济社会发展迫切需要，着力强化改革思维，注重顶层设计和基层探索有机结合、技术创新和制度创新双轮驱动，以数字化改革助力政府职能转变，促进政府治理各方面改革创新，推动政府治理法治化与数字化深度融合。

坚持数据赋能。建立健全数据治理制度和标准体系，加强数据汇聚融合、共享开放和开发利用，促进数据依法有序流动，充分发挥数据的基础资源作用和创新引擎作用，提高政府决策科学化水平和管理服务效率，催生经济社会发展新动能。

坚持整体协同。强化系统观念，加强系统集成，全面提升数字政府集约化建设水平，统筹推进技术融合、业务融合、数据融合，提升跨层级、跨地域、跨系统、跨部门、跨业务的协同管理和服务水平，做好与相关领域改革和"十四五"规划的有效衔接、统筹推进，促进数字政府建设与数字经济、数字社会协调发展。

坚持安全可控。全面落实总体国家安全观，坚持促进发展和依法管理相统一、安全可控和开放创新并重，严格落实网络安全各项法律法规制度，全面构建制度、管理和技术衔接配套的安全防护体系，切实守住网络安全底线。

3. 主要目标

到 2025 年，与政府治理能力现代化相适应的数字政府顶层设计更加完善、统筹协调机制更加健全，政府数字化履职能力、安全保障、制度规则、数据资源、平台支撑等数字政府体系框架基本形成，政府履职数字化、智能化水平显著提升，政府决策科学化、社会治理精准化、公共服务高效化取得重要进展，数字政府建设在服务党和国家重大战略、促进经济社会高质量发展、建设人民满意的服务型政府等方面发挥重要作用。

到 2035 年，与国家治理体系和治理能力现代化相适应的数字政府体系框架更加成熟完备，整体协同、敏捷高效、智能精准、开放透明、公平普惠的数字政府基本建成，为基本实现社会主义现代化提供有力支撑。

二、构建协同高效的政府数字化履职能力体系

全面推进政府履职和政务运行数字化转型，统筹推进各行业各领域政务应用系统集约建设、互联互通、协同联动，创新行政管理和服务方式，全面提升政府履职效能。

（一）强化经济运行大数据监测分析，提升经济调节能力

将数字技术广泛应用于宏观调控决策、经济社会发展分析、投资监督管理、财政预算管理、数字经济治理等方面，全面提升政府经济调节数字化水平。加强经济数据整合、汇聚、治理。全面构建经济治理基础数据库，加强对涉及国计民生关键数据的全链条全流程治理和应用，赋能传统产业转型升级和新兴产业高质量发展。运用大数据强化经济监测预警。加强覆盖经济运行全周期的统计监测和综合分析能力，强化经济趋势研判，助力跨周期政策设计，提高逆周期调节能力。提升经济政策精准性和协调性。充分发挥国家规划综合管理信息平台作用，强化经济运行动态感知，促进各领域经济政策有效衔接，持续提升经济调节政策的科学性、预见性和有效性。

（二）大力推行智慧监管，提升市场监管能力

充分运用数字技术支撑构建新型监管机制，加快建立全方位、多层次、立体化监管体系，实现事前事中事后全链条全领域监管，以有效监管维护公平竞争的市场秩序。以数字化手段提升监管精准化水平。加强监管事项清单数字化管理，运用多源数据为市场主体精准"画像"，强化风险研判与预测预警。加强"双随机、一公开"监管工作平台建设，根据企业信用实施差异化监管。加强重点领域的全主体、全品种、全链条数字化追溯监管。以一体化在线监管提升监管协同化水平。大力推行"互联网＋监管"，构建全国一体化在线监管平台，推动监管数据和行政执法信息归集共享和有效利用，强化监管数据治理，推动跨地区、跨部门、跨层级协同监管，提升数字贸易跨境监管能力。以新型监管技术提升监管智能化水平。充分运用非现场、物联感知、

掌上移动、穿透式等新型监管手段，弥补监管短板，提升监管效能。强化以网管网，加强平台经济等重点领域监管执法，全面提升对新技术、新产业、新业态、新模式的监管能力。

（三）积极推动数字化治理模式创新，提升社会管理能力

推动社会治理模式从单向管理转向双向互动、从线下转向线上线下融合，着力提升矛盾纠纷化解、社会治安防控、公共安全保障、基层社会治理等领域数字化治理能力。提升社会矛盾化解能力。坚持和发展新时代"枫桥经验"，提升网上行政复议、网上信访、网上调解、智慧法律援助等水平，促进矛盾纠纷源头预防和排查化解。推进社会治安防控体系智能化。加强"雪亮工程"和公安大数据平台建设，深化数字化手段在国家安全、社会稳定、打击犯罪、治安联动等方面的应用，提高预测预警预防各类风险的能力。推进智慧应急建设。优化完善应急指挥通信网络，全面提升应急监督管理、指挥救援、物资保障、社会动员的数字化、智能化水平。提高基层社会治理精准化水平。实施"互联网＋基层治理"行动，构建新型基层管理服务平台，推进智慧社区建设，提升基层智慧治理能力。

（四）持续优化利企便民数字化服务，提升公共服务能力

持续优化全国一体化政务服务平台功能，全面提升公共服务数字化、智能化水平，不断满足企业和群众多层次多样化服务需求。打造泛在可及的服务体系。充分发挥全国一体化政务服务平台"一网通办"枢纽作用，推动政务服务线上线下标准统一、全面融合、服务同质，构建全时在线、渠道多元、全国通办的一体化政务服务体系。提升智慧便捷的服务能力。推行政务服务事项集成化办理，推广"免申即享""民生直达"等服务方式，打造掌上办事服务新模式，提高主动服务、精准服务、协同服务、智慧服务能力。提供优质便利的涉企服务。以数字技术助推深化"证照分离"改革，探索"一业一证"等照后减证和简化审批新途径，推进涉企审批减环节、减材料、减时限、减费用。强化企业全生命周期服务，推动涉企审批一网通办、惠企政策精准推送、政策兑现直达直享。拓展公平普惠的民生服务。探索推进"多卡合一""多码合一"，推进基本公共服务数字化应用，积极打造多元参与、功能完备的数字化生活网络，提升普惠性、基础性、兜底性服务能力。围绕老年人、

残疾人等特殊群体需求，完善线上线下服务渠道，推进信息无障碍建设，切实解决特殊群体在运用智能技术方面遇到的突出困难。

（五）强化动态感知和立体防控，提升生态环境保护能力

全面推动生态环境保护数字化转型，提升生态环境承载力、国土空间开发适宜性和资源利用科学性，更好支撑美丽中国建设。提升生态环保协同治理能力。建立一体化生态环境智能感知体系，打造生态环境综合管理信息化平台，强化大气、水、土壤、自然生态、核与辐射、气候变化等数据资源综合开发利用，推进重点流域区域协同治理。提高自然资源利用效率。构建精准感知、智慧管控的协同治理体系，完善自然资源三维立体"一张图"和国土空间基础信息平台，持续提升自然资源开发利用、国土空间规划实施、海洋资源保护利用、水资源管理调配水平。推动绿色低碳转型。加快构建碳排放智能监测和动态核算体系，推动形成集约节约、循环高效、普惠共享的绿色低碳发展新格局，服务保障碳达峰、碳中和目标顺利实现。

（六）加快推进数字机关建设，提升政务运行效能

提升辅助决策能力。建立健全大数据辅助科学决策机制，统筹推进决策信息资源系统建设，充分汇聚整合多源数据资源，拓展动态监测、统计分析、趋势研判、效果评估、风险防控等应用场景，全面提升政府决策科学化水平。提升行政执行能力。深化数字技术应用，创新行政执行方式，切实提高政府执行力。加快一体化协同办公体系建设，全面提升内部办公、机关事务管理等方面共性办公应用水平，推动机关内部服务事项线上集成化办理，不断提高机关运行效能。提升行政监督水平。以信息化平台固化行政权力事项运行流程，推动行政审批、行政执法、公共资源交易等全流程数字化运行、管理和监督，促进行政权力规范透明运行。优化完善"互联网＋督查"机制，形成目标精准、讲求实效、穿透性强的新型督查模式，提升督查效能，保障政令畅通。

（七）推进公开平台智能集约发展，提升政务公开水平

优化政策信息数字化发布。完善政务公开信息化平台，建设分类分级、集中统一、共享共用、动态更新的政策文件库。加快构建以网上发布为主、其他发布渠道为辅的政策发布新格局。优化政策智能推送服务，变"人找政

策"为"政策找人"。顺应数字化发展趋势，完善政府信息公开保密审查制度，严格审查标准，消除安全隐患。发挥政务新媒体优势做好政策传播。积极构建政务新媒体矩阵体系，形成整体联动、同频共振的政策信息传播格局。适应不同类型新媒体平台传播特点，开发多样化政策解读产品。依托政务新媒体做好突发公共事件信息发布和政务舆情回应工作。紧贴群众需求畅通互动渠道。以政府网站集约化平台统一知识问答库为支撑，灵活开展政民互动，以数字化手段感知社会态势，辅助科学决策，及时回应群众关切。

三、构建数字政府全方位安全保障体系

全面强化数字政府安全管理责任，落实安全管理制度，加快关键核心技术攻关，加强关键信息基础设施安全保障，强化安全防护技术应用，切实筑牢数字政府建设安全防线。

（一）强化安全管理责任

各地区各部门按照职责分工，统筹做好数字政府建设安全和保密工作，落实主体责任和监督责任，构建全方位、多层级、一体化安全防护体系，形成跨地区、跨部门、跨层级的协同联动机制。建立数字政府安全评估、责任落实和重大事件处置机制，加强对参与政府信息化建设、运营企业的规范管理，确保政务系统和数据安全管理边界清晰、职责明确、责任落实。

（二）落实安全制度要求

建立健全数据分类分级保护、风险评估、检测认证等制度，加强数据全生命周期安全管理和技术防护。加大对涉及国家秘密、工作秘密、商业秘密、个人隐私和个人信息等数据的保护力度，完善相应问责机制，依法加强重要数据出境安全管理。加强关键信息基础设施安全保护和网络安全等级保护，建立健全网络安全、保密监测预警和密码应用安全性评估的机制，定期开展网络安全、保密和密码应用检查，提升数字政府领域关键信息基础设施保护水平。

（三）提升安全保障能力

建立健全动态监控、主动防御、协同响应的数字政府安全技术保障体系。充分运用主动监测、智能感知、威胁预测等安全技术，强化日常监测、通报预警、应急处置，拓展网络安全态势感知监测范围，加强大规模网络安全事件、网络泄密事件预警和发现能力。

（四）提高自主可控水平

加强自主创新，加快数字政府建设领域关键核心技术攻关，强化安全可靠技术和产品应用，切实提高自主可控水平。强化关键信息基础设施保护，落实运营者主体责任。开展对新技术新应用的安全评估，建立健全对算法的审核、运用、监督等管理制度和技术措施。

四、构建科学规范的数字政府建设制度规则体系

以数字化改革促进制度创新，保障数字政府建设和运行整体协同、智能高效、平稳有序，实现政府治理方式变革和治理能力提升。

（一）以数字化改革助力政府职能转变

推动政府履职更加协同高效。充分发挥数字技术创新变革优势，优化业务流程，创新协同方式，推动政府履职效能持续优化。坚持以优化政府职责体系引领政府数字化转型，以数字政府建设支撑加快转变政府职能，推进体制机制改革与数字技术应用深度融合，推动政府运行更加协同高效。健全完善与数字化发展相适应的政府职责体系，强化数字经济、数字社会、数字和网络空间等治理能力。助力优化营商环境。加快建设全国行政许可管理等信息系统，实现行政许可规范管理和高效办理，推动各类行政权力事项网上运行、动态管理。强化审管协同，打通审批和监管业务信息系统，形成事前事中事后一体化监管能力。充分发挥全国一体化政务服务平台作用，促进政务服务标准化、规范化、便利化水平持续提升。

（二）创新数字政府建设管理机制

明确运用新技术进行行政管理的制度规则，推进政府部门规范有序运用新技术手段赋能管理服务。推动技术部门参与业务运行全过程，鼓励和规范政产学研用等多方力量参与数字政府建设。健全完善政务信息化建设管理会商机制，推进建设管理模式创新，鼓励有条件的地方探索建立综合论证、联合审批、绿色通道等项目建设管理新模式。做好数字政府建设经费保障，统筹利用现有资金渠道，建立多渠道投入的资金保障机制。推动数字普惠，加大对欠发达地区数字政府建设的支持力度，加强对农村地区资金、技术、人才等方面的支持，扩大数字基础设施覆盖范围，优化数字公共产品供给，加快消除区域间"数字鸿沟"。依法加强审计监督，强化项目绩效评估，避免分散建设、重复建设，切实提高数字政府建设成效。

（三）完善法律法规制度

推动形成国家法律和党内法规相辅相成的格局，全面建设数字法治政府，依法依规推进技术应用、流程优化和制度创新，消除技术歧视，保障个人隐私，维护市场主体和人民群众利益。持续抓好现行法律法规贯彻落实，细化完善配套措施，确保相关规定落到实处、取得实效。推动及时修订和清理现行法律法规中与数字政府建设不相适应的条款，将经过实践检验行之有效的做法及时上升为制度规范，加快完善与数字政府建设相适应的法律法规框架体系。

（四）健全标准规范

推进数据开发利用、系统整合共享、共性办公应用、关键政务应用等标准制定，持续完善已有关键标准，推动构建多维标准规范体系。加大数字政府标准推广执行力度，建立评估验证机制，提升应用水平，以标准化促进数字政府建设规范化。研究设立全国数字政府标准化技术组织，统筹推进数字政府标准化工作。

（五）开展试点示范。

坚持加强党的领导和尊重人民首创精神相结合，坚持全面部署和试点带动相促进。立足服务党和国家工作大局，聚焦基础性和具有重大牵引作用的改革举措，探索开展综合性改革试点，为国家战略实施创造良好条件。围绕重点领域、关键环节、共性需求等有序开展试点示范，鼓励各地区各部门开展应用创新、服务创新和模式创新，实现"国家统筹、一地创新、各地复用"。科学把握时序、节奏和步骤，推动创新试点工作总体可控、走深走实。

五、构建开放共享的数据资源体系

加快推进全国一体化政务大数据体系建设，加强数据治理，依法依规促进数据高效共享和有序开发利用，充分释放数据要素价值，确保各类数据和个人信息安全。

（一）创新数据管理机制

强化政府部门数据管理职责，明确数据归集、共享、开放、应用、安全、存储、归档等责任，形成推动数据开放共享的高效运行机制。优化完善各类基础数据库、业务资源数据库和相关专题库，加快构建标准统一、布局合理、管理协同、安全可靠的全国一体化政务大数据体系。加强对政务数据、公共数据和社会数据的统筹管理，全面提升数据共享服务、资源汇聚、安全保障等一体化水平。加强数据治理和全生命周期质量管理，确保政务数据真实、准确、完整。建立健全数据质量管理机制，完善数据治理标准规范，制定数据分类分级标准，提升数据治理水平和管理能力。

（二）深化数据高效共享

充分发挥政务数据共享协调机制作用，提升数据共享统筹协调力度和服务管理水平。建立全国标准统一、动态管理的政务数据目录，实行"一数一源一标准"，实现数据资源清单化管理。充分发挥全国一体化政务服务平台的数据共享枢纽作用，持续提升国家数据共享交换平台支撑保障能力，实现政府信息系统与党委、人大、政协、法院、检察院等信息系统互联互通和数据按需共享。有序推进国务院部门垂直管理业务系统与地方数据平台、业务系统数据双向共享。以应用场景为牵引，建立健全政务数据供需对接机制，推动数据精准高效共享，大力提升数据共享的实效性。

（三）促进数据有序开发利用

编制公共数据开放目录及相关责任清单，构建统一规范、互联互通、安全可控的国家公共数据开放平台，分类分级开放公共数据，有序推动公共数据资源开发利用，提升各行业各领域运用公共数据推动经济社会发展的能力。推进社会数据"统采共用"，实现数据跨地区、跨部门、跨层级共享共用，提升数据资源使用效益。推进公共数据、社会数据融合应用，促进数据流通利用。

六、构建智能集约的平台支撑体系

强化安全可信的信息技术应用创新，充分利用现有政务信息平台，整合构建结构合理、智能集约的平台支撑体系，适度超前布局相关新型基础设施，全面夯实数字政府建设根基。

（一）强化政务云平台支撑能力

依托全国一体化政务大数据体系，统筹整合现有政务云资源，构建全国一体化政务云平台体系，实现政务云资源统筹建设、互联互通、集约共享。国务院各部门政务云纳入全国一体化政务云平台体系统筹管理。各地区按照省级统筹原则开展政务云建设，集约提供政务云服务。探索建立政务云资源统一调度机制，加强一体化政务云平台资源管理和调度。

（二）提升网络平台支撑能力

强化电子政务网络统筹建设管理，促进高效共建共享，降低建设运维成本。推动骨干网扩容升级，扩大互联网出口带宽，提升网络支撑能力。提高电子政务外网移动接入能力，强化电子政务外网服务功能，并不断向乡镇基层延伸，在安全可控的前提下按需向企事业单位拓展。统筹建立安全高效的跨网数据传输机制，有序推进非涉密业务专网向电子政务外网整合迁移，各地区各部门原则上不再新建业务专网。

（三）加强重点共性应用支撑能力

推进数字化共性应用集约建设。依托身份认证国家基础设施、国家人口基础信息库、国家法人单位信息资源库等认证资源，加快完善线上线下一体化统一身份认证体系。持续完善电子证照共享服务体系，推动电子证照扩大应用领域和全国互通互认。完善电子印章制发、管理和使用规范，健全全国统一的电子印章服务体系。深化电子文件资源开发利用，建设数字档案资源体系，提升电子文件（档案）管理和应用水平。发挥全国统一的财政电子票据政务服务平台作用，实现全国财政电子票据一站式查验，推动财政电子票据跨省报销。开展各级非税收入收缴相关平台建设，推动非税收入收缴电子化全覆盖。完善信用信息公共服务平台功能，提升信息查询和智能分析能力。推进地理信息协同共享，提升公共服务能力，更好发挥地理信息的基础性支撑作用。

七、以数字政府建设全面引领驱动数字化发展

围绕加快数字化发展、建设数字中国重大战略部署，持续增强数字政府效能，更好激发数字经济活力，优化数字社会环境，营造良好数字生态。

（一）助推数字经济发展

以数字政府建设为牵引，拓展经济发展新空间，培育经济发展新动能，提高数字经济治理体系和治理能力现代化水平。准确把握行业和企业发展需求，打造主动式、多层次创新服务场景，精准匹配公共服务资源，提升社会服务数字化普惠水平，更好满足数字经济发展需要。完善数字经济治理体系，探索建立与数字经济持续健康发展相适应的治理方式，创新基于新技术手段的监管模式，把监管和治理贯穿创新、生产、经营、投资全过程。壮大数据服务产业，推动数字技术在数据汇聚、流通、交易中的应用，进一步释放数据红利。

（二）引领数字社会建设

推动数字技术和传统公共服务融合，着力普及数字设施、优化数字资源供给，推动数字化服务普惠应用。推进智慧城市建设，推动城市公共基础设施数字转型、智能升级、融合创新，构建城市数据资源体系，加快推进城市运行"一网统管"，探索城市信息模型、数字孪生等新技术运用，提升城市治理科学化、精细化、智能化水平。推进数字乡村建设，以数字化支撑现代乡村治理体系，加快补齐乡村信息基础设施短板，构建农业农村大数据体系，不断提高面向农业农村的综合信息服务水平。

（三）营造良好数字生态

建立健全数据要素市场规则，完善数据要素治理体系，加快建立数据资源产权等制度，强化数据资源全生命周期安全保护，推动数据跨境安全有序流动。完善数据产权交易机制，规范培育数据交易市场主体。规范数字经济发展，健全市场准入制度、公平竞争审查制度、公平竞争监管制度，营造规范有序的政策环境。不断夯实数字政府网络安全基础，加强对关键信息基础设施、重要数据的安全保护，提升全社会网络安全水平，为数字化发展营造安全可靠环境。积极参与数字化发展国际规则制定，促进跨境信息共享和数字技术合作。

八、加强党对数字政府建设工作的领导

以习近平总书记关于网络强国的重要思想为引领，始终把党的全面领导作为加强数字政府建设、提高政府管理服务能力、推进国家治理体系和治理能力现代化的根本保证，坚持正确政治方向，把党的政治优势、组织优势转化为数字政府建设的强大动力和坚强保障，确保数字政府建设重大决策部署贯彻落实。

（一）加强组织领导

加强党中央对数字政府建设工作的集中统一领导。各级党委要切实履行领导责任，及时研究解决影响数字政府建设重大问题。各级政府要在党委统一领导下，履行数字政府建设主体责任，谋划落实好数字政府建设各项任务，主动向党委报告数字政府建设推进中的重大问题。各级政府及有关职能部门要履职尽责，将数字政府建设工作纳入重要议事日程，结合实际抓好组织实施。

（二）健全推进机制

成立数字政府建设工作领导小组，统筹指导协调数字政府建设，由国务院领导同志任组长，办公室设在国务院办公厅，具体负责组织推进落实。各地区各部门要建立健全数字政府建设领导协调机制，强化统筹规划，明确职责分工，抓好督促落实，保障数字政府建设有序推进。发挥我国社会主义制度集中力量办大事的政治优势，建立健全全国一盘棋的统筹推进机制，最大程度凝聚发展合力，更好服务党和国家重大战略，更好服务经济社会发展大局。

（三）提升数字素养

着眼推动建设学习型政党、学习大国，搭建数字化终身学习教育平台，构建全民数字素养和技能培育体系。把提高领导干部数字治理能力作为各级党校（行政学院）的重要教学培训内容，持续提升干部队伍数字思维、数字技能和数字素养，创新数字政府建设人才引进培养使用机制，建设一支讲政治、懂业务、精技术的复合型干部队伍。深入研究数字政府建设中的全局性、战略性、前瞻性问题，推进实践基础上的理论创新。成立数字政府建设专家委员会，引导高校和科研机构设置数字政府相关专业，加快形成系统完备的数字政府建设理论体系。

（四）强化考核评估

在各级党委领导下，建立常态化考核机制，将数字政府建设工作作为政府绩效考核的重要内容，考核结果作为领导班子和有关领导干部综合考核评价的重要参考。建立完善数字政府建设评估指标体系，树立正确评估导向，重点分析和考核统筹管理、项目建设、数据共享开放、安全保障、应用成效等方面情况，确保评价结果的科学性和客观性。加强跟踪分析和督促指导，重大事项及时向党中央、国务院请示报告，促进数字政府建设持续健康发展。

国务院（章）

2022 年 6 月 6 日

 **例文分析**

这是一份指导性意见，此种意见多由上级政府机关或者政府职能机关发出，具有权威性，它要求相关的下属单位贯彻执行，有点类似于过去的指导或者带有指导性通知的性质。该意见的发文机关是国务院。由于发文是针对加强数字政府建设的单位，因此主送机关标注为"各省、自治区、直辖市人民政府，国务院各部委、各直属机构"。意见的正文首先交代了发文的缘由"加强数字政府建设是适应新一轮科技革命和产业变革趋势、引领驱动数字经济发展和数字社会建设、营造良好数字生态、加快数字化发展的必然要求，是建设网络强国、数字中国的基础性和先导性工程，是创新政府治理理念和方式、形成数字治理新格局、推进国家治理体系和治理能力现代化的重要举措，对加快转变政府职能，建设法治政府、廉洁政府和服务型政府意义重大。为贯彻落实党中央、国务院关于加强数字政府建设的重大决策部署"，中间用过渡句"现提出如下意见"引出下文内容；正文主体部分通过"一、发展现状和总体要求""二、构建协同高效的政府数字化履职能力体系""三、构建数字政府全方位安全保障体系""四、构建科学规范的数字政府建设制度规则体系""五、构建开放共享的数据资源体系""六、构建智能集约的平台支撑体系""七、以数字政府建设全面引领驱动数字化发展""八、加强党对数字政府建设工作的领导"等八个方面内容提出关于加强数字政府建设的指导意见。

文末还强调了贯彻执行数字政府建设的要求："在各级党委领导下，建立常态化考核机制，将数字政府建设工作作为政府绩效考核的重要内容，考核结果作为领导班子和有关领导干部综合考核评价的重要参考。建立完善数字政府建设评估指标体系，树立正确评估导向，重点分析和考核统筹管理、项目建设、数据共享开放、安全保障、应用成效等方面情况，确保评价结果的科学性和客观性。加强跟踪分析和督促指导，重大事项及时向党中央、国务院请示报告，促进数字政府建设持续健康发展"。该例文典型地体现了下行文意见的写作特点，这种方向的意见上级机关常常使用。

 例文 2——参考性意见

中共中央办公厅 国务院办公厅印发《关于加强新时代高技能人才队伍建设的意见》①

技能人才是支撑中国制造、中国创造的重要力量。加强高级工以上的高技能人才队伍建设，对巩固和发展工人阶级先进性，增强国家核心竞争力和科技创新能力，缓解就业结构性矛盾，推动高质量发展具有重要意义。为贯彻落实党中央、国务院决策部署，加强新时代高技能人才队伍建设，现提出如下意见。

一、总体要求

（一）指导思想。以习近平新时代中国特色社会主义思想为指导，深入贯彻党的十九大和十九届历次全会精神，全面贯彻习近平总书记关于做好新时代人才工作的重要思想，坚持党管人才，立足新发展阶段，贯彻新发展理念，服务构建新发展格局，推动高质量发展，深入实施新时代人才强国战略，以服务发展、稳定就业为导向，大力弘扬劳模精神、劳动精神、工匠精神，全面实施"技能中国行动"，健全技能人才培养、使用、评价、激励制度，构建党委领导、政府主导、政策支持、企业主体、社会参与的高技能人才工作体系，打造一支爱党报国、敬业奉献、技艺精湛、素质优良、规模宏大、结构合理的高技能人才队伍。

（二）目标任务。到"十四五"时期末，高技能人才制度政策更加健全、培养体系更加完善、岗位使用更加合理、评价机制更加科学、激励保障更加有力，尊重技能尊重劳动的社会氛围更加浓厚，技能人才规模不断壮大、素

---

① 例文来源：https://www.gov.cn/zhengce/2022-10/07/content_5716030.htm? eqid = de4d540e0000069900000000006648fa69c.

质稳步提升、结构持续优化、收入稳定增加，技能人才占就业人员的比例达到 30％以上，高技能人才占技能人才的比例达到 1/3，东部省份高技能人才占技能人才的比例达到 35％。力争到 2035 年，技能人才规模持续壮大、素质大幅提高，高技能人才数量、结构与基本实现社会主义现代化的要求相适应。

二、加大高技能人才培养力度

（三）健全高技能人才培养体系。构建以行业企业为主体、职业学校（含技工院校，下同）为基础、政府推动与社会支持相结合的高技能人才培养体系。行业主管部门和行业组织要结合本行业生产、技术发展趋势，做好高技能人才供需预测和培养规划。鼓励各类企业结合实际把高技能人才培养纳入企业发展总体规划和年度计划，依托企业培训中心、产教融合实训基地、高技能人才培训基地、公共实训基地、技能大师工作室、劳模和工匠人才创新工作室、网络学习平台等，大力培养高技能人才。国有企业要结合实际将高技能人才培养规划的制定和实施情况纳入考核评价体系。鼓励各类企业事业组织、社会团体及其他社会组织以独资、合资、合作等方式依法参与举办职业教育培训机构，积极参与承接政府购买服务。对纳入产教融合型企业建设培育范围的企业兴办职业教育符合条件的投资，可依据有关规定按投资额的30％抵免当年应缴教育费附加和地方教育附加。

（四）创新高技能人才培养模式。探索中国特色学徒制。深化产教融合、校企合作，开展订单式培养、套餐制培训，创新校企双制、校中厂、厂中校等方式。对联合培养高技能人才成效显著的企业，各级政府按规定予以表扬和相应政策支持。完善项目制培养模式，针对不同类别不同群体高技能人才实施差异化培养项目。鼓励通过名师带徒、技能研修、岗位练兵、技能竞赛、技术交流等形式，开放式培训高技能人才。建立技能人才继续教育制度，推广求学圆梦行动，定期组织开展研修交流活动，促进技能人才知识更新与技术创新、工艺改造、产业优化升级要求相适应。

（五）加大急需紧缺高技能人才培养力度。围绕国家重大战略、重大工程、重大项目、重点产业对高技能人才的需求，实施高技能领军人才培育计划。支持制造业企业围绕转型升级和产业基础再造工程项目，实施制造业技能根基工程。围绕建设网络强国、数字中国，实施提升全民数字素养与技能行动，建立一批数字技能人才培养试验区，打造一批数字素养与技能提升培训基地，举办全民数字素养与技能提升活动，实施数字教育培训资源开放共享行动。围绕乡村振兴战略，实施乡村工匠培育计划，挖掘、保护和传承民间传统技艺，打造一批"工匠园区"。

（六）发挥职业学校培养高技能人才的基础性作用。优化职业教育类型、院校布局和专业设置。采取中等职业学校和普通高中同批次并行招生等措施，稳定中等职业学校招生规模。在技工院校中普遍推行工学一体化技能人才培养模式。允许职业学校开展有偿性社会培训、技术服务或创办企业，所取得的收入可按一定比例作为办学经费自主安排使用；公办职业学校所取得的收入可按一定比例作为绩效工资来源，用于支付本校教师和其他培训教师的劳动报酬。合理保障职业学校师资受公派临时出国（境）参加培训访学、进修学习、技能交流等学术交流活动相关费用。切实保障职业学校学生在升学、就业、职业发展等方面与同层次普通学校学生享有平等机会。实施现代职业教育质量提升计划，支持职业学校改善办学条件。

（七）优化高技能人才培养资源和服务供给。实施国家乡村振兴重点帮扶地区职业技能提升工程，加大东西部协作和对口帮扶力度。健全公共职业技能培训体系，实施职业技能培训共建共享行动，开展县域职业技能培训共建共享试点。加快探索"互联网＋职业技能培训"，构建线上线下相结合的培训模式。依托"金保工程"，加快推进职业技能培训实名制管理工作，建立以社会保障卡为载体的劳动者终身职业技能培训电子档案。

三、完善技能导向的使用制度

（八）健全高技能人才岗位使用机制。企业可设立技能津贴、班组长津贴、带徒津贴等，支持鼓励高技能人才在岗位上发挥技能、管理班组、带徒传技。鼓励企业根据需要，建立高技能领军人才"揭榜领题"以及参与重大生产决策、重大技术革新和技术攻关项目的制度。实行"技师＋工程师"等团队合作模式，在科研和技术攻关中发挥高技能人才创新能力。鼓励支持高技能人才兼任职业学校实习实训指导教师。注重青年高技能人才选用。高技能人才配置状况应作为生产经营性企业及其他实体参加重大工程项目招投标、评优和资质评估的重要因素。

（九）完善技能要素参与分配制度。引导企业建立健全基于岗位价值、能力素质和业绩贡献的技能人才薪酬分配制度，实现多劳者多得、技高者多得，促进人力资源优化配置。国有企业在工资分配上要发挥向技能人才倾斜的示范作用。完善企业薪酬调查和信息发布制度，鼓励有条件的地区发布分职业（工种、岗位）、分技能等级的工资价位信息，为企业与技能人才协商确定工资水平提供信息参考。用人单位在聘的高技能人才在学习进修、岗位聘任、职务晋升、工资福利等方面，分别比照相应层级专业技术人员享受同等待遇。完善科技成果转化收益分享机制，对在技术革新或技术攻关中作出突出贡献的高技能人才给予奖励。高技能人才可实行年薪制、协议工资制，企业可对作出突出贡献的优秀高技能人才实行特岗特酬，鼓励符合条件的企业积极运用中长期激励工具，加大对高技能人才的激励力度。畅通为高技能人才建立企业年金的机制，鼓励和引导企业为包括高技能人才在内的职工建立企业年金。完善高技能特殊人才特殊待遇政策。

（十）完善技能人才稳才留才引才机制。鼓励和引导企业关心关爱技能人才，依法保障技能人才合法权益，合理确定劳动报酬。健全人才服务体系，促进技能人才合理流动，提高技能人才配置效率。建立健全技能人才柔性流动机制，鼓励技能人才通过兼职、服务、技术攻关、项目合作等方式更好发挥作用。畅通高技能人才向专业技术岗位或管理岗位流动渠道。引导企业规范开展共享用工。支持各地结合产业发展需求实际，将急需紧缺技能人才纳入人才引进目录，引导技能人才向欠发达地区、基层一线流动。支持各地将高技能人才纳入城市直接落户范围，高技能人才的配偶、子女按有关规定享受公共就业、教育、住房等保障服务。

四、建立技能人才职业技能等级制度和多元化评价机制

（十一）拓宽技能人才职业发展通道。建立健全技能人才职业技能等级制度。对设有高级技师的职业（工种），可在其上增设特级技师和首席技师技术职务（岗位），在初级工之下补设学徒工，形成由学徒工、初级工、中级工、高级工、技师、高级技师、特级技师、首席技师构成的"八级工"职业技能等级（岗位）序列。鼓励符合条件的专业技术人员按有关规定申请参加相应

职业（工种）的职业技能评价。支持各地面向符合条件的技能人才招聘事业单位工作人员，重视从技能人才中培养选拔党政干部。建立职业资格、职业技能等级与相应职称、学历的双向比照认定制度，推进学历教育学习成果、非学历教育学习成果、职业技能等级学分转换互认，建立国家资历框架。

（十二）健全职业标准体系和评价制度。健全符合我国国情的现代职业分类体系，完善新职业信息发布制度。完善由国家职业标准、行业企业评价规范、专项职业能力考核规范等构成的多层次、相互衔接的职业标准体系。探索开展技能人员职业标准国际互通、证书国际互认工作，各地可建立境外技能人员职业资格认可清单制度。健全以职业资格评价、职业技能等级认定和专项职业能力考核等为主要内容的技能人才评价机制。完善以职业能力为导向、以工作业绩为重点，注重工匠精神培育和职业道德养成的技能人才评价体系，推动职业技能评价与终身职业技能培训制度相适应，与使用、待遇相衔接。深化职业资格制度改革，完善职业资格目录，实行动态调整。围绕新业态、新技术和劳务品牌、地方特色产业、非物质文化遗产传承项目等，加大专项职业能力考核项目开发力度。

（十三）推行职业技能等级认定。支持符合条件的企业自主确定技能人才评价职业（工种）范围，自主设置岗位等级，自主开发制定岗位规范，自主运用评价方式开展技能人才职业技能等级评价；企业对新招录或未定级职工，可根据其日常表现、工作业绩，结合职业标准和企业岗位规范要求，直接认定相应的职业技能等级。打破学历、资历、年龄、比例等限制，对技能高超、业绩突出的一线职工，可直接认定高级工以上职业技能等级。对解决重大工艺技术难题和重大质量问题、技术创新成果获得省部级以上奖项、"师带徒"业绩突出的高技能人才，可破格晋升职业技能等级。推进"学历证书＋若干职业技能证书"制度实施。强化技能人才评价规范管理，加大对社会培训评价组织的征集遴选力度，优化遴选条件，构建政府监管、机构自律、社会监督的质量监督体系，保障评价认定结果的科学性、公平性和权威性。

（十四）完善职业技能竞赛体系。广泛深入开展职业技能竞赛，完善以世界技能大赛为引领、全国职业技能大赛为龙头、全国行业和地方各级职业技能竞赛以及专项赛为主体、企业和院校职业技能比赛为基础的中国特色职业技能竞赛体系。依托现有资源，加强世界技能大赛综合训练中心、研究（研修）中心、集训基地等平台建设，推动世界技能大赛成果转化。定期举办全国职业技能大赛，推动省、市、县开展综合性竞赛活动。鼓励行业开展特色竞赛活动，举办乡村振兴职业技能大赛。举办世界职业院校技能大赛、全国职业院校技能大赛等职业学校技能竞赛。健全竞赛管理制度，推行"赛展演会"结合的办赛模式，建立政府、企业和社会多方参与的竞赛投入保障机制，加强竞赛专兼职队伍建设，提高竞赛科学化、规范化、专业化水平。完善并落实竞赛获奖选手表彰奖励、升学、职业技能等级晋升等政策。鼓励企业对竞赛获奖选手建立与岗位使用及薪酬待遇挂钩的长效激励机制。

五、建立高技能人才表彰激励机制

（十五）加大高技能人才表彰奖励力度。建立以国家表彰为引领、行业企业奖励为主体、社会奖励为补充的高技能人才表彰奖励体系。完善评选表彰中华技能大奖获得者和全国技术能手制度。国家级荣誉适当向高技能人才倾斜。加大高技能人才在全国劳动模范和先进工作者、国家科学技术奖等相关表彰中的评选力度，积极推荐高技能人才享受政府特殊津贴，对符合条件的高技能人才按规定授予五一劳动奖章、青年五四奖章、青年岗位能手、三八红旗手、巾帼建功标兵等荣誉，提高全社会对技能人才的认可认同。

（十六）健全高技能人才激励机制。加强对技能人才的政治引领和政治吸纳，注重做好党委（党组）联系服务高技能人才工作。将高技能人才纳入各地人才分类目录。注重依法依章程推荐高技能人才为人民代表大会代表候选人、政治协商会议委员人选、群团组织代表大会代表或委员会委员候选人。进一步提高高技能人才在职工代表大会中的比例，支持高技能人才参与企业管理。按照有关规定，选拔推荐优秀高技能人才到工会、共青团、妇联等群团组织挂职或兼职。建立高技能人才休假疗养制度，鼓励支持分级开展高技能人才休假疗养、研修交流和节日慰问等活动。

六、保障措施

（十七）强化组织领导。坚持党对高技能人才队伍建设的全面领导，确保正确政治方向。各级党委和政府要将高技能人才工作纳入本地区经济社会发展、人才队伍建设总体部署和考核范围。在本级人才工作领导小组统筹协调下，建立组织部门牵头抓总、人力资源社会保障部门组织实施、有关部门各司其职、行业企业和社会各方广泛参与的高技能人才工作机制。各地区各部门要大力宣传技能人才在经济社会发展中的作用和贡献，进一步营造重视、关心、尊重高技能人才的社会氛围，形成劳动光荣、技能宝贵、创造伟大的时代风尚。

（十八）加强政策支持。各级政府要统筹利用现有资金渠道，按规定支持高技能人才工作。企业要按规定足额提取和使用职工教育经费，60％以上用于一线职工教育和培训。落实企业职工教育经费税前扣除政策，有条件的地方可探索建立省级统一的企业职工教育经费使用管理制度。各地要按规定发挥好有关教育经费等各类资金作用，支持职业教育发展。

（十九）加强技能人才基础工作。充分利用大数据、云计算等新一代信息技术，加强技能人才工作信息化建设。建立健全高技能人才库。加强高技能人才理论研究和成果转化。大力推进符合高技能人才培养需求的精品课程、教材和师资建设，开发高技能人才培养标准和一体化课程。加强国际交流合作，推动实施技能领域"走出去""引进来"合作项目，支持青年学生、毕业生参与青年国际实习交流计划，推进与各国在技能领域的交流互鉴。

例文分析

这是一份联合发布的参考性意见，这类意见多由政府机关或者政府职能机关发出，希望相关单位参照执行，具有工作参考性质。该意见是由中共中央办公厅和国务院办公厅联合发文，由于发文是针对加强全国高技能人才队伍建设的普发性意见，因此省略主送机关。意见的正文首先交代了发文的缘由"技能人才是支撑中国制造、中国创造的重要力量。加强高级工以上的高技能人才队伍建设，对巩固和发展工人阶级先进性，增强国家核心竞争力和科技创新能力，缓解就业结构性矛盾，推动高质量发展具有重要意义。为贯彻落实党中央、国务院决策部署，加强新时代高技能人才队伍建设"，中间用过渡句"现提出如下意见"引出下文内容；正文主体部分通过"一、总体要求""二、加大高技能人才培养力度""三、完善技能导向的使用制度""四、建立技能人才职业技能等级制度和多元化评价机制""五、建立高技能人才表彰激励机制""六、保障措施"六个方面，用十九条分项内容提出关于高技能人才培养工作切实可行的建议。该例文典型地体现了参考性意见的写作特点。

 例文3——参谋性意见

<h3 style="text-align:center">国务院办公厅关于进一步规范行政裁量权
基准制定和管理工作的意见①</h3>

国办发〔2022〕27号

各省、自治区、直辖市人民政府，国务院各部委、各直属机构：

行政裁量权基准是行政机关结合本地区本部门行政管理实际，按照裁量涉及的不同事实和情节，对法律、法规、规章中的原则性规定或者具有一定弹性的执法权限、裁量幅度等内容进行细化量化，以特定形式向社会公布并施行的具体执法尺度和标准。规范行政裁量权基准制定和管理，对保障法律、法规、规章有效实施，规范行政执法行为，维护社会公平正义具有重要意义。近年来，各地区各部门不断加强制度建设，细化量化行政裁量权基准，执法能力和水平有了较大提高，但仍存在行政裁量权基准制定主体不明确、制定程序不规范、裁量幅度不合理等问题，导致行政执法该严不严、该宽不宽、畸轻畸重、类案不同罚等现象时有发生。为建立健全行政裁量权基准制度，规范行使行政裁量权，更好保护市场主体和人民群众合法权益，切实维护公平竞争市场秩序，稳定市场预期，经国务院同意，现提出以下意见。

一、总体要求

（一）指导思想。坚持以习近平新时代中国特色社会主义思想为指导，全面贯彻党的十九大和十九届历次全会精神，深入贯彻习近平法治思想，认真落实党中央、国务院决策部署，立足新发展阶段，完整、准确、全面贯彻新发展理念，构建新发展格局，切实转变政府职能，建立健全行政裁量权基准制度，规范行使行政裁量权，完善执法程序，强化执法监督，推动严格规范公正文明执法，提高依法行政水平，为推进政府治理体系和治理能力现代化

---

① 例文来源：https://www.gov.cn/zhengce/zhengceku/2022-08/17/content_5705729.htm.

提供有力法治保障。

（二）基本原则。

坚持法制统一。行政裁量权基准的设定要于法于规有据，符合法律、法规、规章有关行政执法事项、条件、程序、种类、幅度的规定，充分考虑调整共同行政行为的一般法与调整某种具体社会关系或者某一方面内容的单行法之间的关系，做到相互衔接，确保法制的统一性、系统性和完整性。

坚持程序公正。严格依照法定程序科学合理制定行政裁量权基准，广泛听取公民、法人和其他组织的意见，依法保障行政相对人、利害关系人的知情权和参与权。行政裁量权基准一律向社会公开，接受市场主体和人民群众监督。

坚持公平合理。制定行政裁量权基准要综合考虑行政职权的种类，以及行政执法行为的事实、性质、情节、法律要求和本地区经济社会发展状况等因素，应确属必要、适当，并符合社会公序良俗和公众合理期待。要平等对待公民、法人和其他组织，对类别、性质、情节相同或者相近事项处理结果要基本一致。

坚持高效便民。牢固树立执法为民理念，积极履行法定职责，简化流程、明确条件、优化服务，切实提高行政效能，避免滥用行政裁量权，防止执法扰民和执法简单粗暴"一刀切"，最大程度为市场主体和人民群众提供便利。

（三）工作目标。到 2023 年底前，行政裁量权基准制度普遍建立，基本实现行政裁量标准制度化、行为规范化、管理科学化，确保行政机关在具体行政执法过程中有细化量化的执法尺度，行政裁量权边界明晰，行政处罚、行政许可、行政征收征用、行政确认、行政给付、行政强制、行政检查等行为得到有效规范，行政执法质量和效能大幅提升，社会满意度显著提高。

二、明确行政裁量权基准制定职责权限

（四）严格履行行政裁量权基准制定职责。国务院有关部门可以依照法律、行政法规等制定本部门本系统的行政裁量权基准。制定过程中，要统筹考虑其他部门已制定的有关规定，确保衔接协调。省、自治区、直辖市和设区的市、自治州人民政府及其部门可以依照法律、法规、规章以及上级行政机关制定的行政裁量权基准，制定本行政区域内的行政裁量权基准。县级人民政府及其部门可以在法定范围内，对上级行政机关制定的行政裁量权基准适用的标准、条件、种类、幅度、方式、时限予以合理细化量化。地方人民政府及其部门在制定行政裁量权基准过程中，可以参考与本地区经济发展水平、人口规模等相近地方的有关规定。

（五）严格规范行政裁量权基准制定权限。行政机关可以根据工作需要依法制定行政裁量权基准。无法律、法规、规章依据，不得增加行政相对人的义务或者减损行政相对人的权益。对同一行政执法事项，上级行政机关已经制定行政裁量权基准的，下级行政机关原则上应直接适用；如下级行政机关不能直接适用，可以结合本地区经济社会发展状况，在法律、法规、规章规定的行政裁量权范围内进行合理细化量化，但不能超出上级行政机关划定的阶次或者幅度。下级行政机关制定的行政裁量权基准与上级行政机关制定的行政裁量权基准冲突的，应适用上级行政机关制定的行政裁量权基准。

三、准确规定行政裁量权基准内容

（六）推动行政处罚裁量适当。对同一种违法行为，法律、法规、规章规定可以选择处罚种类、幅度，或者法律、法规、规章对不予处罚、免予处罚、从轻处罚、减轻处罚、从重处罚的条件只有原则性规定的，要根据违法行为的事实、性质、情节以及社会危害程度细化量化行政处罚裁量权基准，防止过罚不相适应、重责轻罚、轻责重罚。行政处罚裁量权基准应当包括违法行为、法定依据、裁量阶次、适用条件和具体标准等内容。要严格依照《中华人民共和国行政处罚法》有关规定，明确不予处罚、免予处罚、从轻处罚、减轻处罚、从重处罚的裁量阶次，有处罚幅度的要明确情节轻微、情节较轻、情节较重、情节严重的具体情形。

要坚持过罚相当、宽严相济，避免畸轻畸重、显失公平。坚持处罚与教育相结合，发挥行政处罚教育引导公民、法人和其他组织自觉守法的作用。对违法行为依法不予行政处罚的，行政机关要加强对当事人的批评教育，防止违法行为再次发生。

要依法合理细化具体情节、量化罚款幅度，坚决避免乱罚款，严格禁止以罚款进行创收，严格禁止以罚款数额进行排名或者作为绩效考核的指标。罚款数额的从轻、一般、从重档次情形要明确具体，严格限定在法定幅度内，防止简单地一律就高或者就低处罚；罚款数额为一定金额的倍数的，要在最高倍数与最低倍数之间划分阶次；罚款数额有一定幅度的，要在最高额与最低额之间划分阶次，尽量压缩裁量空间。需要在法定处罚种类或幅度以下减轻处罚的，要严格进行评估，明确具体情节、适用条件和处罚标准。

（七）推动行政许可便捷高效。法律、法规、规章对行政许可的条件、程序、办理时限、不予受理以及行政许可的变更、撤回、撤销、注销只有原则性规定，或者对行政许可的申请材料没有明确规定的，有关行政机关可以对相关内容进行细化量化，但不得增加许可条件、环节，不得增加证明材料，不得设置或者变相设置歧视性、地域限制等不公平条款，防止行业垄断、地方保护、市场分割。拟在法律、法规、国务院决定中设定行政许可的，应当同时规定行政许可的具体条件；暂时没有规定的，原则上有关行政机关应以规章形式制定行政许可实施规范，进一步明确行政许可的具体条件。对法定的行政许可程序，有关行政机关要优化简化内部工作流程，合理压缩行政许可办理时限。

行政许可需要由不同层级行政机关分别实施的，要明确不同层级行政机关的具体权限、流程和办理时限，不得无故拖延办理、逾期办理；不同层级行政机关均有权实施同一行政许可的，有关行政机关不得推诿或者限制申请人的自主选择权。法律、法规、规章没有对行政许可规定数量限制的，不得以数量控制为由不予审批。实施行政许可需要申请人委托中介服务机构提供资信证明、检验检测、评估等中介服务的，行政机关不得指定中介服务机构。

（八）推动行政征收征用公平合理。制定行政征收征用裁量权基准要遵循征收征用法定、公平公开、尊重行政相对人财产权等原则，重点对行政征收征用的标准、程序和权限进行细化量化，合理确定征收征用财产和物品的范围、数量、数额、期限、补偿标准等。对行政征收项目的征收、停收、减收、缓收、免收情形，要明确具体情形、审批权限和程序。除法律、法规规定的征收征用项目外，一律不得增设新的征收征用项目。法律、法规规定可以委托实施征收征用事务的，要明确委托的具体事项、条件、权限、程序和责任。不得将法定职责范围内的征收征用事务通过购买服务的方式交由其他单位或者个人实施。

（九）规范行政确认、行政给付、行政强制和行政检查行为。法律、法规、规章对行政确认、行政给付、行政强制的条件、程序和办理时限只有原则性规定，对行政检查的职责和范围只有原则性规定，对行政确认的申请材料没有明确规定，对行政给付数额规定一定幅度的，有关行政机关可以依照法定权限和程序对相关内容进行细化量化。

四、严格行政裁量权基准制定程序

（十）明确制定程序。加强行政裁量权基准制发程序管理，健全工作机制，根据行政裁量权的类型确定行政裁量权基准的发布形式。以规章形式制定行政裁量权基准的，要按照《规章制定程序条例》规定，认真执行立项、起草、审查、决定、公布等程序。行政机关为实施法律、法规、规章需要对裁量的阶次、幅度、程序等作出具体规定的，可以在法定权限内以行政规范性文件形式作出规定。以行政规范性文件形式制定行政裁量权基准的，要按照《国务院办公厅关于加强行政规范性文件制定和监督管理工作的通知》（国办发〔2018〕37号）要求，严格执行评估论证、公开征求意见、合法性审核、集体审议决定、公开发布等程序。

（十一）充分研究论证。制定行政裁量权基准，要根据管理需要，科学分析影响行政执法行为的裁量因素，充分考量行政裁量权基准的实施效果，做好裁量阶次与裁量因素的科学衔接、有效结合，实现各裁量阶次适当、均衡，确保行政执法适用的具体标准科学合理、管用好用。

五、加强行政裁量权基准管理

（十二）规范适用行政裁量权基准。行政机关在作出行政执法决定前，要告知行政相对人有关行政执法行为的依据、内容、事实、理由，有行政裁量权基准的，要在行政执法决定书中对行政裁量权基准的适用情况予以明确。适用本行政机关制定的行政裁量权基准可能出现明显不当、显失公平，或者行政裁量权基准适用的客观情况发生变化的，经本行政机关主要负责人批准或者集体讨论通过后可以调整适用，批准材料或者集体讨论记录应作为执法案卷的一部分归档保存。适用上级行政机关制定的行政裁量权基准可能出现明显不当、显失公平，或者行政裁量权基准适用的客观情况发生变化的，报请该基准制定机关批准后，可以调整适用。对调整适用的行政裁量权基准，制定机关要及时修改。因不规范适用行政裁量权基准造成严重后果的，要依规依纪依法严格追究有关人员责任。

（十三）强化日常监督管理。各地区各部门要通过行政执法情况检查、行政执法案卷评查、依法行政考核、行政执法评议考核、行政复议附带审查、行政执法投诉举报处理等方式，加强对行政裁量权基准制度执行情况的监督检查。要建立行政裁量权基准动态调整机制，行政裁量权基准所依据的法律、法规、规章作出修改，或者客观情况发生重大变化的，要及时进行调整。行政裁量权基准制定后，要按照规章和行政规范性文件备案制度确定的程序和时限报送备案，主动接受备案审查机关监督。备案审查机关发现行政裁量权基准与法律、法规、规章相抵触的，要依法予以纠正。

（十四）大力推进技术应用。要推进行政执法裁量规范化、标准化、信息化建设，充分运用人工智能、大数据、云计算、区块链等技术手段，将行政裁量权基准内容嵌入行政执法信息系统，为行政执法人员提供精准指引，有效规范行政裁量权行使。

六、加大实施保障力度

（十五）加强组织实施。各地区各部门要高度重视行政裁量权基准制定和管理工作，加强统筹协调，明确任务分工，落实责任。要将行政裁量权基准制定和管理工作纳入法治政府建设考评指标体系，列入法治政府建设督察内容。国务院有关部门要加强对本系统行政裁量权基准制定和管理工作的指导，推进相关标准统一，及时研究解决重点难点问题。司法行政部门要充分发挥组织协调、统筹推进、指导监督作用，总结推广典型经验，研究解决共性问题，督促做好贯彻落实工作。

（十六）强化宣传培训。各地区各部门要加大宣传力度，通过政府网站、新闻发布会以及报刊、广播、电视、新媒体等方式开展多种形式宣传，使广大公民、法人和其他组织充分了解建立健全行政裁量权基准制度的重要性、积极参与监督和评议行政执法活动。司法行政部门要结合实际，综合采取举办培训班和专题讲座等多种方式，组织开展业务培训。国务院部门和地方各级行政机关要加强对行政执法人员的培训，通过专业讲解、案例分析、情景模拟等方式，提高行政执法人员熟练运用行政裁量权基准解决执法问题的能力。

　　各地区各部门要按照本意见要求，及时做好行政裁量权基准制定和管理工作，并将本意见的贯彻落实情况和工作中遇到的重要事项及时报司法部。

国务院办公厅（章）

2022 年 7 月 29 日

 **例文分析**

　　这是一份参谋性意见，这类意见是供有关单位推进工作借鉴的。该意见的发文机关是国务院办公厅，由于意见内容是有针对性地涉及各省、自治区、直辖市人民政府，国务院各部委、各直属机构等进一步规范行政裁量权基准制定和管理工作的单位，因此主送机关是明确的。意见的正文首先交代了发文的缘由，即行政裁量权基准的重要意义、事实依据以及发文目的；中间用过渡句"经国务院同意，现提出以下意见"引出下文内容；正文主体部分通过"一、总体要求""二、明确行政裁量权基准制定职责权限""三、准确规定行政裁量权基准内容""四、严格行政裁量权基准制定程序""五、加强行政裁量权基准管理""六、加大实施保障力度"六个方面，用十六条分项内容针对各地区各部门及时做好行政裁量权基准制定和管理工作提出了具体要求。

第十四章

纪　要

一、纪要的概念

纪要是用于记载会议主要情况、议定事项和传达会议精神的综合性公文，纪要又称为"会议纪要"。

在此要强调两点：一是纪要是平行文；二是须正确辨别"会议纪要"和"会议记录"的区别。"会议纪要"是在"会议记录"的基础上加工而成的，两者有如下四点区别。一是文种性质不同："会议纪要"是根据会议记录综合整理的纪要性文件，为正式的法定公文；"会议记录"是记录会议讨论发言的实录，是会议情况和议定事项的事务性文书，为非正式的事务文书。二是写作要求不同："会议纪要"是对会议记录的整理提炼，反映的是会议的内容要点，重点体现的是会议宗旨，它追求的是事物本质的真实，所以写作时既要注意选择材料，唯"要"才"纪"，又要注意材料安排，可以打乱原时间顺序，按照事情性质重新组合；"会议记录"是对会议情况原始面貌的反映，是对会议逐项、详细的记载，重点体现的是会议过程和具体事项，追求纤毫毕现的真实现场，甚至连"此处有掌声""此处有笑声"也要记录下来，所以过去"速记术"成为秘书人员的一项重要基本功。三是功能不同："会议纪要"可以以文件的形式发布或在报刊上公开发表，通常要在一定范围内传达或传阅会议情况和议定事项，要求贯彻执行；"会议记录"一般不公开，无须传达或传阅，只作内部资料存档参考备查。四是形式不同："会议纪要"具有公文的规范格式和规定的制作程序，通常采用总分式结构进行叙述；"会议记录"格式比较灵活自由，是按照会议的进程进行书写，制作要求相对灵活，本子、信笺均可。因此，在纪要写作时要特别注意两者的不同，避免造成文种使用错误，导致削弱行文的法定效力。

二、纪要的特点

(一) 纪实性

纪要是会议宗旨、基本精神和所议定事项客观的概要纪实，是用以公布或传达的纪实性文件，这就要求撰写者对会议讨论的问题、与会代表的发言进行概括、整理和取舍，在撰写时做到三个"不能"：一是不能随意增减更改会议内容，任何不真实的材料都不得写进会议纪要；二是不能断章取义擅自篡改与会者的观点、更改会议议题或决定事项；三是不能只凭主观意愿或领导者个人的意图随意增加会议根本没有涉及的内容。在写作时一定要尊重会议主旨，保证材料真实，坚持纪要的纪实性特点，使其具有凭证作用和资料文献价值，全面、客观、真实地反映会议情况，并将会议精神贯彻执行的要求准确地传递出去，发挥纪要的公文效力。

(二) 指导性

纪要是会议主要内容的集中反映，纪要内容包括会议中针对某些重大事项所形成的政策性规定和提出的指导性意见，针对某些重要问题进行讨论后形成的集体共识和解决问题方案。会议形成的决议要求与会单位和相关部门应当知晓，并以此为据遵守或者执行。它一般以会议传达或者文件下发的形式发布。如果以文件形式下发，会议纪要就具有了行政约束力与指导性，成为有关机关和单位办事的依据、行动的指南。

(三) 概括性

会议纪要要求真实、准确地反映会议情况，但是并不意味着要有言必记、有闻必录，而是要在会议记录的基础上，经过分析整理、归纳等逻辑过程，对会议主要内容、议定事项和会议精神进行科学的综合、高度的概括和整理，对会议达成一致意见的内容进行系统化、条理化归纳。因此，撰写者要善于分析、综合会议讨论的各种意见，舍弃那些与会议议题无关的内容，丢却那些琐碎、枝节的问题，并要按照一定的逻辑顺序来安排内容要点和结构层次，提纲挈领地反映会议的基本精神和主要成果，概括其精髓。

三、纪要的种类

（一）行政办公例会纪要

行政办公例会是党政机关召开的常规和例行的办公会议，目的是研究处理日常行政事务，会议召开一般有固定时间、主持人和出席人等。行政办公例会纪要是根据会议研究决定问题形成的书面文件，为阶段时间常规工作启动提供依据，对工作推进起指导作用。

（二）专项工作会议纪要

专项工作会议是党政机关召开专项工作会议，目的是研究处理一些专门问题，没有固定的时间、主持人和出席人，会议什么时间召开、由谁主持、哪些人参加一般是由涉及的相关问题决定。专项工作会议纪要内容或是总结过去一段时间的工作，分析当前形势，研究提出今后一段时期的工作方向、原则、目标及相关步骤、措施所形成的贯彻会议精神的指导文件；或是研究一些重大理论和实际问题时达成共识、决定时所形成的书面决议，为突发事件处理或者专项工作启动提供依据，对相关工作推进起指导作用。

四、纪要的写法

要想写好纪要，需要撰写者全面掌握并深入研究会议材料。要尽可能多地参加会议活动，了解会议议题，掌握会议讨论的中心内容，熟悉会议重要人物及行业背景，收集、分析和研究会议召开的背景和各种信息资料，这对全面准确地把握会议纪要内容十分重要。

纪要的组成要素主要包括标题、正文、落款三个部分。

（一）标题

会议纪要的标题一般有三种写法：一是由机关名称、会议内容和文种组成；二是由会议名称和文种组成；三是新闻式标题，列出正副标题，正标题写明会议中心思想和主要内容，副标题写明会议名称。

（二）正文

正文是纪要写作内容的核心，它直接关联着召开的会议精神能否科学有效，能否真正贯彻传达，能否实施到位，是纪要发挥公文效用的关键所在。

纪要正文写作一般分为导语、主体和结尾三个部分。

1. 导语部分

导语部分主要是概述会议的基本情况，交代会议的召开机关、主持人、时间、地点、出席人员及主要议程等内容要素。为了写好这部分内容，撰写者会前要做好信息收集准备，明确掌握会议议题，会议涉及人员和范围，提早采集会议相关资料，全面把控会议流程。

2. 主体部分

这部分是会议纪要的主要内容，是会议纪要的核心，写出会议讨论的问题、结果以及会议决定的事项，今后工作的指导思想、工作步骤、采取的措施等。这部分内容的写作非常关键，最能体现纪要的写作目的和会议目的一致性，特别是不能遗漏重要信息，一定要突出纪要的主旨。要想使纪要写作的主旨鲜明突出，应该把握两个关键点：一是深刻理解领导讲话意图，领会领导讲话的深意，这是会议的要点所在，撰写者要想使所写的会议纪要中心突出、主旨鲜明，动笔前就应多请示领导，摸准领导的意图；二是关注会议主持人的开场讲话和会议讨论后的总结性发言，这是会议内容的精要所在，一般包括对会议议决事项最后予以明确，对与会者发言做概括归纳，对领导讲话作突出强调等要素，这些是会议纪要写作中可以借鉴的好材料。

为了写好这部分内容，撰写者首先要做好会前准备，弄清开会的目的，准确把握会议的中心内容和主要精神。撰写者最好能亲自参加会议并承担记录工作，这样在写作时才不会遗漏会议的某些内容。同时，撰写者还要做好会后沟通。写会议纪要时，领导人或主持人的讲话固然是会议纪要的要点所在，但是会后领导的发文意图也是一个不容忽视的方面。

在主体部分写作时，一定要运用提炼的方法，对会议讨论的意见分类别、分层次、有顺序地加以归纳，从理论上概括要点，使之条理化。

常见的概括会议内容的方法主要有以下几种。① 综合概述的方法。

它是指把会议的基本情况、主要精神、领导讲话、讨论研究的重要问题、与会者所形成的共识等元素，分条列项地整理，用简洁凝练的语言概括，然后依据其内在联系采用总分式结构有条理地加以表述。② 分类整理的方法。若遇到会议涉及面广、内容复杂的会议，不能从一个问题或一个方面来概括，可根据会议议题把会议主要精神按照内在的逻辑顺序分类、归纳成若干个小标题，或者将每个方面分成若干个层次，从主到次一一有序地加以叙述说明，以突出主要问题和会议主旨。③ 发言摘录的写法。这是通过加工裁剪会议中每个发言者的发言要点来突出主题，概括反映会议内容。具体做法有两种：一是按会议发言先后次序记载发言内容，将每个人的多次发言集中整理后一起表述；二是将会议讨论的内容归纳为几个问题或几个方面，分问题或方面交代各位发言人的发言内容。这种写法的好处是能如实地反映会上的讨论情况和每个人的不同看法。一般要写清楚发言者的名字，有的还要在名字后面加括号写明其工作单位和职务。除报告人、重要的发言要提出名字外，一般的综合意见，多用"与会者认为""会议认为"来叙述，这种方式多用于座谈性会议。特别是在写作会议决议时，会议纪要是集中大多数人的意见，反映会议的最终决议。所以，在起草会议纪要时要对会议讨论的问题、与会者的观点作综合归纳。凡符合会议宗旨的多数人的一致意见，在会议纪要中都应加以反映；对少数人的意见，如果是正确的应酌情反映；对确有分歧的意见，一般不应写入会议纪要。

在此要注意，撰写会议纪要时要与另外一个文种会议决议区别开来：第一，从反映内容方面看，会议纪要的内容更为广泛，既可以是党和国家的重大事情，也可以是日常的具体工作，而会议决议涉及的往往是党和国家的重大问题和事件；会议纪要可以反映与会者的不同观点，而会议决议只能反映多数人的统一观点；第二，从内容生效程序方面看，会议纪要多用于行政会议，纪要起草后只要主管负责人审阅同意就可以定稿；而会议决议多用于党的会议和人大的会议，须与会者按法定程序表决通过后才能生效。因此，在写作中一定要将两者区别清楚。

会议纪要写作时还要与会议简报区别开来：第一，从文种性质来看，会议纪要是正式公文，其中要求与会单位共同遵守、执行的事项，与会单位必须认真遵守、执行，而会议简报只用于反映情况，是领导或有关单位开展工作的参考资料；第二，从反映的内容来看，会议纪要是对会议内容的全面概括，而一期会议简报只能反映会议某一方面或某一阶段的内容；第三，从发布的形式来看，会议纪要需经过与会者讨论或领导审阅才能行文，并且只能在会议结束时或结束后印发，且只能印发一次，而会议简报只要大会秘书处（组）认可就可付印，在会议的每个阶段都可印发。

3. 结尾部分

结尾通常用来强调会议的意义，提出希望、号召、要求等，也可以对会议的情况做一些补充说明。有时，在不影响全文结构完整的前提下，结尾部分可以省略。这部分写作的关键是将会议达成的共识贯彻下去，特别是会议落实的工作要求要表达得清晰、准确、到位。

（三）落款

在实际工作中，行政机关会议纪要的成文日期一般放在正文标题的下面，而落款部分须特别注意的是要将会议出席者、未出席者（原因写清楚）和记录人员无遗漏地标注清楚，以便后期有针对性地推进工作。

为了充分发挥会议纪要庄重和权威的作用，在会议纪要写作中须特别注意行文要及时，讲究时效。一般在会议结束当天或第二天就要完成会议纪要的撰写，并经领导审阅签发。

五、纪要的格式

×××××会议纪要

（××××年××月××日）

××××年××月××日，×××××会议在×××××××召开。参加会议的有××、×××，×××主持会议。会议讨论了×××××问题（依据）。现纪要如下（主旨兼过渡语转以下分旨）：

会议指出，……；会议认为，……；会议决定，……；会议强调，……；会议要求，……。

出席人员：×××、×××

记录人员：×××、×××

六、例文分析

 例文 1——专项工作会议纪要

关于破产程序中规范处置住房公积金债权的会商纪要①

（2021 年 3 月 1 日实施）

为优化营商环境，完善市场主体退出机制，维护劳动者合法权益，规范破产程序中住房公积金债权的处置工作，根据《中华人民共和国企业破产法》《住房公积金管理条例》《上海市住房公积金管理若干规定》《上海市优化营商环境条例》等规定，在前期上海市公积金管理中心（以下简称市公积金中心）、上海市破产管理人协会（以下简称管理人协会）充分调研和磋商的基础上，经上海市高级人民法院（以下简称市高院）与上海市住房和城乡建设管理委员会（以下简称市住建委）会商达成纪要如下：

一、债权性质

根据《住房公积金管理条例》《上海市住房公积金管理若干规定》的相关规定，住房公积金由单位缴存和个人缴存两部分组成。单位缴存部分由职工所在单位每月为其缴存，职工个人缴存部分由其所在单位每月从其工资中代扣代缴。与社会保险费分为个人部分和社会统筹部分不同，住房公积金的单位缴存部分和个人缴存部分均计入职工个人住房公积金账户，属于职工个人所有。

2018 年 3 月 4 日公布的《全国法院破产审判工作会议纪要》第 27 条规定，债务人欠缴的住房公积金，按照债务人拖欠的职工工资性质清偿。因此，住房公积金债权属于职工债权。根据《中华人民共和国企业破产法》的相关规定，债务人（即破产企业）拖欠职工的住房公积金应当由管理人接管并负责调查核实后予以公示，市公积金中心不作为申报主体申报债权，但为了维护职工合法权益，仍需做好职工与破产企业管理人之间的沟通引导工作。

---

① 例文来源：https://www.shanghai.gov.cn/zcwjblpc/20210525/cf0d9b97282d46d38516e58557d8a498.html.

二、操作流程

（一）管理人应在债权人向管理人申报债权的同时，联系对接市公积金中心区管理部调查债务人住房公积金缴存情况。

1. 如债务人已经设立单位住房公积金账户的，联系单位住房公积金账户所在区管理部；债务人未设立单位住房公积金账户的，联系其住所地所在区管理部。

2. 管理人应当向区管理部书面邮寄《协查函》，申请调查债务人住房公积金的开户和缴存情况，随函提供法院就破产或清算作出的《民事裁定书》《决定书》等有效法律文件。

（二）市公积金中心区管理部收到管理人的《协查函》后，应当配合查询和调查。

1. 查询债务人的单位住房公积金账号、开户日期、末次汇缴月份、目前缴存人数、缴存职工的名单和证件号码及个人住房公积金账号等信息并以书面邮寄方式反馈给管理人。

2. 查询是否有针对债务人的投诉举报（含已立案的案件），如有则书面告知管理人，将投诉举报相关材料的复印件一并寄送管理人，并办结投诉举报。

3. 查询市公积金中心是否已向人民法院申请强制执行，如有则书面告知管理人，将《强制执行申请书》及相关材料的复印件一并寄送管理人，由管理人将《强制执行申请书》中债务人应为职工补缴的住房公积金列入职工债权。市公积金中心将上述情况书面函告执行法院，并依法向执行法院申请中止执行；在收到审理债务人破产案件的法院宣告债务人破产的裁定书后，依法向执行法院申请终结执行，并在收到执行法院终结裁定后办结申请执行案件。

4. 在市公积金中心官网发布公告，提供管理人地址及联系方式，告知若有职工被债务人拖欠住房公积金的，可以向管理人申报债权，市公积金中心区管理部引导职工至管理人处，管理人应予以配合受理并依法审查。

（三）管理人在收到市公积金中心协查反馈的情况及材料后，根据已接管的企业资料，核查职工与债务人的劳动关系存续时间、工资基数等情况，并核定职工的住房公积金债权金额后予以公示。职工就公示清单中记载的住房公积金债权向管理人提出异议的，管理人可与对接的市公积金中心区管理部联系，市公积金中心区管理部帮助管理人进行复核。

（四）债务人进入破产程序后，管理人可持人民法院出具的受理破产申请裁定书、指定管理人决定书，以债务人名义至市公积金中心各管理部或建设银行住房公积金业务网点办理相关账户和缴存业务，业务网点予以支持。

（五）职工的住房公积金债权经债权人会议核查，人民法院裁定确认后，管理人应当向对接的市公积金中心区管理部提供确认债权的裁定书。人民法院债权确认裁定书中未单独列明职工住房公积金债权金额的，管理人应当向市公积金中心区管理部提供职工债权中所涉住房公积金债权的具体明细情况。

（六）破产案件有财产分配的，管理人应当依法将应清偿的住房公积金补缴入职工的个人住房公积金账户，并由对接的区管理部协助做好补缴入账等相关工作。

（七）管理人可以凭企业注销证明或法院裁定破产程序终结的相关材料至对接的区管理部办理单位住房公积金账户注销手续。

（八）管理人应当在法院裁定债务人破产程序终结后的十五日内，书面告知对接的市公积金管理中心区管理部。

三、协作机制

为了依法维护职工合法权益，提高工作效率，市高院、市住建委、市公积金中心、管理人协会加强联系沟通，建立协作机制。

（一）建立常态化联系沟通机制。形成市公积金中心区管理部和管理人常态化联系机制，及时沟通解决处理住房公积金债权过程中遇到的具体问题；市公积金中心区管理部和各管理人应指定具体联络人负责对接此项工作，并编制联络人名单（包括手机、邮箱等联络方式）；市高院、市住建委、市公积金中心与管理人协会注意收集相关复杂疑难问题，及时碰头研究，不断调整完善。

（二）加强业务培训。市高院、市住建委、市公积金中心、管理人协会根据需要举办政策法规和业务操作培训会、案例研讨会，不断提高市公积金中心区管理部、各管理人依法履职能力。

（三）根据工作需要，市公积金中心为管理人调查、计算职工住房公积金债权提供必要技术支持。

本纪要自 2021 年 3 月 1 日起实施。

 **例文分析**

这是上海市政府发布的一份专项工作会议纪要，由纪要缘由、纪要事项、纪要要求三部分组成。其中，纪要缘由部分由两部分组成：一是纪要起草的目的"为优化营商环境，完善市场主体退出机制，维护劳动者合法权益，规范破产程序中住房公积金债权的处置工作"；二是纪要起草的依据"根据《中华人民共和国企业破产法》《住房公积金管理条例》《上海市住房公积金管理若干规定》《上海市优化营商环境条例》等规定，在前期上海市公积金管理中心（以下简称市公积金中心）、上海市破产管理人协会（以下简称管理人协会）充分调研和磋商的基础上，经上海市高级人民法院（以下简称市高院）与上海市住房和城乡建设管理委员会（以下简称市住建委）会商达成纪要如下"。纪要事项和要求部分是纪要写作的核心部分，由三个要素组成。第一，债权性质。通过两条依据：根据《住房公积金管理条例》《上海市住房公积金管理若干规定》的相关规定，住房公积金由单位缴存和个人缴存两部分组成；2018 年 3 月 4 日公布的《全国法院破产审判工作会议纪要》第 27 条规定，债务人欠缴的住房公积金，按照债务人拖欠的职工工资性质清偿，明确了债权性质。第二，操作流程。通过以下八个环节引导操作工作的制度保障，使得工作真正得以落实：一是管理人应在债权人向管理人申报债权的同时，联系对接市公积金中心区管理部调查债务人住房公积金缴存情况；二是市公积金中心区管理部收到管理人的《协查函》后，应当配合查询和调查；三是管理人在收到市公积金中心协查反馈的情况及材料后，根据已接管的企业资料，核查职工与债务人的劳动关系存续时间、工资基数等情况，并核定职工的住房公积金债权金额后予以公示；四是债务人进入破产程序后，管理人可持人民法院出具的受理破产申请裁定书、指定管理人决定书，以债务人名义至市

公积金中心各管理部或建设银行住房公积金业务网点办理相关账户和缴存业务；五是职工的住房公积金债权经债权人会议核查，人民法院裁定确认后，管理人应当向对接的市公积金中心区管理部提供确认债权的裁定书；六是破产案件有财产分配的，管理人应当依法将应清偿的住房公积金补缴入职工的个人住房公积金账户，并由对接的区管理部协助做好补缴入账等相关工作；七是管理人可以凭企业注销证明或法院裁定破产程序终结的相关材料至对接的区管理部办理单位住房公积金账户注销手续；八是管理人应当在法院裁定债务人破产程序终结后的十五日内，书面告知对接的市公积金管理中心区管理部。第三，协作机制。建立常态化联系沟通机制；加强业务培训；根据工作需要，市公积金中心为管理人调查、计算职工住房公积金债权提供必要技术支持。最后是纪要实施的时间要求"本纪要自 2021 年 3 月 1 日起实施"。

 例文 2——联合工作会议纪要

上海市高级人民法院 中国人民银行上海分行
关于合作推进企业重整 优化营商环境的会商纪要[①]

（2020 年 4 月 14 日印发实施）

为全面优化本市营商环境，最大限度维护企业营运价值，积极挽救有重整价值企业，充分释放破产重整在市场资源配置中的程序价值，服务实体经济高质量发展，防范和化解金融风险，营造良好金融生态环境，上海市高级人民法院与中国人民银行上海分行就加强合作、共同推进本市困境企业重整再生及僵尸企业处置、支持破产管理人依法履职、提高办理破产效率、保障金融机构债权人合法权益、合力防控金融风险等进行了充分研究协商，取得共识，达成本会商纪要。

一、支持困境企业重整再生

1.（积极参与破产程序）金融机构债权人应积极参与并推进企业破产程

---

① 例文来源：https://www.shanghai.gov.cn/zcwjblpc/20210525/7d5dfd166c3441a7b6be8c5f995d39c6.html.

序，加快内部决策流程，积极争取上级金融机构支持，依法及时行使表决权。

2.（重整识别机制）金融机构在债权清理过程中，应全面梳理、识别发现有重整价值的困境企业，及时向人民法院提出重整申请，促进和推动有价值的危困企业重整再生。

3.（加快财产处置）享有担保物权的金融机构债权人应根据管理人的申请，在获得担保债权优先清偿或者取得相应补偿的情形下，及时注销抵押登记，并与管理人协商确定有财产担保部分对应的管理人报酬。

鼓励金融机构为破产财产拍卖的买受人提供融资，用于支付部分拍卖成交价款，提高破产财产拍卖成功率。

4.（提供融资便利）确实具备挽救重生价值的重整企业为继续营业而申请融资的，在符合融资条件的情况下，鼓励金融机构提供融资便利，该部分债务作为共益债务优先得到清偿。

重整计划执行期内，管理人应严格审查重整企业融资需求，并出具融资计划可行性意见，协助配合金融机构开展贷款尽职调查，如实提供金融机构所需的资料和信息。

金融机构按照审慎原则开展企业信用调查，鼓励探索适合重整企业的融资方式，合理确定融资成本，支持重整企业尽快回归正常经营。

5.（重整企业信用修复）管理人可根据需要向金融机构债权人提供人民法院出具的批准重整计划（或重整计划草案）裁定书和申请资料，申请重整企业信用修复。

二、保障金融机构债权人合法权益

6.（参与权）管理人在制定重整计划草案时，应积极听取金融机构债权人的意见和诉求。人民法院要加强对重整计划合法性和可行性的审查，必要时可以召开听证会，听取金融机构债权人的意见。

7.（知情权和监督权）人民法院督促指导管理人加强破产管理工作的规范度、透明度，督促管理人为金融机构债权人查询破产企业的财产状况报告、债权人会议决议、债权人委员会决议、资产评估报告、审计报告以及重整计划等资料提供便利。金融机构债权人应履行保密义务，未经管理人同意，不得向任何第三人泄露查询得知的信息。

三、便利重整清理企业账户管理

8.（管理人账户开立）金融机构依据管理人提供的人民法院受理破产申请裁定书、指定管理人决定书、管理人身份证明等文件，根据管理人的申请开设管理人人民币账户和外汇账户，并开通网上银行服务，账户期限可根据管理人的申请设定和延长。

9.（账户查控和解封）健全和完善人民法院与金融机构对破产企业账户查询的信息共享制度，优化"点对点"查询系统功能，不断提高对人民法院查询破产企业账户信息数据回复的及时性和完整性。

金融机构依据管理人提供的人民法院受理破产申请裁定书、指定管理人决定书、原查封法院或破产受理法院的解除保全裁定书解除对破产企业账户的冻结。

金融机构依据管理人提供的人民法院受理破产申请裁定书、指定管理人决定书及人民法院出具的协助执行通知书对破产企业账户办理止付业务。

10.（破产财产划转）金融机构依据管理人提供的人民法院受理破产申请裁定书、指定管理人决定书，及时将破产企业在该受理银行开立的账户内款项划入管理人账户。

在破产程序中，金融机构债权人依法处理与破产企业的债权债务，不得私自扣划破产企业账户资金。金融机构债权人存在《中华人民共和国企业破产法》第十六条和第三十二条规定情形的，应将相关款项返还至管理人账户。

11.（管理人查询）金融机构依据管理人提供的人民法院受理破产申请裁定书、指定管理人决定书查询破产企业的全部开户信息、征信报告和账户流水明细（包括历史账户和现存账户），免收手续费。

管理人可持人民法院受理破产申请裁定书、指定管理人决定书和人民法院发出的对破产企业关联企业的调查令，向人民银行申请查询破产企业关联企业的征信报告。

12.（撤销与开设企业账户）开户银行应协助管理人办理破产企业原账户撤销手续，免收撤销账户费用。

金融机构依据人民法院批准重整计划（或重整计划草案）裁定书支持重整企业新账户的开立，保障重整企业的正常经营活动。

13.（协助破产企业审计）管理人委托有资质的审计机构对破产企业的账户开展全面的尽职审计。金融机构应配合持有人民法院受理破产申请裁定书、指定管理人决定书和人民法院调查令的管理人及受托审计机构开展审计工作。

四、合力加强金融风险防范

14.（依法查控资金流向）人民法院督促指导管理人加大对破产企业资金转移至境外情况的调查力度，金融机构应做好相应的协助工作。对接收到涉及破产企业洗钱及上游犯罪的线索，应及时向公安机关移交，并将情况通报人民法院。

15.（加大打击逃废债力度）金融机构应将破产企业及其董事、监事、高管、股东和实际控制人的逃废债信息或线索提供给管理人，依法为人民法院和管理人提供账户资金查询服务，协助做好资金往来等信息查询工作。人民法院督促管理人尽职审查，并协助、配合金融机构打击逃废债行为。通过实行司法失信人名单和金融机构逃废债黑名单联动制裁机制，有效遏制逃废债行为。

五、附则

16.（部门对接）上海市高级人民法院商事审判（破产审判）部门和中国人民银行上海分行金融稳定部门，作为对口联络部门，开展日常沟通协调工作，定期通报相关工作情况。

17.（动态调整）本会商纪要自双方签署之日起生效。今后，经双方协商同意，可以根据合作开展情况和取得的经验，相应调整完善相关内容。

18.（签署时间）本会商纪要于 2020 年 4 月 3 日在上海签署。

例文分析

这是上海市高级人民法院和中国人民银行上海分行联合发布的一份纪要，由纪要缘由、纪要事项、纪要要求三部分组成。其中，"纪要缘由"部分由两部分组成：一是纪要起草的背景"为全面优化本市营商环境，最大限度维护企业营运价值，积极挽救有重整价值企业，充分释放破产重整在市场资源配置中的程序价值，服务实体经济高质量发展，防范和化解金融风险，营造良好金融生态环境"；二是纪要起草的目的"上海市高级人民法院与中国人民银行上海分行就加强合作、共同推进本市困境企业重整再生及僵尸企业处置、支持破产管理人依法履职、提高办理破产效率、保障金融机构债权人合法权益、合力防控金融风险等进行了充分研究协商，取得共识，达成本会商纪要"。纪要事项和要求部分是纪要写作的核心部分，由五个部分内容组成"一、支持困境企业重整再生""二、保障金融机构债权人合法权益""三、便利重整清理企业账户管理""四、合力加强金融风险防范""五、附则"，明确了相关纪要实施的要求。

第十五章

函

一、函的概念

函适用于不相隶属机关之间商洽工作、询问和答复问题、请求批准和答复审批事项，函的行文性质是平行的。

在函文种的使用时，首先要强调以下四点内涵。一是准确定位致函机关性质。即行文时要了解对方机关隶属关系、级别等单位属性，行文方向主要是针对具有隶属关系的平行单位或者是具有非隶属关系的单位。二是一事一函。无论致函、复函均应该做到一事一函，不要把性质不相关的几件事情放在一份函中叙述。若一份函所涉及的问题多而又互无关联，就难以集中或者准确地陈述或者答复问题，更不能及时处理问题，会严重影响行政办公效率。三是行文要简明。开门见山、直叙其事是函写作的最基本的要求。函是一种比较简便的行政公文，讲究快捷，简明扼要，要写清楚是什么、为什么、请求批准什么或者沟通什么，既要简洁利落，又要明确清楚。四是语言要得体。无论是去函还是复函，写作者都要记住行文双方是平行关系或者没有隶属关系的单位，因此，在行文时语体使用要做到客气、礼貌、谦和，尽量使用商量的口吻。

其次，还要注意"函""请示"和"批复"的区别。函、请示和批复是行政办公过程中常用的三种不同的文种，它们的行文方向分别为平行文、上行文和下行文，因此要准确地把握它们的区别。首先是"函"和"请示"的区别。在公文处理过程中，请示与请求批准的函都有请求指示或者批准的意思，但是二者最明显的区别就是行文方向的不同。其中，请示是上行文，是向具有隶属关系的上级机关请求批示、批准事项；请批函是平行文，是向具有隶属关系的平行机关或者没有隶属关系的机关请求批准有关事项。其次是"复函"和"批复"的区别。批复是对具有隶属关系或者业务领导关系的下级机关请示件的答复；复函是对有隶属关系的平行机关或者无直接隶属关系的相关机关针对某些事情或者问题的答复。总之，三者的本质区别主要表现在确定行文方向之后正确地选择适合的文种作为表达内容的载体。

最后，函往来关系方面须注意：一是致函，是主动地向有关单位求得支持、帮助，是为了商洽工作、询问事项、提出请求、告知情况所发出的函；二是复函，是被动地回复对方机关发来的函，答复内容与来函事项一一对应。

二、函的特点

（一）平等性

函的平等性主要体现在发文和收文双方行文机关是具有隶属关系的平等机关；或者发文和收文双方行文机关是具有不相隶属关系的，它们往往分属不同的系统、部门、行业或者地区，没有行政领导与被领导关系，但相互间的关系是平等的，即使双方的行政级别不同，或者双方在业务方面具有指导与被指导的关系。

（二）灵活性

函是公文中最便捷的一个文种，其灵活性主要体现在以下三个方面：第一，在发文机关的资格方面，函不受受文机关级别限制，可以是具有隶属关系内的平行机关，也可以是具有不相隶属关系的上级机关、平级机关或下级机关；第二，在内容写作方面，函所涉及公务内容单一，可以根据不同需要、不同事项、不同关系确定写作内容，特别是在商洽工作、联系有关事项使用时便捷和高效；第三，在格式方面，函没有固定模式，撰写精简灵活，与信函写作近似，但一定要符合法定公文写作要求。

（三）广泛性

函的广泛性主要体现在以下两个方面：第一，在写作内容方面，既可以是行文双方商洽工作、询问和答复问题，也可以向有关部门请求批准事项，向上级机关询问具体事项，还可以用于上级机关委托业务部门或者授权办公部门答复下级机关的询问或者请求批准事项，以及上级机关催办下级机关有关事宜，如要求下级机关函报报表、材料、统计数字等；第二，在行文方向方面，发文既可以给具有隶属关系的平行机关，也可以给没有隶属关系的系统外的相关部门。

三、函的种类

函从功能上划分，主要有请批函、商洽函、询问答复函和告知函四种。

（一）请批函

请批函用于平行单位之间或者不相隶属机关向不相隶属的有关主管部门请求批示（批准）或者批复事项的函，其性质与请示（批复）相同，只是行文方向不同。

（二）商洽函

商洽函用于平行单位之间或者不相隶属机关之间进行工作沟通，涉及联系商洽合作业务、商调干部、培训交流等有关事宜的函。

（三）询问答复函

询问答复函用于平行单位之间或者不相隶属机关单位之间询问事项，征求意见，答复和处理有关方针、政策和工作中遇到界限不明的问题；或者用于上级机关委托有关部门答复下级询问或者授权业务主管部门批复申请事宜。

（四）告知函

用于平行单位之间或者不相隶属机关单位之间相互告知有关工作或活动情况时使用的函，其内容属于周知事宜。

四、函的写法

函的基本结构包括标题、发文字号、正文、发文机关、发文日期等几个部分。

（一）标题

函的标题一般采用"发文机关名称＋事由＋文种"形式。若是致函，标题中文种只写"函"；若是复函，则可写明"复函"。

（二）发文字号

函有正规的发文字号，且与其他法定公文的结构写法相同，即由"机关代字＋年号＋顺序号"组成，但是在发文字号表述中略有不同，需要在机关代字后加一个"函"，显示其文种属性。

（三）主送机关

函的行文对象一般是明确的，所以要标明主送机关。函的主送机关应该写全称或者规范化简称，一般不写单位或者部门领导人。若是致函，其主送机关一般可以是一个，也可以是多个；若是复函，其主送机关专指有针对性的来函单位。

（四）正文

函的正文包括发函缘由、发函事项、结语三个部分。

1. 发函缘由

发函缘由包括行文的依据、目的、理由与背景等，交代发函的起因。其中，致函缘由部分一般概述请求批准、提出商洽事项等目的或者依据；复函的缘由部分一般引叙"来文标题、发文字号收悉"加以说明，概括交代复函的目的，作为发文主要依据。

2. 发函事项

这是函的核心内容部分，主要陈述致函或者复函事项。事项部分内容单一，一函一事，行文要直陈其事，无论是商洽工作，询问和答复问题，请对方协办事项，还是向对方告知有关信息，向有关主管部门请求批准事项等，都要用简洁得体的语言明确表述行文意图，要有针对性和明确性。

撰写公函时，注意内容表述要言简意赅，沟通具体事项开门见山，语言叙述要用语谦和、温婉得体、态度诚恳。

3. 发函结语

结语一般要用致意性语言：或者恳请对方协助解决某一问题；或者盼请对方及时复函；或者提请对方提出指示或者批准等意见。通常根据函询、函告、函商或函复事项选择运用不同的结束语，如"特此函询""特此函达""专此函达，请予函复""特此函告""此复""特此函复"等；但有的函也可以不用结束语，自然作结。

在此要注意的是，公函结尾处不能出现"为感""为盼""为荷"等便函语，更不能写"此致敬礼""顺致敬意"等敬贺用语。

（五）落款

去函或者复函都是在正文之后注明发文机关名称、印章和成文日期。成文日期应该用阿拉伯数字，年、月、日齐全。

五、函的格式

××××关于××××的函

主送机关：

  一、发函缘由；

  二、发函事项；

  三、发函结语。（特此函告、特此函复、此复等。）

发文机关（章）

××××年××月××日

六、例文分析

 例文1——请批函

**国务院办公厅关于同意建立数字经济
发展部际联席会议制度的函**[①]

国办函〔2022〕63号

国家发展改革委：

  你委关于建立数字经济发展部际联席会议制度的请示收悉。经国务院同意，现函复如下：

---

  ① 例文来源：https://www.gov.cn/zhengce/zhengceku/2022-07/25/content_5702717.htm。

国务院同意建立由国家发展改革委牵头的数字经济发展部际联席会议制度。联席会议不刻制印章，不正式行文，请按照党中央、国务院有关文件精神认真组织开展工作。

国务院办公厅（章）

2022 年 7 月 11 日

附件：

数字经济发展部际联席会议制度

根据《"十四五"数字经济发展规划》部署，为加强统筹协调，不断做强做优做大我国数字经济，经国务院同意，建立数字经济发展部际联席会议（以下简称联席会议）制度。

一、主要职责

（一）贯彻落实党中央、国务院决策部署，推进实施数字经济发展战略，统筹数字经济发展工作，研究和协调数字经济领域重大问题，指导落实数字经济发展重大任务并开展推进情况评估，研究提出相关政策建议。

（二）协调制定数字化转型、促进大数据发展、"互联网＋"行动等数字经济重点领域规划和政策，组织提出并督促落实数字经济发展年度重点工作，推进数字经济领域制度、机制、标准规范等建设。

（三）统筹推动数字经济重大工程和试点示范，加强与有关地方、行业数字经济协调推进工作机制的沟通联系，强化与各类示范区、试验区协同联动，协调推进数字经济领域重大政策实施，组织探索适应数字经济发展的改革举措。

（四）完成党中央、国务院交办的其他事项。

二、成员单位

联席会议由国家发展改革委、中央网信办、教育部、科技部、工业和信息化部、公安部、民政部、财政部、人力资源社会保障部、住房城乡建设部、交通运输部、农业农村部、商务部、国家卫生健康委、人民银行、国务院国资委、税务总局、市场监管总局、银保监会、证监会等 20 个部门组成，国家发展改革委为牵头单位。

联席会议由国家发展改革委分管负责同志担任召集人，中央网信办、工业和信息化部分管负责同志担任副召集人，其他成员单位有关负责同志为联席会议成员（名单附后）。联席会议成员因工作变动等原因需要调整的，由所在单位提出，联席会议确定。联席会议可根据工作需要调整成员单位。

联席会议办公室设在国家发展改革委，承担联席会议日常工作。联席会议设联络员，由各成员单位有关司局负责同志担任。

三、工作规则

联席会议原则上每年召开一次全体会议，由召集人主持。根据工作需要或成员单位建议，可召开全体或部分成员单位参加的专题会议，由召集人或召集人委托其他成员主持。专题研究特定事项时，可邀请其他相关部门、机构和专家参与。

根据工作需要，可不定期召开联络员会议，研究讨论联席会议议题和需提交联席会议议定的事项及其他有关事项。

联席会议以纪要形式明确议定事项，印发有关部门和单位。重大事项按程序报告党中央、国务院。

四、工作要求

各成员单位要按照职责分工，认真落实联席会议确定的各项任务和议定事项，主动研究制定促进数字经济发展的政策措施，积极提出工作建议，加强沟通协调，根据工作需要指导地方对口部门落实具体工作措施，推进相关工作任务，及时通报有关情况。联席会议办公室要充分发挥有关地方、部门和专家的作用，加强对会议议定事项的督促落实，及时向各成员单位通报工作进展情况。

《数字经济发展部际联席会议成员名单》（略）。

 **例文分析**

这是国务院办公厅给国家发展改革委发送的一份请批函，在此要注意的是，国务院办公厅是被国务院委托答复国家发展改革委的请示回复，办公厅与国家发展改革委是国务院系统的平级机关，故不能用批复，而用函

复形式答复。此复由函缘由、函事项等内容组成。其中，复函的缘由部分首先引叙请示来文的信息及收文情况"你委关于建立数字经济发展部际联席会议制度的请示收悉"，待概括交代发函根据后，用"经国务院同意，现函复如下"过渡语转入函事项部分。"国务院同意建立由国家发展改革委牵头的数字经济发展部际联席会议制度。联席会议不刻制印章，不正式行文，请按照党中央、国务院有关文件精神认真组织开展工作"是这份函写作的核心部分。为了让国家发改委更加清楚明确地组织开展工作，又添加了附件《数字经济发展部际联席会议制度》予以具体补充说明。附件中明确了推进数字经济发展部际联席会议制度的主要职责、成员单位、工作规则以及工作要求，同时还附带了《数字经济发展部际联席会议成员名单》，标明召集人、副召集人和成员等要素。

 例文 2——告知函

国务院办公厅关于同意太行山旅游业发展规划
（2020—2035 年）的函①

国办函〔2020〕74 号

北京市、河北省、山西省、河南省人民政府，国家发展改革委、文化和旅游部：

国家发展改革委、文化和旅游部关于太行山旅游业发展规划（2020—2035 年）的请示收悉。经国务院批准，现函复如下：

一、国务院原则同意《太行山旅游业发展规划（2020—2035 年）》（以下简称《规划》），请认真组织实施。

二、《规划》实施要以习近平新时代中国特色社会主义思想为指导，全面贯彻落实党的十九大和十九届二中、三中、四中全会精神，坚持党的全面领导，坚持稳中求进工作总基调，坚持新发展理念，坚持高质量发展，统筹推进"五位一体"总体布局，协调推进"四个全面"战略布局，按照党中央、

---

① 例文来源：http://www.nhc.gov.cn/bgt/gwywj2/202009/131a2fec05d444dc8609365a255c5cd6.shtml.

国务院决策部署，全面对接国家重大战略，加强太行精神保护传承弘扬，充分发挥旅游业在太行山区脱贫攻坚、乡村振兴、资源型地区转型发展中的重要作用，坚持生态优先、严守太行山生态保护红线，加快现代旅游产业体系建设，提升旅游公共服务能力，推动太行山区旅游业转型升级和高质量发展。

三、北京市、河北省、山西省、河南省人民政府要切实加强组织领导，完善工作机制，落实工作责任，抓紧推进实施，确保《规划》确定的主要目标和重点任务落实到位。《规划》实施中涉及的重大事项、重大政策和重大项目要按规定程序报批。

四、国务院有关部门和单位要按照职能分工，加强对《规划》实施的协调和指导，在项目安排、政策实施、体制机制创新等方面给予积极支持，及时协调解决太行山旅游业发展中遇到的困难和问题。

五、国家发展改革委、文化和旅游部要加强对《规划》实施情况的跟踪分析和督促检查，适时组织开展实施进展情况评估，注意研究新情况、解决新问题、总结新经验，重大问题及时向国务院报告。

国务院办公厅（章）

2020 年 9 月 11 日

 **例文分析**

这是国务院办公厅给北京市、河北省、山西省、河南省人民政府，国家发展改革委、文化和旅游部的一份告知函。在此要注意的是，国务院办公厅是被国务院委托答复北京市、河北省、山西省、河南省政府和国家发改委、文旅部等上呈的请示文，上述单位都是国务院系统的平级机关，故不能用批复，而用函复形式答复。此复由函缘由、函事项等内容组成。其中，复函的缘由部分首先引叙请示来文的信息及收文情况"国家发展改革委、文化和旅游部关于太行山旅游业发展规划（2020—2035 年）的请示收悉"，待概括交代复函根据后，用"经国务院批准，现函复如下"为过渡语转入下面的函复事项，这五点是这份函写作的核心部分，表述的逻辑层次很清晰。

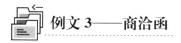

例文 3——商洽函

××××关于请协助调取案件相关证据材料的函[①]

××××：

根据《××关于协助调取案件相关证据材料的函》（××〔××××〕号）要求，请贵单位协助办理。对于××单证档案已经过期销毁的，可以提供××单电子数据打印件作为证明材料。

特此致函。

附件：××关于协助调取案件相关证据材料的函（略）

××××（章）

××××年××月××日

 **例文分析**

这是一份商洽函，请求××××单位协助调取案件相关证据材料。此函由发函的依据、函事项等要素组成。其中，商洽函的缘由部分阐明发函的依据"根据《××关于协助调取案件相关证据材料的函》（××〔××××〕号）要求"，之后表明发函的事项"请贵单位协助办理。对于××单证档案已经过期销毁的，可以提供××单电子数据打印件作为证明材料"，这是本函写作的核心部分，表述简洁、层次清晰。

---

① 例文来源：内部系统文件。

第十六章

公　报

一、公报的概念

公报适用于公布重要决定或者重大事项，是党和国家领导机关、社会团体和有关业务部门通过新闻手段向海内外公开发布重要决定和重大事件时使用的一种公文文种。

公报公布的内容主要包括三个方面：一是公布我党、我国政府召开的重要会议，以及做出的重要决策或者决定；二是公布我国与外国政党、国家进行的重要外事活动及达成的协议或者共识；三是国家统计部门以公报形式向海内外公布有关国民经济和社会发展等方面的情况。

在此要特别注意"公报"和"公告"的区别。两者最主要的区别在发布内容方面："公报"发布的是"重要决定"，主要呈现出两种决定的方式：一种是会议决定，另一种是具有决策权的领导决定，决定的事项往往经过研究、讨论、调研、决策等序列过程，"重要决定"是这种决策的事实陈述，发布的事项复杂多元，篇幅较长；"公告"发布的是"法定事项"，即某事项是依法发布的，发布的事项单一，篇幅短小。

二、公报的特点

（一）权威性

公报的发布者主要是党和国家高级机关或者政府高层部门，是以国家的名义直接发布，所宣布的内容事关重大，涉及国家在政治、经济、军事、外交等方面的重大事件或者重要事项，代表着党和国家的立场和态度，具有很强的严肃性和庄重性，一经发布就会在海内外引起强烈的反响。

（二）新闻性

公报是通过报刊、媒体、互联网等新闻媒介形式向海内外公开发布的重要文件，因而要遵循新闻原则，注重实效性。实效性强调"快捷"，体现在发布信息的时间要及时快速，也强调"新意"，即发布的信息是新近发生的事件或者作出的决定，内容要新鲜。

三、公报的种类

（一）新闻公报

新闻公报是指党政机关以新闻的形式将重大活动、重大事件向海内外进行公开发布的一种带有新闻性的文件。

（二）会议（专项工作）公报

会议（专项）公报则是指党政机关以报道的形式向海内外公开发布召开的重要会议（会谈）或者专项工作通过的决定或者决策的文件。

四、公报的写法

公报主要由首部和正文两部分组成。

（一）首部

1. 标题

公报的标题有三种写法：第一种是直接写文种，如《新闻公报》或者《公报》；第二种是由发布机关和文种构成，如《中华人民共和国和洪都拉斯共和国建立外交关系的联合新闻公报》，或者是由事由和文种组成，如《金砖国家外长会晤新闻公报》；第三种是由发布机关、事由、文种组成，如《中国共产党第十九届中央委员会第七次会议公报》。

2. 成文时间

用括号在标题之下正中位置注明公报发布的年、月、日。

（二）正文

1. 开头部分

新闻公报开头部分要求用精练的语言概述事件的核心内容，即何时、何地、发生了什么重大事件等信息；会议公报开头部分还要求概述会议的概况，即会议召开的名称、时间、地点、参加人员等信息。

2. 主体部分

公报的主体部分为其核心内容，主要用于说明会议主要解决的问题或者报道重大事件的具体情况或者重要决定的详细内容。公报的主体部分常见的写作方式有两种：一是分段式写法，即采用分条列段方式，分别说明一层层意思或者一项项决定；二是序号式写法，即将信息复杂、问题头绪多的内容采用序号式排列的方式呈现出来。最后在主体部分的结尾处，可以有针对性地提出希望、发出号召。但是，新闻公报和会议公报一般自然作结的较多。

五、公报的格式

××××新闻公报

开头部分：何时、何地、发生何事

主体部分：事件的具体内容

××××会议公报

（××××年××月××日会议通过）

开头部分：

××××会议，于××××年××月××日在××××进行。

会议的出席者、列席者、主持人、讲话者。

主体部分：

会议要解决的主要问题：××××，××××，××××。

会议号召，××××，××××，××××。

六、例文分析

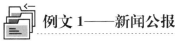

例文 1——新闻公报

金砖国家外长会晤新闻公报[①]

一、金砖国家外长会晤于 2021 年 6 月 1 日以视频方式举行。2021 年金砖

---

① 例文来源：https://www.gov.cn/xinwen/2021-06/02/content_5614891.htm。

国家主席国印度主持会议。

二、外长们回顾了金砖国家合作取得的进展，并就政治安全、经贸财金、可持续发展等领域的重大国际和地区问题交换了意见。

三、在纪念金砖国家合作 15 周年之际，外长们支持金砖国家在政治安全、经贸财金、人文交流"三轮驱动"合作架构下，加强在共同关心领域的合作。

四、外长们对新冠肺炎疫情对全球公共卫生、社会和经济持续造成严重冲击深表关切，对逝者表示哀悼，对受影响家庭的处境感同身受。外长们强调双边和多边国际合作对有效抗击疫情及其影响具有重要价值。外长们呼吁国际社会进一步做好应对新冠肺炎疫情及其他当前和未来卫生挑战的准备，包括通过动员政治支持，提供必要财政投入，加强本地生产，开展技术转让，保障平等且可负担地获取药品、疫苗、医疗产品和设备、诊断和治疗，并提升民众的信心。此外，外长们呼吁及时设立金砖国家疫苗研发中心，鼓励该中心及时投入有效运作，强调需要依据《国际卫生条例》和以往金砖国家领导人宣言精神，进一步推进金砖国家预防大规模传染病风险早期预警机制倡议。外长们支持举办金砖国家疫苗合作研讨会。

五、外长们注意到新冠肺炎危机对经济和金融稳定带来诸多挑战。外长们进一步强调落实相关经济成果具有重要意义，以反映广大新兴市场和发展中国家特别是金砖国家的需要和诉求，并特别强调金砖国家通过政策支持、加强金砖合作及国际协作共同应对新冠肺炎疫情危机的重要性。

六、外长们发表了关于加强和改革多边体系的联合声明。外长们支持金砖国家继续就共同关心的问题开展合作，包括通过常驻联合国及其他国际组织代表团定期会晤等。

七、外长们重申致力于从经济、社会、环境三个方面落实联合国 2030 年可持续发展议程，并重申可持续发展目标是不可分割的有机整体，不让任何一个人掉队。外长们呼吁国际社会构建全球发展伙伴关系，应对新冠肺炎疫情带来的负面影响，加快落实联合国 2030 年可持续发展议程，特别关注发展中国家的困难和需要。外长们敦促捐助国落实官方发展援助承诺，根据受援国国内政策目标，向发展中国家提供能力建设支持、技术转让以及更多发展资源。

八、外长们重申致力于基于各自不同国情落实根据《联合国气候变化框架公约》有关原则，包括"共同但有区别的责任"和各自能力原则制定的《京都议定书》和《巴黎协定》。外长们承认发展中国家推进可持续发展和消除贫困的背景下实现碳排放达峰需要更长时间。外长们强调制定"2020年后全球生物多样性框架"，以平衡体现《生物多样性公约》三个目标的重要性。外长们同意为筹备2021年第26届联合国气候变化大会和《生物多样性公约》第15次缔约方大会开展密切合作。

九、外长们赞赏金砖国家围绕经贸财金领域合作所做工作。为此，外长们期待全面落实《金砖国家经济伙伴战略2025》行动计划，并通过一切方式确保其实施效果。

十、外长们赞赏地注意到金砖国家新开发银行在基础设施建设和可持续发展融资方面及其抗疫紧急援助基金的作用。外长们欢迎2021年在俄罗斯开设新开发银行欧亚区域中心，期待在印度开设新开发银行区域办公室。外长们赞赏银行扩员工作取得的进展，鼓励及早吸收新成员。

十一、外长们欢迎新开发银行关注社会基础设施建设，特别是当前在新冠肺炎疫情对社会基础设施，尤其是医疗和教育设施造成直接影响。外长们呼吁根据联合国2030年可持续发展议程目标3，在疫苗研发、创新和生产能力方面进行投资。

十二、外长们重申支持开放、透明、包容、非歧视、基于规则的、以世界贸易组织为核心的多边贸易体制。外长们重申世贸组织全体成员避免采取同世贸组织精神和规则相违背的单边和保护主义措施至关重要。外长们全力支持世界贸易组织新任总干事恩戈齐·奥孔乔-伊维拉应对具有挑战性的任务。外长们期待世界贸易组织第12届部长级会议（MC12）取得积极成果，上诉机构早日恢复正常运转。

十三、外长们认为，各国需在裁军和防扩散领域继续合作。外长们呼吁加强包括日内瓦裁军谈判会议在内的国际裁军机制。外长们强调以政治和外交方式，就化解日益增多的国际和平安全挑战进行对话至关重要。外长们欢迎2010年《俄美关于进一步削减和限制进攻性战略武器措施的条约》延期，认可该条约对维护全球安全与稳定的重要作用。外长们承诺防止外空军备竞赛和武器化，确保外空活动长期可持续性，包括达成一个具有法律约束力的多边文书。外长们注意到中国和俄罗斯共同提交并更新的"防止在外空放置武器、对外空物体使用或威胁使用武力条约"草案。

十四、外长们重申《禁止细菌（生物）及毒素武器的发展、生产和储存以及销毁这类武器的公约》（《禁止生物武器公约》）的重要性。外长们强调应遵守和加强《禁止生物武器公约》，包括就设立有效的核查机制达成一项具有法律约束力的附加议定书。外长们同时重申对禁止化学武器组织的支持，呼吁《禁止化学武器公约》缔约国遵守公约并保持该公约完整性，并就恢复禁化武组织协商一致精神开展建设性对话。

十五、外长们赞赏金砖国家航天机构达成《金砖国家遥感卫星星座合作协定》，这有助于解决全球气候变化、灾难管理、环境保护、防止粮食短缺和水资源匮乏、经济社会可持续发展等研究中遇到的挑战。外长们强调，特别是"行动的十年"中，利用数字与技术解决方案实现可持续发展目标的重要性。

十六、外长们对世界不同地区冲突和暴力持续，冲击国际和地区和平与安全表示关切。外长们重申一切冲突都应根据国际法及《联合国宪章》，通过和平方式解决。外长们注意到武装冲突加剧新冠肺炎疫情，并对安理会有关立即全面停止敌对行动的呼吁未获全面落实表示关切。

十七、外长们对中东北非局势表示严重关切，强调该地区冲突和危机应通过包容性对话等政治和外交方式，符合国际法、不干涉内政、尊重各国独立、领土完整和主权的基础上解决。外长们欢迎弥合分歧取得的进展并鼓励建设性参与。外长们核可 2021 年 5 月 17 日金砖国家中东事务副外长级磋商有关讨论。

十八、外长们对宣布加沙地带于 5 月 21 日开始停火表示欢迎，强调全面恢复安宁的紧迫性。外长们对暴力造成的平民死亡表示哀悼，敦促国际社会立即关注向巴勒斯坦平民，特别是加沙地带平民提供人道主义援助。外长们重申支持"两国方案"，基于以色列和巴勒斯坦在安全和公认的边界内和平共处、比邻而居的愿景，实现全面和平。外长们支持联合国秘书长关于国际社会应同包括联合国近东巴勒斯坦难民救济和工程处在内的联合国机构共同努力，为快速和可持续的重建与复苏制定综合、有力的一揽子支持计划。

十九、外长们重申对阿拉伯叙利亚共和国主权、独立、统一和领土完整的坚定承诺。外长们坚信军事手段不能解决叙利亚冲突。外长们同时重申支持根据联合国安理会第2254号决议，在联合国推动下的"叙人主导、叙人所有"的政治进程。外长们注意到在此背景下，阿斯塔纳进程担保国及所有为政治解决有关冲突作出努力的国家，果断参与在日内瓦启动的宪法委员会，具有重要意义，同时欢迎联合国秘书长叙利亚问题特使裴凯儒为确保该委员会的可持续性和有效性所作努力。外长们重申其坚信，为达成协议，宪法委员会成员必须以妥协精神为指引，在不受外部干预的情况下建设性地开展合作。外长们强调，要根据联合国人道主义原则保障人道主义援助畅通和叙利亚冲突后重建，为叙利亚难民安全、自愿、有尊严地回国，并为国内流离失所者返回永久居住地创造条件，以实现叙利亚和整个地区的长期稳定与安全。

二十、外长们对也门持续冲突表示严重关切，冲突破坏也门及整个地区的安全稳定，并造成联合国认为的"当代最严重人道主义危机"。外长们呼吁冲突各方全面停止敌对行动，并在联合国斡旋下启动"也人主导"的包容性谈判进程。外长们强调向也门人民提供紧急人道主义援助及准入的重要性。

二十一、外长们对非洲部分地区安全局势恶化、引发持续武装冲突表示持续关切，呼吁国际社会根据非洲人民所提"以非洲方式解决非洲问题"原则，支持旨在促进非洲可持续和平安全以及发展的区域和次区域倡议。外长们进一步强调加强联合国与非盟和平与安全领域伙伴关系的重要性。

二十二、外长们强调，一个稳定、民主、包容、独立、繁荣、主权、和平的阿富汗是地区局势取得进展的关键。外长们对阿富汗持续的严重暴力及安全形势深表关切，强调要维护近二十年来取得的成果，保护阿富汗公民，特别是妇女、儿童和少数群体的权利。外长们重申致力于"阿人主导，阿人所有"的和平进程，支持联合国在维护、建设和平方面发挥重要作用。外长们欢迎国际社会旨在实现阿富汗可持续和平的所有努力。外长们强烈谴责在阿富汗的持续暴力，特别是恐怖组织针对平民的袭击。外长们呼吁立即、永久、全面停火。外长们强调消除联合国安理会列名恐怖组织对阿富汗持久和平造成的威胁具有紧迫的必要性。

二十三、外长们重申需要根据国际法，通过和平和外交手段解决伊朗核问题，包括在伊核问题全面协议框架下开展谈判，同时重申全面落实伊核问题全面协议和联合国安理会第2231号决议的重要性。外长们欢迎伊朗与国际原子能机构延期双方达成的"技术谅解"，以允许继续开展必要的核查和监督活动。

二十四、外长们强调在朝鲜半岛实现持久和平与安全的重要性。外长们支持通过和平、外交和政治方式，解决朝鲜半岛所有相关问题，包括实现全面无核化。

二十五、外长们重申对缅甸主权、政治独立、领土完整和统一的坚定承诺。外长们支持东盟近期关于缅甸问题的倡议以及落实东盟"五点共识"。外长们呼吁各方避免使用暴力。

二十六、外长们强烈谴责一切形式和表现的恐怖主义，无论恐怖主义在何时、何地，由何人实施。外长们认识到恐怖主义、助长恐怖主义的极端主义和激进主义导致的威胁。外长们决心打击一切形式和表现的恐怖主义，包括恐怖分子跨境转移、恐怖融资网络和为恐怖分子提供庇护。外长们重申决心共同努力，支持通过《全面反恐公约》。外长们忆及2020年金砖国家领导人达成的《金砖国家反恐战略》以及金砖国家开展反恐合作的原则，重申致力于2021年由金砖反恐工作组及早完成制定以结果为导向的行动计划。

二十七、外长们对全球各类毒品的非法生产和贩卖日益猖獗表示严重关切。外长们重申对三大国际禁毒公约目的和目标的承诺。外长们强调在金砖国家禁毒工作组及国际和地区论坛开展禁毒合作的重要性。

二十八、外长们重申致力于根据国内法在反腐败执法，包括追缴资产等方面，推动国际反腐败合作并加强金砖国家协作。

二十九、外长们强调需要全面平衡处理信息通信技术进步、经济发展、保护国家安全和社会公共利益和尊重个人隐私权利的关系。外长们强调联合国应发挥领导作用，推动通过对话就信息通信技术安全和使用、普遍同意的负责任国家行为规则、准则和原则达成共识，同时不排斥其他相关国际平台。外长们强调适用于本领域的国际法和原则的重要性。为此，外长们对联合国开放工作组以及政府间专家组的工作表示欢迎，并注意到其讨论取得进展。

外长们同时强调金砖国家就信息通信技术使用中确保网络安全问题开展合作时，拥有一个法律框架具有重要意义。外长们重申推进金砖国家间合作的重要性，包括考虑提出相关倡议和落实《金砖国家确保信息通信技术安全使用务实合作路线图》。

三十、外长们强调信息通信技术在促进经济增长和发展方面潜力巨大，同时也意识到它可能带来新的犯罪活动和威胁。外长们对信息通信技术非法滥用的水平和复杂性不断上升，以及对缺少一个由联合国主导的打击信息通信技术领域犯罪的框架表示关切。外长们还认识到，由此产生的新挑战和新威胁需要各国合作应对，并欢迎联合国设立相关开放性政府间专家特设委员会，以商定关于打击将信息通信技术用于犯罪目的的全面国际公约。

三十一、外长们认为创新是全球可持续发展的关键驱动力之一，在促进经济增长、支持创造就业、创业和结构性改革、提高生产力和竞争力、为公民提供更好服务以及应对全球性挑战等方面，发挥重要作用。鉴此，外长们期待年内通过《金砖国家创新合作行动计划（2021—2024年）》。

三十二、外长们重申需要促进产业增长，欢迎进一步推动贸易投资合作，包括在金砖国家新工业革命伙伴关系框架下推动合作。外长们欢迎中国建立金砖国家新工业革命伙伴关系创新基地，并期待就关于建立金砖国家工业能力中心的倡议开展后续讨论。

三十三、外长们重申各国应本着平等相待和相互尊重的原则开展合作，促进和保护人权与基本自由。外长们同意继续以公平、平等的方式对待包括发展权在内的各类人权，承认其相同地位及同等重要性。外长们同意在金砖国家及联合国人权理事会等多边框架下就共同关心的问题加强合作，认为需要以非选择性、非政治性和建设性方式促进、保障及实现各国人权，避免双重标准。

三十四、外长们赞赏地注意到金砖国家第三支柱，即人文交流领域正在开展的活动与合作。外长们欢迎包括金砖国家学术论坛、金砖国家智库理事会、金砖国家银行合作机制、金砖国家女性工商联盟、金砖国家工商理事会、金砖国家网络大学等在内的工商和人文领域的进展与会议，并期待在这些领域开展更多合作。外长们支持中国举办北京冬季奥林匹克运动会。

三十五、巴西、俄罗斯、中国、南非全力支持印度于2021年9月举办金砖国家领导人第十三次会晤，致力于共同努力取得丰硕成果。

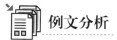 **例文分析**

　　这是一份新闻公报，标题《金砖国家外长会晤新闻公报》由事由和文种组成。会议公报的开头简要交代了金砖国家外长会晤于 2021 年 6 月 1 日以视频方式举行，金砖国家主席国印度主持会议。主体部分为其核心内容，用于说明会议主要解决的问题或者报道重大事件的具体情况或者重要决定的详细内容。由于该公报的主体部分内容复杂，涉及金砖国家合作 15 周年以来，在政治安全、经贸财金、人文交流"三轮驱动"合作架构下加强的共同关心领域的合作、新冠肺炎危机对经济和金融稳定带来诸多挑战、加强和改革多边体系的联合声明、致力于从经济、社会、环境三个方面落实联合国 2030 年可持续发展议程、重申致力于基于各自不同国情落实根据《联合国气候变化框架公约》有关原则、赞赏金砖国家围绕经贸财金领域合作所做工作、金砖国家新开发银行在基础设施建设和可持续发展融资方面及其抗疫紧急援助基金的作用、重申支持开放、透明、包容、非歧视、基于规则的、以世界贸易组织为核心的多边贸易体制、重申《禁止细菌（生物）及毒素武器的发展、生产和储存以及销毁这类武器的公约》（《禁止生物武器公约》）的重要性、对世界不同地区冲突和暴力持续，冲击国际和地区和平与安全表示关切等 30 多个问题，所以采用序号式说明内容。该新闻公报的写作体现出新闻的真实性和准确性，用鲜明、精练的语言概述了事件的核心内容。

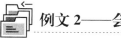 **例文 2——会议公报**

中国共产党第十九届中央委员会第七次全体会议公报[①]

（2022 年 10 月 12 日中国共产党第十九届中央
委员会第七次全体会议通过）

　　中国共产党第十九届中央委员会第七次全体会议，于 2022 年 10 月 9 日

---

① 例文来源：https://www.gov.cn/xinwen/2022-10/12/content_5717943.htm。

至 12 日在北京举行。

出席全会的有中央委员 199 人，候补中央委员 159 人。中央纪律检查委员会委员和有关负责同志列席会议。

全会由中央政治局主持。中央委员会总书记习近平作了重要讲话。

全会决定，中国共产党第二十次全国代表大会于 2022 年 10 月 16 日在北京召开。

全会听取和讨论了习近平受中央政治局委托作的工作报告。全会讨论并通过了党的十九届中央委员会向中国共产党第二十次全国代表大会的报告，讨论并通过了党的十九届中央纪律检查委员会向中国共产党第二十次全国代表大会的工作报告，讨论并通过了《中国共产党章程（修正案）》，决定将这 3 份文件提请中国共产党第二十次全国代表大会审查和审议。习近平就党的十九届中央委员会向中国共产党第二十次全国代表大会的报告讨论稿向全会作了说明，王沪宁就《中国共产党章程（修正案）》讨论稿向全会作了说明。

全会充分肯定党的十九届六中全会以来中央政治局的工作。一致认为，一年来，面对复杂严峻的国际环境和艰巨繁重的国内改革发展稳定任务，中央政治局全面贯彻习近平新时代中国特色社会主义思想，团结带领全党全军全国各族人民，弘扬伟大建党精神，坚持稳中求进工作总基调，落实疫情要防住、经济要稳住、发展要安全的要求，统筹新冠肺炎疫情防控和经济社会发展，统筹发展和安全，毫不放松抓好常态化疫情防控，推动高质量发展，深化改革开放，发展全过程人民民主，加强宣传思想文化工作，突出保障和改善民生，推进生态文明建设，加快国防和军队现代化步伐，积极开展中国特色大国外交，推进全面从严治党，成功举办北京冬奥会、冬残奥会，隆重庆祝香港回归祖国 25 周年，坚决开展反分裂、反干涉重大斗争，妥善应对乌克兰危机带来的风险挑战，着力保持平稳健康的经济环境、国泰民安的社会环境、风清气正的政治环境，推动党和国家各项事业取得新的重大成就，为召开党的第二十次全国代表大会创造了良好条件。

全会总结了党的十九大以来 5 年的工作。一致认为，党的十九大以来的 5 年，是极不寻常、极不平凡的 5 年。5 年来，以习近平同志为核心的党中央高举中国特色社会主义伟大旗帜，全面贯彻党的十九大和十九届历次全会精神，坚持马克思列宁主义、毛泽东思想、邓小平理论、"三个代表"重要思想、科学发展观，全面贯彻习近平新时代中国特色社会主义思想，团结带领全党全军全国各族人民，统揽伟大斗争、伟大工程、伟大事业、伟大梦想，统筹推进"五位一体"总体布局，协调推进"四个全面"战略布局，统筹新冠肺炎疫情防控和经济社会发展，统筹发展和安全，坚持稳中求进工作总基调，全力推进全面建成小康社会进程，完整、准确、全面贯彻新发展理念，着力推动高质量发展，主动构建新发展格局，蹄疾步稳推进改革，扎实推进全过程人民民主，全面推进依法治国，积极发展社会主义先进文化，突出保障和改善民生，集中力量实施脱贫攻坚战，大力推进生态文明建设，坚决维护国家安全，防范化解重大风险，保持社会大局稳定，大力度推进国防和军队现代化建设，全方位开展中国特色大国外交，全面推进党的建设新的伟大工程。如期打赢脱贫攻坚战，完成全面建成小康社会的历史任务，实现第一个百年奋斗目标，迈上全面建设社会主义现代化国家新征程，向第二个百年奋斗目标进军。隆重庆祝中国共产党成立100周年、中华人民共和国成立70周年，制定第三个历史决议，在全党开展党史学习教育，号召全党学习和践行伟大建党精神。坚持人民至上、生命至上，开展抗击新冠肺炎疫情人民战争、总体战、阻击战，最大限度保护了人民生命安全和身体健康。依照宪法和基本法有效实施对特别行政区的全面管治权，落实"爱国者治港"原则，香港局势实现由乱到治的重大转折。坚持一个中国原则和"九二共识"，展示了我们维护国家主权和领土完整、反对"台独"的坚强决心和强大能力。坚持国家利益为重、国内政治优先，保持战略定力，发扬斗争精神，在斗争中维护国家尊严和核心利益，牢牢掌握了我国发展和安全主动权。5年来，以习近平同志为核心的党中央审时度势、守正创新，敢于斗争、善于斗争，团结带领全党全军全国各族人民有效应对严峻复杂的国际形势和接踵而至的巨大风险挑战，以奋发有为的精神把新时代中国特色社会主义不断推向前进，攻克了许多长期没有解决的难题，办成了许多事关长远的大事要事，推动党和国家事业取得举世瞩目的重大成就。

全会强调，党的十九大以来5年党和国家事业的重大成就，是在以习近平同志为核心的党中央坚强领导下、在习近平新时代中国特色社会主义思想指引下全党全国各族人民团结奋斗取得的。党确立习近平同志党中央的核心、全党的核心地位，确立习近平新时代中国特色社会主义思想的指导地位，反映了全党全军全国各族人民共同心愿，对新时代党和国家事业发展、对推进中华民族伟大复兴历史进程具有决定性意义。全党要深刻领悟"两个确立"的决定性意义，增强"四个意识"、坚定"四个自信"、做到"两个维护"，更加紧密地团结在以习近平同志为核心的党中央周围，全面贯彻习近平新时代中国特色社会主义思想，踔厉奋发、勇毅前行，为全面建设社会主义现代化国家、全面推进中华民族伟大复兴而团结奋斗。

全会总结了党的十九届中央纪律检查委员会的工作。一致认为，在以习近平同志为核心的党中央坚强领导下，各级纪律检查委员会忠实履行党章赋予的职责，坚决贯彻党的自我革命战略部署和全面从严治党战略方针，持之以恒落实中央八项规定精神，严明政治纪律和政治规矩，坚决维护党中央权威和集中统一领导，强化政治监督，深化政治巡视，推动落实全面从严治党政治责任，整治群众身边的不正之风和腐败问题，一体推进不敢腐、不能腐、不想腐，推动反腐败斗争取得压倒性胜利并全面巩固，完善党和国家监督体系，深化纪检监察体制改革，提高规范化法治化正规化水平，建设忠诚干净担当的纪检监察队伍，纪检监察工作高质量发展取得新成效。

全会按照党章规定，决定递补中央委员会候补委员马国强、王宁、王伟中为中央委员会委员。

全会审议并通过了中共中央纪律检查委员会关于傅政华、沈德咏、李佳、张敬华严重违纪违法问题的审查报告，确认中央政治局之前作出的给予傅政华、沈德咏、张敬华开除党籍处分，给予李佳撤销党内职务处分。

全会分析了当前形势和任务，深入讨论了新时代新征程坚持和发展中国特色社会主义、全面建设社会主义现代化国家的若干重大问题，为召开党的第二十次全国代表大会作了充分准备。

例文分析

这是一份会议公报，标题《中国共产党第十九届中央委员会第七次全体会议公报》由发文机关、事由和文种组成。会议公报的开头交代了中国共产党第十九届中央委员会第七次全体会议于 2022 年 10 月 9 日至 12 日在北京举行，出席全会的有中央委员 199 人，候补中央委员 159 人。中央纪律检查委员会委员和有关负责同志列席会议；全会由中央政治局主持，中央委员会总书记习近平作了重要讲话等基本情况。主体部分为其核心内容，用于说明会议主要解决的问题或者报道重大事件的具体情况或者重要决定的详细内容。由于该公报的主体部分内容复杂，采用了分条列段的方法予以说明，具体如下：全会听取和讨论了习近平受中央政治局委托作的工作报告；充分肯定党的十九届六中全会以来中央政治局的工作；总结了党的十九大以来 5 年的工作；强调党的十九大以来 5 年党和国家事业的重大成就，是在以习近平同志为核心的党中央坚强领导下、在习近平新时代中国特色社会主义思想指引下全党全国各族人民团结奋斗取得的；总结了党的十九届中央纪律检查委员会的工作；按照党章规定，决定递补中央委员会候补委员马国强、王宁、王伟中为中央委员会委员等重要内容。写作时做到了行文简洁，内容主次分明，重点突出，用词庄重。

 例文 3——专项工作公报

中国共产党党内统计公报①

2021 - 06 - 30

中共中央组织部

截至 2021 年 6 月 5 日，中国共产党党员总数为 9 514.8 万名，比 2019 年底净增 323.4 万名，增幅为 3.5％。

中国共产党现有基层组织 486.4 万个，比 2019 年底净增 18.2 万个，增幅为 3.9％。其中，基层党委 27.3 万个，总支部 31.4 万个，支部 427.7 万个。

一、党员队伍情况

党员的性别、民族和学历。女党员 2 745.0 万名，占党员总数的 28.8％。少数民族党员 713.5 万名，占 7.5％。大专及以上学历党员 4 951.3 万名，占

① 例文来源：https://www.gov.cn/yaowen/liebiao/202306/content_6889177.htm.

52.0%。

党员的年龄。30 岁及以下党员 1 255.3 万名，31 至 35 岁党员 1 112.6 万名，36 至 40 岁党员 939.0 万名，41 至 45 岁党员 876.0 万名，46 至 50 岁党员 938.2 万名，51 至 55 岁党员 867.1 万名，56 至 60 岁党员 833.7 万名，61 岁及以上党员 2 693.0 万名。

党员的入党时间。新中国成立前入党的 13.4 万名，新中国成立后至党的十一届三中全会前入党的 1 455.5 万名，党的十一届三中全会后至党的十八大前入党的 6 094.3 万名，党的十八大以来入党的 1 951.6 万名。

党员的职业。工人（工勤技能人员）648.1 万名，农牧渔民 2 581.7 万名，企事业单位、社会组织专业技术人员 1 507.5 万名，企事业单位、社会组织管理人员 1 061.2 万名，党政机关工作人员 777.3 万名，学生 306.7 万名，其他职业人员 720.5 万名，离退休人员 1 911.8 万名。

二、发展党员情况

2020 年 1 月 1 日至 2021 年 6 月 5 日共发展党员 473.9 万名，其中，2020 年 1 月 1 日至 12 月 31 日发展党员 242.7 万名，2021 年 1 月 1 日至 6 月 5 日发展党员 231.2 万名。

发展党员的性别、民族、年龄和学历。发展女党员 212.4 万名，占 44.8%。发展少数民族党员 45.1 万名，占 9.5%。发展 35 岁及以下党员 382.4 万名，占 80.7%。发展具有大专及以上学历的党员 222.0 万名，占 46.8%。

发展党员的职业。工人（工勤技能人员）27.3 万名，企事业单位、社会组织专业技术人员 68.5 万名，企事业单位、社会组织管理人员 49.8 万名，农牧渔民 79.5 万名，党政机关工作人员 27.4 万名，学生 187.2 万名，其他职业人员 34.1 万名。在生产、工作一线发展党员 247.0 万名。

三、党内表彰情况

2020 年 1 月 1 日至 2021 年 6 月 5 日全国各级党组织共表彰先进基层党组织 15.3 万个，表彰优秀共产党员 77.3 万名，表彰优秀党务工作者 17.1 万名。

四、申请入党情况

截至 2021 年 6 月 5 日，全国入党申请人 2 005.5 万名，入党积极分子 1 005.7 万名。

五、党组织情况

党的地方委员会。全国共有党的各级地方委员会 3 199 个。其中，省（区、市）委 31 个，市（州）委 397 个，县（市、区、旗）委 2 771 个。

城市街道、乡镇、社区（居委会）、行政村党组织。全国 8 942 个城市街道、29 693 个乡镇、113 268 个社区（居委会）、491 748 个行政村已建立党组织，覆盖率均超过 99.9％。

机关、事业单位、企业和社会组织党组织。全国共有机关基层党组织 74.2 万个，事业单位基层党组织 93.3 万个，企业基层党组织 151.3 万个，社会组织基层党组织 16.2 万个，基本实现应建尽建。

（注：本公报部分合计数或相对数由于单位取舍不同而产生的计算误差均未作机械调整。）

 **例文分析**

这是一份专项统计工作公报，标题由发文机关（中国共产党）、事由（党内统计）和文种（公报）三部分组成，标题下准确标明发布该公报的时间。公报的正文由概述和分述两大部分组成。开头的概述对公报公布时限内的情况简明扼要地加以综合介绍；分述部分详细介绍党员队伍情况、发展党员情况、党内表彰情况、申请入党情况、党组织情况等五个方面的具体情况。在此特别强调的是，统计公报的数据是衡量一个国家或者地区社会发展的重要依据，因此一定要准确可靠，保证其权威性。

第十七章

议　案

一、议案的概念

议案适用于各级人民政府按照法律程序向同级人民代表大会或者人民代表大会常务委员会提请审议事项。它是由具有法定提案权的国家机关、会议常设或者临时设立的机构和组织，以及一定数量的个人，向同级权力机关提出进行审议并作出决定的议事公文，是行使国家权力的重要手段。

在此要特别注意"议案"和"提案"的区别。它们的区别主要表现在以下四个方面。一是性质不同。议案是国家法定公文，适用于各级人民代表大会或者常务委员会，它一经提请大会审议通过后，就具有很强的法律约束力和法律效力；提案则不是法定公文，它只适用于各级政协会议和企业职工代表大会，约束力和法律效力相对较弱，甚至没有议案那种法律上的约束力。二是内容范围要求不同。议案内容相对较窄，《中华人民共和国全国人民代表大会和地方各级人民代表大会代表法》第九条规定："代表有权依照法律规定的程序向本级人民代表大会提出属于本级人民代表大会职权范围内的议案。议案应当有案由、案据和方案。"而提案涉及的内容相对较宽。《中国人民政治协商会议全国委员会提案工作条例》（以下简称《提案工作条例》）第十四条规定："提案应当围绕党和国家大政方针、中心工作、坚持问题导向，聚焦社会主义经济建设、政治建设、文化建设、社会建设、生态文明建设中的重要问题，人民群众普遍关心的问题以及爱国统一战线的其他重要问题，在深入调查基础上提出"。三是提出主体不同。法律对议案提出的主体有严格的规定，《中华人民共和国地方各级人民代表大会和地方各级人民政府组织法》（以下简称《地方组织法》）第二十二条规定，县级以上的人大代表要十人以上联名、乡镇的人大代表要五人以上联名才有提出议案的权力；而对"提案"提出的主体则没有人数限制，《提案工作条例》第十三条规定，政协委员可以个人名义提，也可以联名方式提。四是立案方法不同。《地方组织法》第二十二条规定，"议案"只有获得大会主席团审议通过后才能成为大会议案；《提案工作条例》第十七条规定，"提案"只要经过政协提案委员会审查，符合《提案工作条例》第三章规定的，便予以立案。

二、议案的特点

（一）法定性

议案的法定性主要体现在以下两点。一是议案的制发机关只能是少数法定机构。包括全国人民代表大会主席团、全国人民代表大会常务委员会、全国人民代表大会各专门委员会、国务院、中央军委会、最高人民法院、最高人民检察院等；地方各级人民代表大会举行会议时，主席团、常务委员会、各专门委员会、本级人民政府等可以提出职权范围内的议案。二是议案的环节必须按照法定程序进行，即议案的提出、审议、批准、实施等环节必须严格按照法定框架进行。法定机构向全国人大提出的议案，须由主席团决定交各代表团审议，或者提交有关专门委员会审议、提出报告，再由主席团审议决定提交大会表决。

（二）定向性

议案不是普通的行文，它具有定向性特点，主要体现在以下两个方面。一是内容的定向性。议案内容必须符合《地方组织法》规定，且必须属于本级人民代表大会及其常委会职权范围内的有关事项，即要围绕立法、监督、人事任免和重大事项的决定等职权来提出议案，而且必须遵循"一案一事"的原则，杜绝"一案多事"。二是行文对象的定向性。议案只能由法律规定的各级人民政府按照法定程序向同级人民代表大会或者人民代表大会常务委员会提交，不能向其他部门或者单位行文，主送机关也只有一个。

（三）限定性

议案的提交有严格的时间限定，必须在同级人民代表大会或者其常务委员会举行会议规定的限期前、在大会主席团宣布或者决定的截止时间之内，将所提请审议的议案提交大会审查委员会，列入大会议程，具体时间由大会主席团决定。逾期提交议案的，大会审查委员会不再接受，所提请的议案也就失去效用，无法进入大会议程。

三、议案的种类

议案的种类很多，本文重点介绍决策议案、立法议案和任免议案三种。

（一）决策议案

决策议案是指在本级人民政府辖区内，属于本级人大职权范围内涉及的财政预算决算、城市发展规划、国计民生工程等重大问题，以及政治、经济、文化、教育、科技、卫生、宗教等领域重大事项的决策，需要提请人民代表大会对决策事项进行审议，并做出决定或者决议的议案。

（二）立法议案

这类议案主要用于提请审议法律、法规等，常用于两种情况：一是政府机构制定一些法律或者法规之后需要提请人大审议通过；二是建议、提请相关行政机构制定某项法律法规。

（三）任免议案

这类议案主要是以行政机关身份向同级人民代表大会提请审议批准任命、免去或撤销行政机关工作人员职务的议案。国家驻外机构的主要负责人的工作以及职务安排的任免事项，也适用于这类议案。

四、议案的写法

议案一般由标题、主送机关、正文和落款（上款、下款）四部分组成。

（一）标题

议案标题由发文机关、事由（提请审议事项）、文种三部分组成。

议案的标题一般有两种表达方式：一是由发文机关、案由和文种组成；二是省略发文机关，由案由和文种组成。

在此要注意的是，议案标题一般不能用发文机关加文种或者只有文种的写法，不得随意简化。

（二）主送机关

议案的主送机关是指议案提交的法定机关，即同级人民代表大会或者人民代表大会常务委员会，不能有其他并列机关，具有单一性和定向性。因为议案的发文机关和主送机关级别相同且属于不在同一隶属关系的组织系统内，所以我们认为议案的行文方向是平行文。

（三）正文

正文是提请审议议案的主体部分，由案据、方案和结语三部分组成。审议的事项必须是重要事项，符合人民群众的意愿和要求的。

案据是提请审议议案的依据。这部分和公文写作的缘由部分相近，即议案的根据、目的、意义等，该内容可以视内容表达需要而定，可长可短，但一定要理由充分，有说服力。

方案是议案的核心内容，是对提请审议的事项提出解决途径和方法的部分。若是提请审议重大决策事项，就要把决策的内容一一列出，供大会审阅；若是审议已制定的法律法规，那么在解决问题的方案中只需写明提请审议的法律或法规的名称，而要在附件中明确地把法律或法规的文本附上；若是提请审议任免性议案，要将被任免人的姓名和拟担任的职务写明。方案部分不能只提出问题，而没有解决问题的途径和方法。

结语是议案的结尾部分。结语主要用于提出审议请求，一般都采用模式化写法，如"现提请大会审议同意""现提请审议""本草案业经××政府同意，现提请审议"或者"请予审议决定"等，言简意赅。

（四）落款

落款包括上款和下款两部分。上款即收文机关，如某级人民代表大会及其常务委员会，有的要写明某次或者第几届第几次会议；下款即发文机关和行政首长署名，无须加盖机关公章，另行写提请审议的年月日。其中，署名一般要由政府领导签署，即国务院提交给全国人大的议案，要由国务院总理签署，各省、市、自治区提交同级人民代表大会的议案，要由省长、市长或者自治区主席签署。

五、议案的格式

××××关于××××的议案

××××：

　　提出议案的案据（议案的依据）；

　　议案的方案；

　　该草案业经××××同意，现提请审议。

署名：××××

××××年××月××日

六、例文分析

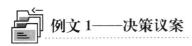 **例文 1——决策议案**

关于提请审议《杭州市人民代表大会常务委员会
关于加快推进新型农村集体经济发展壮大的决定（草案）》的议案①

杭州市人民代表大会常务委员会：

　　为深入贯彻落实习近平总书记关于"三农"工作的重要论述，认真落实中央和省、市委有关决策部署，持续增强村级集体经济发展活力和实力，全面推进乡村振兴，高质量促进农村共同富裕。市人大常委会有关部门起草了《杭州市人民代表大会常务委员会关于加快推进新型农村集体经济发展壮大的决定（草案）》。经市十四届人大常委会第 12 次主任会议研究，提请市十四届人大常委会第五次会议审议。

杭州市人民代表大会常务委员会主任会议

2022 年 10 月 31 日

---

　　① 例文来源：https://z.hangzhou.com.cn/2022/rddwchy/content/content_8386737.html.

杭州市人民代表大会常务委员会
关于加快推进新型农村集体经济发展壮大的决定（草案）

（2022 年 11 月日杭州市第十四届人民代表大会
常务委员会第五次会议通过）

为深入贯彻落实习近平总书记关于"三农"工作的重要论述，不断巩固完善农村基本经营制度，切实提高发展壮大新型农村集体经济的能力，夯实共同富裕基础，依据《中华人民共和国乡村振兴促进法》《浙江省乡村振兴促进条例》《浙江省村经济合作社组织条例》《浙江省农村集体资产管理条例》《中共中央国务院关于全面推进乡村振兴加快农业农村现代化的意见》《浙江高质量发展建设共同富裕示范区实施方案（2021—2025 年）》《杭州争当浙江高质量发展建设共同富裕示范区城市范例的行动计划（2021—2025 年）》等，结合杭州实际，作出如下决定：

一、新型农村集体经济，是基于农村集体产权制度改革，以共同富裕为目标，以市场化资源配置为核心，相关利益方通过联合与合作，形成的具有明晰的产权关系、清晰的成员边界、合理的治理机制和利益分享机制，实行平等协商、民主管理、利益共享的经济形态。

二、发展壮大新型农村集体经济是巩固完善农村基本经营制度的重要内容，是推进乡村振兴战略的重要举措，是巩固党在农村执政基础的重要保障，是实现共同富裕的重要路径。必须以习近平总书记关于"三农"工作的重要论述为指引，坚持党建引领、政府推动、村社主体、社会参与的原则，打造具有杭州辨识度的新型农村集体经济改革发展标志性成果，助力杭州争当浙江高质量发展建设共同富裕示范区城市范例。

三、发展壮大新型农村集体经济，必须牢牢把握"大杭州、高质量、共富裕"发展要求，鼓励乡村实施全资源开发，持续推进村级集体经济消薄增收，努力实现村集体经济总收入和经营性收入"两个倍增"。

四、各级人民政府要将发展壮大新型农村集体经济工作纳入国民经济和社会发展规划纲要，建立健全相应的统筹协调机制、监督责任体系和考核评价体系。

五、市、区（县、市）人民政府农业农村行政主管部门负责发展壮大新型农村集体经济工作的统筹协调、政策指导、推动落实和监督检查。发改、财政、规划和自然资源、文旅、民政、林水、供销社等有关部门按照各自职责，合力做好发展壮大新型农村集体经济工作。村经济合作社是发展壮大新型农村集体经济的主体，要坚持群众主体，集中民智、民力，充分调动广大基层群众积极性、主动性、创造性，不断增强集体经济内生发展动力。

六、鼓励和支持组建乡村振兴联合体，深化党建联盟和共富联合体建设，通过联盟、联合等组团模式推进乡村片区化、组团式发展，形成以强带弱、以大带小、区域联动、共同富裕格局。

七、鼓励和支持以独资、合作、入股等形式组建强村公司，创办或领办"共富工坊"，通过发展产业、投资物业、劳务服务、承接项目等，拓展新型农村集体经济发展途径。

八、鼓励和支持发展"飞地"抱团项目，引导多村抱团突破村域、镇域、县域限制，将资源要素配置在基础好、有前景的园区、开发区、特色小镇、小微企业园、大学生农创园、乡村创业基地等平台，优化资源空间配置，推进集体经济发展。

九、鼓励和支持村集体多种方式盘活闲置资产资源。引导社会资本、各类社会组织和乡贤等共同参与资产盘活利用，发展新型经济业态。引导村集体流转土地开展农业标准地建设，发展现代农业。

十、鼓励和支持农村集体经济组织统筹利用美丽乡村建设成果、乡村山水资源、特色产业、地域文化等，发展休闲观光、农创文旅、农耕体验等新产业新业态，促进乡村产业与集体经济融合发展。

十一、深入实施"两进两回"工程（即科技、资金进乡村，青年、乡贤回农村），鼓励和支持农村集体经济组织聘请职业经理人，引入有实力、懂农村、善经营的专业人员（团队），推进村庄市场化经营。

十二、依法依规稳妥有序开展集体经营性建设用地入市试点改革，在依法妥善处理原有用地相关权利人的利益关系后，将符合规划的存量集体建设用地，按照农村集体经营性建设用地入市，实现集体经营性建设用地与国有建设用地同地同权同价，增值收益分配向农村集体倾斜。

十三、各区、县（市）人民政府要认真落实省、市有关农村集体土地依法被征收后农村集体经济发展留用地政策。确因发展壮大新型农村集体经济需要，允许预支一定数量的留用地指标。

十四、各区、县（市）人民政府应安排不少于当年新增建设用地计划指标的3，用于新型农村集体经济发展用地。鼓励开展全域土地综合整治，获取的建设用地复垦指标和耕地占补平衡指标优先用于新型农村集体经济发展。

十五、各区、县（市）人民政府应优先保障对新型农村集体经济发展壮大的财政投入。投入集体经济发展项目的财政资金所形成的资产产权按相应比例划归村集体所有。

十六、优化金融扶持措施，鼓励金融机构为新型农村集体经济发展壮大提供金融产品和服务，扩大农村抵押物、质押物范围，拓宽农村集体经济发展融资渠道。完善政策性农业信贷担保体系，供销农信担保公司等涉农信贷担保机构要积极为新型农村集体经济组织提供政策性融资担保服务。

十七、完善区县协作、联乡结村、百社百企结百村等帮扶工作机制，优先向发展壮大新型农村集体经济倾斜，引导城乡资源互通、优势互补、互利共赢，打造杭州特色的新型帮共体。

十八、坚持数字赋能新型农村集体经济发展，持续推进省市县乡村五级联网的农村集体经济数字管理系统建设，迭代升级基层公权力大数据监督平台，强化集体资金资源资产数字化监督监管、经营状况预警监测和产权交易体系建设，推动集体资产实时监管和保值增值。

十九、市、区（县、市）人民政府要建立健全农村集体资产监督与指导体系，制定完善资产管理和使用制度。乡镇人民政府（街道办事处）要切实履行农村集体资产监督责任，保障农村集体经济健康发展。

二十、各级人民政府及其有关部门在发展壮大新型农村集体经济工作中不履行或者不正确履行职责的，依照法律法规和有关规定予以处理。

二十一、本决定自通过之日起施行。

 **例文分析**

这是一份杭州市人民代表大会常务委员会主任会议提请杭州市人民代

表大会常务委员会的决策议案，该议案内容单一，一案一事。其中，议案案据是"为深入贯彻落实习近平总书记关于'三农'工作的重要论述，认真落实中央和省、市委有关决策部署，持续增强村级集体经济发展活力和实力，全面推进乡村振兴，高质量促进农村共同富裕"，交代了提请审议议案的目的；审议事项是"市人大常委会有关部门起草了《杭州市人民代表大会常务委员会关于加快推进新型农村集体经济发展壮大的决定（草案）》"；结语通过"经市十四届人大常委会第 12 次主任会议研究，提请市十四届人大常委会第五次会议审议"自然作结。

 例文 2——立法议案

关于制定《慈善事业促进法》议案①

2017 年 3 月 7 日

议案主题：当前我国慈善事业明显落后于社会发展需求，建议尽快制定慈善事业促进法，促进社会和谐。要明确规定慈善机构具有独立的法人地位，明确慈善机构的性质、使命及其管理、运行的基本准则和监督机制，确立完善、统一的慈善税制。

一、案由

自 20 世纪 90 年代以来，我国陆续制定和出台了《中华人民共和国公益事业捐赠法》《社会团体登记管理条例》《基金会管理条例》等涉及慈善事业捐赠、税收、所得税与社团管理等方面的法律和条例。但这些法律法规对于规范、保护和促进慈善事业的发展，保障性不够，力度不大，概括起来还存有五个方面问题。

（一）"官办"慈善组织和机构数量少，民间慈善组织发展受到制约。目前我国慈善组织仍带有自由发展或依附政府的倾向，一些慈善组织的建设不够完善，慈善资源的动员力量弱小，受到政府及其主管部门直接干预较多，甚至有些慈善组织形同虚设或成为"二政府"。近年来慈善组织虽然增加不少，但大多数挂靠政府业务主管部门，依附于政府机关运作，"官办"色彩浓

---

① 例文来源：民政部门户网站。

厚。一些民间慈善组织由于找不到主管部门挂靠而不能登记，只好以企业名义申请工商登记，并承担纳税义务。据统计，目前登记注册的民间组织 28 万多个，其中有相当一部分还不是纯粹意义上的民间慈善组织，志愿者协会或义工协会刚刚起步，且具有影响力的基金会不多。

（二）慈善机构募捐能力较弱，动员社会资源的能力较差。目前我国需要社会救助的人口超过总人口数量的 10%，而全国每年募集到的慈善款物约合 50 亿元人民币。中国人均 GDP 与美国比较相差 38 倍，而我国人均慈善捐款数额与美国比较则相差 7 300 倍。这在一定程度上强化了贫富悬殊对社会心理的负面影响，强化了社会的仇富心态。

究其原因，一是民众慈善公益理念尚未形成，企业捐赠积极性不高。据最近一项调查表明，国内工商注册登记的企业有 90% 从没参与过捐赠。即便是捐款较多的民营企业家，每当慈善组织提出为其召开新闻发布会时，几乎都遭到拒绝。按现行规定，企业捐赠款物的金额如果超过企业当年税前利润的 3%，超额部分仍需缴纳企业所得税。企业捐赠越多，纳税就越多，这自然抑制企业捐赠的积极性。

二是慈善事业未能得到全社会尤其是富裕群体的认同和支持。美国的慈善捐赠 10% 来自企业，5% 来自大型基金会，85% 来自民众。2003 年，美国个人捐赠达 2 410 亿美元，人均捐款 460 美元。而我国人均捐赠款一度仅为 0.92 元。而且志愿服务参与率在我国仅为全国人口的 3%，而美国则为 44%。

三是慈善立法的不完善。目前我国在民政部登记注册的公益慈善组织有 28.9 万多个，但据估计，没有登记注册的高达 300 万个。由于缺乏规范的法规制度，慈善公益组织的程序不透明、管理制度不规范、监督机制不健全，可能导致慈善机构鱼目混珠，慈善机构管理混乱，让社会上一些不法人员打着"慈善"的招牌，谋取不正当私利。

（三）税收政策的积极作用尚未得到充分发挥，影响慈善组织的生存与发展。《中华人民共和国企业所得税法》规定，"纳税人用于公益、救济性的捐赠，在年度应纳税所得额 3% 以内的部分，准予扣除。"也就是说，企业捐赠款物的金额如果超过企业当年税前利润的 3%，超额部分仍需缴纳企业所得税。企业捐赠越多，纳税就越多。我们认为这抑制了企业捐赠的积极性。因为按照《企业所得税法》规定，企业进行慈善捐款，捐款额度在应纳税所得额的3%以内，企业可以享受免税待遇。如果捐赠金额超过3%，企业就得为所捐款部分纳税。《个人所得税条例实施细则》中也有相关规定，这显然是无法调动企业个人进行慈善捐赠积极性的。而我国目前对于免税问题的政策比较模糊，且优惠的额度偏低，同时程序烦琐，这无形中打击了人们特别是企业捐赠的积极性。此外，国家在税收方面政策扶持少，经费严重不足，也影响了慈善组织的生存与发展。政府有关部门坚持实行的是特事特批原则，企业只有向事先得到国家批准成立的少数基金会捐款才能得到减免税收的优惠。据了解，目前国家税务总局仅批准6家慈善公益组织享受捐赠所得税税前全额扣除的优惠待遇。慈善组织的运行经费，缺乏法定的来源渠道。目前除中国红十字会被允许按照国际惯例从捐献资金中提取相应比例用于行政开支外，其他慈善组织无此权力，绝大多数只能采取变通措施解决经费问题。

（四）慈善组织缺乏独立性，影响社会公信力。目前，我国慈善组织作为社团法人，其业务开展仍然受业务主管部门的约束，包括负责人的推荐、任免，慈善项目的实施等。由于没有完全的独立性，未能真正确立和发挥慈善事业在我国多层次社会保障体系中的重要地位和作用，导致一些热心人士的怀疑和不信任。此外，有些慈善机构管理上存在漏洞，缺少必要的行业自律、监督和审计，善款使用上随意性大。在一定程度上，也影响了慈善公益事业的社会公信力。

（五）法律法规不健全，监督管理欠规范。迄今为止，我国还没有专门的"慈善事业促进法"。现行的慈善法律法规尚不足以规范、保护和促进慈善事业的发展。当前部分基金会对资金的筹集、捐赠项目和资金的投向未能如实向社会公布，接受社会监督。社会捐赠资金在管理、使用过程中还存在一些普遍性问题，资金的安全性还存在隐患。有的部门把社会自愿救助捐赠活动转为变相摊派，挪用甚至侵占捐赠款。有的社团组织以捐赠为名从事营利活动。一些企业借"慈善"之名，行"宣传"之实，出现事前"承诺"、事后"赖账"的捐赠，甚至出现借捐赠名义行骗、促销等违法行为。为此需要在我国现有的一些支持公益捐赠和慈善事业的法律法规和原有一些优惠政策的基础上，就如何支持我国慈善事业发展起草一部综合性法律。该法律要明确慈善组织的性质、慈善活动的程序、慈善活动的监督机制、慈善事业的主管部门，重点建立一套透明、规范、细化的慈善事业工作程序，规范劝募、受赠、转赠、捐赠、受益等行为的权利和义务，并建立相应的审计监督机制，规范慈善事业的进入、评估、监管、公益产权界定与转让、融投资、退出等行为，对善款的来源和使用，对慈善机构运作经费进行有效的监管。

二、建议

慈善是社会文明的象征，慈善捐献是慈善事业存在和发展的前提。促进慈善事业的发展，扶贫济弱，促进社会和谐，仅依靠现有的《中华人民共和国公益事业捐赠法》《社团管理条例》《基金会管理条例》等法律、规章，已经无法解决上述问题。建议应尽快制定出台《中华人民共和国慈善事业促进法》，通过立法来强化社会的慈善公益意识、确立慈善机构的独立法人地位、调整政府与慈善组织的关系、规范慈善事业行为。

（一）明确慈善机构的独立法人地位。

考虑取消现行法规中要求慈善组织必须有业务主管单位的规定，让慈善组织真正独立承担起民事责任，大力培育发展民间慈善组织。应在政策上对慈善事业有所倾斜，对管理规范、运行较好、有较高社会公信度的慈善公益组织进行相关评估，对取得信用资格认证的慈善机构，应享有社会捐赠的优惠政策。参照先进国家的惯例，利用税收杠杆，对慈善公益捐赠减免税收，以培育更多民间机构从事慈善事业。

（二）提高免税额度，简化免税程序。

针对我国目前免税政策比较模糊，优惠的额度偏低，程序烦琐等问题，参照西方发达国家的做法，提高免税额度，简化免税程序，有利于促进企业、个人积极进行慈善捐款。

一是采取优惠政策措施鼓励企业或个人捐赠，对向社会捐出善款数额超过应缴税额 10% 的企业，给予减免 10% 的税款；不足 10% 的，则可在应缴税额里扣除已捐善款；

二是研究考虑开征遗产税、赠与税乃至特别消费税，鼓励富人积极参与慈善公益事业，扩大捐赠资金量；

三是转变政府职能，扩大慈善事业的社会功能。政府在社会救济和社会福利方面的部分事务性职能，应逐步转移给有资质的社会慈善组织，如划拨部分社会福利基金给慈善组织，用于慈善救助，壮大慈善事业力量，政府主要是加强监管；

四是简化免税申请程序。在西方发达国家，政府支持慈善事业发展的最有力手段就是制定明确、优惠的免税政策。为此，《慈善事业促进法》将对免税申请程序进行简化规定。

（三）规范捐赠资金管理规定，完善慈善项目运作监督。

慈善活动不仅仅是款物的捐赠，还包括人民群众的义工行为、社区中的志愿者行为，以及按照自己的能力来为他人、为社会、为困难群体进行扶助的行为。因此，《慈善事业促进法》在支持鼓励的基础上，还要进行规范、监督。

一是对社会捐赠资金、物品的管理，要严格按照规定的渠道接收、使用社会捐赠款物，并及时下拨，还要加强监督、检查、公示及向捐赠者反馈工作和审计工作；

二是对慈善资金的使用实行监督。慈善资金的使用必须体现捐赠人的意愿，要对慈善资金的使用效果进行考核，杜绝善款用完则了的现象；

三是对各类慈善组织的慈善主体进行统一规范。比如对义工、志愿者的社会与法律保障，对慈善行为的鼓励机制，对慈善项目的运作，以及政府社会对慈善组织的监督等都将包含在《慈善事业促进法》中。

（四）调整与政府监督部门的关系，明确慈善机构的行为准则。

由于目前我国慈善事业的公示和监督体系尚未完全建立，使得慈善机构的公信力和效率经常被质疑。因此，要构建中国特色慈善事业的法律法规和政策体系，《慈善事业促进法》就必须从慈善公益组织的社会运行标准、管理制度和监督机制着手，既要明确政府监督部门与社会协调机构的组织形式和运作程序，也要明确慈善机构的行为准则，接受捐赠和实施救助必须公开透明，合理合法，防止借"义演""义卖"等合法外衣谋取不正当私利。调整政府与慈善组织的关系，慈善组织应当以自律为基础，以接受社会监督为主，政府的作用在于提供规范和支持服务，要从行政直接干预转变为通过经济、法律手段的间接干预来监控慈善组织及其活动。

（五）增加设立慈善日的内容。去年的秋末冬初，在胡总书记的号召和率先垂范下，全国上下掀起了一股向灾区人民捐款捐物的热潮。以胡总书记号召这一天设立为我国每一年度的慈善日意义重大和深远（具体日期请中央办公厅和全国人大有关部门商定），在国际上也会产生积极的影响。

设立慈善日的重大意义在于体现了党和政府对解决贫苦问题、发展慈善事业的高度重视和关心，是贯彻和执行"八荣八耻"社会主义荣辱观的时代要求和具体化。

改革开放以来，我国经济发展的硬指标和道德文化发展的软指标的发展显得不协调不同步。因为道德文化进步的缓慢以及收入财富的差异导致最基础的社会正义感的弱化，侵蚀人们的灵魂，一些人事不关己，冷漠无情，物欲横流，公德沦丧等不良社会现象。以"八荣八耻"为主要内容的社会主义荣辱观，说到底就是提倡道德文化的进步，并为社会成员提供全新的生活价值取向，一种全新的认同感和责任感。而这种全新的价值观、认同感、责任感在赋予人们生活新的意义的同时，也就为人们的社会行为提供一种软约束，用"八荣八耻"作为人生的基本准则来造就一种新的道德文化来节制人们的社会行为，做到软硬指标同步、全面地发展，夯实构建以人为本，和谐发展社会的道德文化基础。

（六）确立强化宣传的内容。

建议创办一份全国性的慈善报，此举对我国的慈善事业有极大的推动作用。除了报道国内慈善动态、救灾状况、助贫助残、人物团体专访外，还可介绍国际上有影响的慈善组织、人物动态。他山之石可以攻玉，我们不但要动用国内的力量来发展慈善事业，还应尽可能地争取国际上慈善团体、人物的援助，加强交流。而创办这份报纸的全过程也必须以全新的模式，及鲜明的慈善性、公益性、广泛性，发动和招募志愿者和专业人员在民政部和中华慈善总会的领导下真正把这份报纸办好。

在中央电视台相关节目中增设慈善类节目版块，在每周的固定时段内播出，遇有重大自然灾害时，配合海内外同胞捐赠义举，还可适当增加播出时间和次数，激励人们以更大的热忱投身到慈善事业中去，尽可能地为灾区和贫困地区解决燃眉之急。我国每年都有部分地区要遭遇自然灾害，贫困地区抵御自然灾害的能力和财力相对薄弱，对他们而言，除了有限的国家政策的扶持，海内外及国际友人的慈善资助对他们战胜灾害重建家园就显得非常重要和珍贵。

中央电视台拥有强大的、一流的人才、设备，在国内外享有盛誉。我们相信有中央电视台的鼎力相助和正确引导，国人的慈善公德意识将大为提高，慈善事业一定会发展得更快更好。

 例文分析

这是一份提请审议《关于制定〈慈善事业促进法〉议案》的立法法规议案。案据指出，自 20 世纪 90 年代以来，我国陆续制定和出台了《中华人民共和国公益事业捐赠法》《社会团体登记管理条例》《基金会管理条例》等涉及慈善事业捐赠、税收、所得税与社团管理等方面的法律和条例，但这些法律法规对于规范、保护和促进慈善事业的发展，保障性不够，力度不大，仍存有五个方面问题："官办"慈善组织和机构数量少，民间慈善组织发展受到制约；慈善机构募捐能力较弱，动员社会资源的能力较差；税收政策的积极作用尚未得到充分发挥，影响慈善组织的生存与发展；慈善组织缺乏独立性，影响社会公信力；法律法规不健全，监督管理欠规范。审议事项是该议案的核心部分。该议案建议应尽快制定出台《中华人民共和国慈善事业促进法》，通过立法来强化社会的慈善公益意识、确立慈善机构的独立法人地位、调整政府与慈善组织的关系、规范慈善事业行为，具体措施包括：明确慈善机构的独立法人地位；提高免税额度，简化免税程序；规范捐赠资金管理规定，完善慈善项目运作监督；调整与政府监督部门的关系，明确慈善机构的行为准则；增加设立慈善日的内容；确立强化宣传的内容。该议案提请审议事项和建议解决的方案、途径。

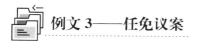 例文3——任免议案

上海市静安区人民政府关于提请审议
××××等同志职务任免的议案①

2020 年 11 月 16 日

上海市静安区人民代表大会常务委员会：

一、提请任命×××为上海市静安区民政局局长；

二、提请任命××为上海市静安区财政局局长，免去其上海市静安区应急管理局局长职务；

三、提请任命××为上海市静安区应急管理局局长；

四、提请任命×××为上海市静安区住房保障和房屋管理局局长；

五、提请免去×××的上海市静安区民政局局长职务；

六、提请免去××的上海市静安区退役军人事务局局长职务。

七、提请免去×××的上海市静安区财政局局长职务；

八、提请免去×××的上海市静安区住房保障和房屋管理局局长职务。

请予审议。

上海市静安区人民政府

2020.11.16

 例文分析

这是上海市静安区人民政府向上海市静安区人民代表大会常务委员会提交审议的一份任免议案。议案事项涉及8位拟请任免的相关行政机关工作人员，直截了当地提出任免议案事项，结尾用"请予审议"简洁作结。

---

① 例文来源：https://www.jingan.gov.cn/govxxgk/JA0/2020-11-16/bbaee218-006b-455a-a786-2f52d8eba846.html.

第十八章

决　议

一、决议的概念

决议适用于经过会议讨论通过的重大决策事项。它是党的领导机关常用的一种重要的下行文，是党的领导机关在处理重大事项或事件过程中，根据民主集中制原则，经会议讨论表决通过形成意见或要求，并据以制定和发布的文件。决议一经发布，其下属机关就必须严格遵守，贯彻服从，具有领导性、指导性和约束性。

在此要注意"决议"和"决定"同为决策性下行文，反映的内容有些近似，但它们还是有一定的区别，主要体现在以下三个方面。一是内容要求不同。"决议"内容必须是重要决策事项，简单笼统、概括性强，官方条文较多，对于下级机关贯彻执行的要求是宏观的；"决定"内容已是定论且比较具体，对下级机关推进工作的步骤、实施和要求是明确的，贯彻落实的约束性比较强。二是性质不同。"决议"多用于党的领导机关，反映的事项是在政策性的框架下拟定的，是需要讨论议定的；"决定"是党政机关均经常使用的，反映的事项则是在政策规定下确定的、已定性并直接发布的。三是产生的流程不同。"决议"必须产生于会议，它所要贯彻的决策事项是要按照法定程序经过会议集体讨论通过来决定的；"决定"则不然，可以产生于会议，是会议集体讨论并按照法定程序表决的结果，也可以是由上级机关主要领导或者领导班子成员研究直接决定的。

二、决议的特点

(一) 权威性

决议的权威性主要体现在以下两个方面。一是使用主体具有权威性。决议是党和政府的领导机关用于决策重要事项时使用的，是经过高级领导机构会议讨论后形成的，决策的结果具有约束力和权威性。二是内容具有权威性。决议是党和政府领导机关意志的代表，一经颁布，下级机关就必须严格遵守，贯彻落实，坚决执行，绝对服从。

(二) 程序性

决议草案必须经法定会议按照法定程序提交与会者讨论，按照法定程序表决通过才能合法有效，最终形成决议，即表决在前，决议在后。决议对制定过程的程序性要求非常高：首先，对参加会议讨论的人数有法律规定，即它必须经过符合法定人数的会议讨论通过；其次，对会议有效投票人数也有要求，一般过半数或三分之二以上投赞成票才能形成决议，体现了少数服从多数的民主集中制的组织原则，即决议制定必须符合法律和组织原则的要求。

(三) 稳定性

决议是针对重大问题和重大事项所作的决策，一旦经领导机关会议讨论通过，即对决议草案表决结果进行书面确认，它就具备法定效力，会在较大范围内对党和国家的工作和生活造成重大影响，这就需要决议形成后在一段相对长的时间内保持稳定，不得随意改动变更。如果要对其进行修改或者废止，必须经过同样的会议审议流程通过。

三、决议的种类

根据决议的内容划分，主要有以下三种。

(一) 审批性决议

审批性决议涉及的内容较为具体，主要用于反映党的领导机关对会议审议批准的重要文件、机构设置、工作报告、财务预算或决算等重要事项表示肯定或否定的意见。审批性决议是对报批的下级机关或者具有隶属关系的机关发出的。

（二）部署性决议

部署性决议主要用于发布党的领导机关通过会议针对某个专门重要问题或者单项具体重要工作进行讨论后形成的重要决策事项，是针对该重要专题问题或具体重要工作的指导和部署，具有极强的权威性，一般是针对负责此事项的机关发出的。

（三）决策性决议

决策性决议主要用于对重要事项或者重大问题阐明原则、提出要求、作出决策，特别是反映在路线、方针、政策上统一思想认识以确定大政方针的重要决策事项。此类型的决议所涉及的问题重大，理论阐述多，篇幅长，影响深远，是针对所有党的机关发出的。

四、决议的写法

决议主要由标题、主送机关、正文、落款几个部分组成。

（一）标题

决议的标题有三种形式：一是由会议名称、事由和文种组成；二是由发文机关、事由和文种组成；三是由事由和文种组成。

（二）题注

题注是在标题之下括号里的内容，是公文的重要组成部分。它们由三个要素组成：一是决议通过或者批准的日期，即决议的成文日期和生效日期；二是通过决议的会议名称，即决议的发文机关；三是有"通过"或者"批准"字样，即决议的评价和表态。

（三）正文

决议由于是会议文件，传达的是集体或者群体的意志，因此，决议写作的人称只能有一个，即"会议"，在决议中表述或是"会议审议""会议认为""会议指出"，或是"会议强调""会议要求"和"会议号召"等人称指代，这是决议在人称表述方面的一个突出特点。不同类型的决议在正文写法上有所不同。

1. 审批性决议

审批性决议通常由决议对象、决议事项、决议号召三部分组成。其中，决议对象一般有工作报告、法律法规、财政预算决算、机构组织、国民经济和社会发展计划等；决议事项主要表明态度，是对审议对象的分析、评价和审批意见；决议号召是发出希望，提出要求，此部分可以根据审议内容决定，也可以自然作结。

2. 部署性决议

部署性决议一般由决议缘由、决议事项、执行要求三个部分组成。决议缘由简要介绍决议的根据、原因、目的和意义等涉及的决策背景；决议事项是对有关工作贯彻执行作出部署，是决议的主体部分；执行要求部分可以明确提出落实工作要求，也可以视文章情况不提具体要求自然结束。

3. 决策性决议

决策性决议通常由会议概况、决议内容、执行要求三部分组成。会议概况简要介绍会议时间、会议的主要议题，通常用"做出如下决议"作为过渡句；决议内容涉及的决策问题比较重大，内容复杂，其篇幅也较长；执行要求有些以会议名义有指向性地提出号召、希望等，有些决议结语部分省略执行要求。

正文写作时无论是何种决议，在内在逻辑表达方面有两个要素不可忽视：一是对决议对象予以评价，即对决议对象的真实性、重要性、可行性等要素进行评价和认定；二是对决议对象予以表态，即对决议对象同意或者批准与否的明确态度。

五、决议的格式

××××关于××××的决议

（××××年××月××日会议通过）

决议的缘由（决议的依据、目的、意义等）；

决议的事项（依照内容排列）；

决议结语（执行要求、号召、希望等）。

六、例文分析

 例文1——审批性决议

全国人民代表大会常务委员会关于批准 2022 年中央决算的决议①

（2023 年 6 月 28 日第十四届全国人民代表大会
常务委员会第三次会议通过）

第十四届全国人民代表大会常务委员会第三次会议听取了财政部部长刘昆受国务院委托作的《国务院关于 2022 年中央决算的报告》和审计署审计长侯凯受国务院委托作的《国务院关于 2022 年度中央预算执行和其他财政收支的审计工作报告》。会议结合审议审计工作报告，对 2022 年中央决算（草案）和中央决算报告进行了审查。会议同意全国人民代表大会财政经济委员会提出的审查结果报告，决定批准 2022 年中央决算。

 **例文分析**

这是一份《全国人民代表大会常务委员会关于批准 2022 年中央决算的决议》的审批性决议。标题采用了三要素形式，由发文机关（全国人民代表大会常务委员会）、事由（批准 2022 年中央决算）和文种（决议）组成。题注是标题之下的括号部分"2023 年 6 月 28 日第十四届全国人民代表大会常务委员会第三次会议通过"，由两部分组成，即日期（2023 年 6 月 28 日）和通过决议的会议（第十四届全国人民代表大会常务委员会第三次会议），这两部分内容相当于成文日期和发文机关，都是组成公文的重要部分。根据法律规定，成文日期即公文生效的日期，这是每一份公文都必须明确的时间。决议的成文日期是指决议通过的那一天，即本文中的 2023 年 6 月 28 日。正文由审议对象、决议事项、决议号召三部分组成。其中，审议对象是具有隶属关系的下级机关全国人民代表大会财政经济委员会，决议事项主要是全国人民代表大会常务委员会审议批准 2022 年中

---

① 例文来源：https://www.gov.cn/yaowen/liebiao/202306/content_6888920.htm.

央决算，最后表明审批意见自然作结。

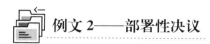 **例文 2——部署性决议**

**全国人民代表大会常务委员会关于开展第八个
五年法治宣传教育的决议**①

（2021 年 6 月 10 日第十三届全国人民代表大会
常务委员会第二十九次会议通过）

2016 年至 2020 年，全国第七个五年法治宣传教育决议顺利实施，取得重要成果，全社会法治观念明显增强，社会治理法治化水平明显提高。当前，我国已开启全面建设社会主义现代化国家新征程，进入新发展阶段，为深入学习宣传贯彻习近平法治思想，使法治成为社会共识和基本准则，夯实全面依法治国的社会基础，有必要从 2021 年至 2025 年在全体公民中开展第八个五年法治宣传教育。通过开展第八个五年法治宣传教育，使公民法治素养和社会治理法治化水平显著提升，形成全社会尊法学法守法用法的良好氛围。特作决议如下：

一、以习近平法治思想引领全民普法工作。坚持习近平新时代中国特色社会主义思想，全面贯彻落实习近平法治思想，在党中央集中统一领导下推进全民普法工作。突出学习宣传习近平法治思想，推动习近平法治思想入脑入心、走深走实，引导全社会坚定不移走中国特色社会主义法治道路。紧紧围绕服务"十四五"时期经济社会发展，推动普法工作守正创新、提质增效、全面发展，为全面建设社会主义现代化国家营造良好法治环境。

二、大力弘扬社会主义法治精神。突出重点内容，深入宣传宪法和宪法相关法，全面落实宪法宣誓制度，加强宪法实施案例宣传，阐释好宪法精神和"中国之治"的制度基础；深入宣传民法典，全面提升民法典普法质量，让民法典深入人心。深入宣传促进科技创新、优化营商环境、加强生态环境保护等与推动高质量发展密切相关的法律法规；深入宣传加强国家安全体系和能力建设、推动更高水平平安中国建设等与社会治理现代化密切相关的法

---

① 例文来源：http://www.npc.gov.cn/npc/c2/c30834/202106/t20210610_311881.html.

律法规。加强社会主义法治文化建设，弘扬社会主义核心价值观，推动中华优秀传统法律文化创造性转化、创新性发展，坚持依法治国与以德治国相结合，让人民群众感受到正义可期待、权利有保障、义务须履行，引导全社会树立权利与义务、个人自由与社会责任相统一的观念。

三、持续提升公民法治素养。实行公民终身法治教育制度，把法治教育纳入干部教育体系、国民教育体系、社会教育体系，不断提升全体公民法治意识和法治素养。落实国家工作人员学法用法制度，把法治素养和依法履职情况纳入考核评价干部的重要内容，引导国家工作人员树立社会主义法治理念，提高依法办事的意识和能力。重点抓好"关键少数"，发挥领导干部带头示范作用，建立领导干部应知应会法律法规清单制度，让尊法学法守法用法成为领导干部自觉行为和必备素质。大力加强青少年法治教育，全面落实《青少年法治教育大纲》，推动法治教育进课堂，教育引导青少年从小养成尊法守法习惯。

四、推进普法与依法治理有机融合。加强基层组织和部门、行业依法治理，深化法治乡村（社区）建设和依法治企、依法治校、依法治网，加大普法力度，完善预防性法律制度，推动形成办事依法、遇事找法、解决问题用法、化解矛盾靠法的法治环境。开展公共卫生安全、突发事件应急管理等方面的法治宣传教育，提高全社会应急状态下依法治理能力和水平，促进依法行动、依法行事。坚持依法治理与系统治理、综合治理、源头治理有机结合，深入开展多层次多形式法治创建活动，大力提高社会治理法治化水平。

五、着力提高普法工作的针对性和实效性。注重把普法深度融入立法、执法、司法和法律服务全过程，开展实时普法。加大以案普法、以案释法力度，使典型案事件依法处理过程成为全民普法的公开课。充分运用社会力量开展公益普法，健全社会普法教育机制。充分运用新技术新媒体开展精准普法，提高普法产品供给质量，使普法更为群众喜闻乐见。注重分层分类，坚持集中宣传教育与经常宣传教育相结合，重在常态化、制度化，把普法融入法治实践、基层治理和日常生活。

六、加强组织实施和监督检查。落实党政主要负责人推进法治建设第一责任人职责，进一步完善国家机关"谁执法谁普法"等普法责任制，全面落实普法责任清单制度，促进各社会团体、企事业单位以及其他组织履行普法责任，推动形成党委领导下的大普法工作格局。健全和落实媒体公益普法制度，加大融媒体普法力度。推动制定法治宣传教育法，为全民普法工作提供有力法律保障。健全普法工作评估指标体系和奖惩制度，做好中期评估和终期检查，加强检查结果的运用。各级人民政府要积极开展第八个五年法治宣传教育工作，向本级人民代表大会常务委员会报告工作开展情况。各级人民代表大会及其常务委员会要加强对法治宣传教育工作的监督检查，促进本决议有效实施。

 **例文分析**

这是一份部署性决议。决议内容包括三个部分：决议缘由、决议事项、执行要求。其中，决议缘由简要介绍了决议所涉及的决策事项的情况，说明作出决议的根据、原因、背景和意义等；决议事项部分是决议的主体部分，通过以习近平法治思想引领全民普法工作、大力弘扬社会主义法治精神、持续提升公民法治素养、推进普法与依法治理有机融合、着力提高普法工作的针对性和实效性以及加强组织实施和监督检查等六个方面对相关工作贯彻执行做出部署安排和要求。由于开展第八个五年法治宣传教育这项部署性决议较为单一，所以决议的事项和执行要求篇段合一，结尾自然作结。

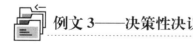 **例文 3——决策性决议**

中国人民政治协商会议第十四届全国委员会
第一次会议政治决议①

（2023 年 3 月 11 日政协第十四届全国委员会第一次会议通过）

中国人民政治协商会议第十四届全国委员会第一次会议，于 2023 年 3 月 4 日至 11 日在北京举行。

---

① 例文来源：https://www.gov.cn/xinwen/2023-03/12/content_5746185.htm。

中共中央总书记、国家主席、中央军委主席习近平等党和国家领导同志出席会议，与委员共商国是。会议坚持以习近平新时代中国特色社会主义思想为指导，全面贯彻中共二十大精神，认真学习习近平总书记参加民建、工商联界委员联组会时的重要讲话精神，积极履职尽责，务实协商议政，顺利完成各项议程，取得重要成果。会议审议批准汪洋同志代表政协第十三届全国委员会常务委员会所作工作报告，审议批准邵鸿同志所作提案工作情况报告，审议通过中国人民政治协商会议章程修正案，选举产生政协第十四届全国委员会主席、副主席、秘书长和常务委员。委员们列席第十四届全国人民代表大会第一次会议，听取并讨论李克强同志所作政府工作报告，听取并讨论最高人民法院工作报告、最高人民检察院工作报告，讨论国务院机构改革方案及其他有关报告等，表示赞同并提出意见建议。

会议强调，过去五年和新时代以来的十年，在党和国家发展进程中极不寻常、极不平凡。以习近平同志为核心的中共中央统筹中华民族伟大复兴战略全局和世界百年未有之大变局，全面贯彻党的基本理论、基本路线、基本方略，统揽伟大斗争、伟大工程、伟大事业、伟大梦想，以伟大的历史主动精神、巨大的政治勇气、强烈的责任担当，团结带领全党全国各族人民采取一系列战略性举措，推进一系列变革性实践，实现一系列突破性进展，取得一系列标志性成果，攻克了许多长期没有解决的难题，办成了许多事关长远的大事要事，经受住了来自政治、经济、意识形态、自然界等方面的风险挑战考验，完成脱贫攻坚、全面建成小康社会的历史任务，实现第一个百年奋斗目标，创造了新时代中国特色社会主义的伟大成就，推动我国迈上全面建设社会主义现代化国家新征程，实现中华民族伟大复兴进入了不可逆转的历史进程。新时代党和国家事业取得历史性成就、发生历史性变革，根本在于确立了习近平同志党中央的核心、全党的核心地位，确立了习近平新时代中国特色社会主义思想的指导地位。人民政协要深刻领悟"两个确立"的决定性意义，增强"四个意识"、坚定"四个自信"、做到"两个维护"，始终在思想上政治上行动上同以习近平同志为核心的中共中央保持高度一致。

会议强调，习近平新时代中国特色社会主义思想，坚持把马克思主义基本原理同中国具体实际相结合、同中华优秀传统文化相结合，科学回答了新时代坚持和发展什么样的中国特色社会主义、怎样坚持和发展中国特色社会主义，建设什么样的社会主义现代化强国、怎样建设社会主义现代化强国，建设什么样的长期执政的马克思主义政党、怎样建设长期执政的马克思主义政党等重大时代课题，是当代中国马克思主义、二十一世纪马克思主义，是中华文化和中国精神的时代精华，是党和国家必须长期坚持的指导思想。人民政协要深刻理解习近平新时代中国特色社会主义思想的核心要义、精神实质、丰富内涵、实践要求，把握好这一重要思想的世界观和方法论，坚持好、运用好贯穿其中的立场观点方法，不断夯实团结奋斗的共同思想政治基础。

会议强调，中共二十大擘画的全面建设社会主义现代化国家、以中国式现代化全面推进中华民族伟大复兴的宏伟蓝图，振奋人心，催人奋进。中国式现代化是中国共产党领导全国各族人民在长期探索和实践中历经千辛万苦、付出巨大代价取得的重大成果，必须倍加珍惜、始终坚持、不断拓展和深化。面对国际国内环境发生的深刻复杂变化，必须做到沉着冷静、保持定力，稳中求进、积极作为，团结一致、敢于斗争。人民政协要深刻理解中国式现代化的中国特色、本质要求和重大原则，正确把握推进中国式现代化的若干重大关系，围绕中心任务，紧扣统筹推进"五位一体"总体布局、协调推进"四个全面"战略布局等方面的重要问题，深入调查研究，有效协商议政，开展民主监督，为推进中国式现代化积极献计献策。要坚持大团结大联合，坚持一致性和多样性统一，广泛凝聚共识、凝聚人心、凝聚智慧、凝聚力量，汇聚同心共圆中国梦的强大正能量。要聚焦贯彻落实中共中央关于做好今年经济社会发展各项工作的决策部署，广集众智，广谋良策，协助党和政府多做宣传政策、解疑释惑、稳定预期、提振信心的工作，助推全面建设社会主义现代化国家开好局起好步。

会议指出，习近平总书记参加民建、工商联界委员联组会时的重要讲话，充分肯定民营经济是中国共产党长期执政、团结带领全国人民实现"两个一百年"奋斗目标和中华民族伟大复兴中国梦的重要力量，强调始终坚持"两个毫不动摇"、"三个没有变"，始终把民营企业和民营企业家当作自己人的坚定立场，令人备受鼓舞、倍增信心。我们要按照习近平总书记的要求，引导广大民营企业和民营企业家正确理解中共中央方针政策，践行新发展理念，在爱国敬业、守法经营、创业创新、回报社会中实现民营经济健康发展、高质量发展。

会议认为，过去五年，十三届全国政协坚持中国共产党的全面领导，坚决贯彻落实中共中央决策部署，牢牢把握团结和民主两大主题，坚持发扬民主和增进团结相互贯通、建言资政和凝聚共识双向发力，紧紧围绕党和国家中心任务发挥专门协商机构作用，推动人民政协事业在继承中发展、在发展中创新，展现出新气象新面貌，为党和国家事业发展作出重要贡献。

会议强调，立足新时代新征程，十四届全国政协要深入学习贯彻习近平总书记关于加强和改进人民政协工作的重要思想，认真落实中共二十大关于发展全过程人民民主的部署要求，坚持和完善中国共产党领导的多党合作和政治协商制度，准确把握人民政协性质、地位、职能、作用，依照宪法法律和政协章程认真履职，坚定不移走中国特色社会主义政治发展道路。要坚持党的领导、统一战线、协商民主有机结合，加强制度化、规范化、程序化等功能建设，提高深度协商互动、意见充分表达、广泛凝聚共识水平，在推进协商民主广泛多层制度化发展中深化专门协商机构建设。要发挥我国新型政党制度优势，铸牢中华民族共同体意识，坚持我国宗教中国化方向，加强同党外知识分子、非公有制经济人士、新的社会阶层人士联系，坚持和完善"一国两制"、推进祖国统一，促进政党关系、民族关系、宗教关系、阶层关系、海内外同胞关系和谐。要加强对外友好交往，推动构建人类命运共同体。广大委员要认真学习、自觉遵守政协章程，锤炼道德品行，积极担当作为，坚持求真务实，提高政治把握能力、调查研究能力、联系群众能力、合作共事能力，力戒形式主义、官僚主义，努力做出不负时代、不负人民的业绩。

会议号召，人民政协各参加单位、各级组织和广大委员，更加紧密地团结在以习近平同志为核心的中共中央周围，全面贯彻习近平新时代中国特色社会主义思想，坚定信心、同心同德，埋头苦干、奋勇前进，为全面建设社会主义现代化国家、全面推进中华民族伟大复兴而团结奋斗！

 例文分析

这是一份关于全国政协十四届一次会议的政治决策性决议。该决议由

会议概况、决议内容、执行要求三个部分组成。其中，"会议概况"简要介绍了中国人民政治协商会议第十四届全国委员会第一次会议召开的时间、地点，即会议于 2023 年 3 月 4 日至 11 日在北京举行；"决议内容"涉及出席会议的范围、会议的指导思想、贯彻的精神、完成的各项议程。议程包括审议批准政协第十三届全国委员会常务委员会所作报告，审议批准提案工作情况报告，审议通过中国人民政治协商会议章程修正案，选举产生政协第十四届全国委员会主席、副主席、秘书长和常务委员，听取并讨论政府工作报告、最高人民法院工作报告、最高人民检察院工作报告，讨论国务院机构改革方案及其他有关报告等多项复杂内容，接着通过四个"强调"、一个"指出"、一个"认为"概括涉及的相关内容；"执行要求"部分是"会议号召，人民政协各参加单位、各级组织和广大委员，更加紧密地团结在以习近平同志为核心的中共中央周围，全面贯彻习近平新时代中国特色社会主义思想，坚定信心、同心同德，埋头苦干、奋勇前进，为全面建设社会主义现代化国家、全面推进中华民族伟大复兴而团结奋斗"。在这个决议中，结语部分以会议号召提出要求直接作结。

附　　录

附录一　党政机关公文处理工作条例

党政机关公文处理工作条例

第一章　总　　则

第一条　为了适应中国共产党机关和国家行政机关（以下简称党政机关）工作需要，推进党政机关公文处理工作科学化、制度化、规范化，制定本条例。

第二条　本条例适用于各级党政机关公文处理工作。

第三条　党政机关公文是党政机关实施领导、履行职能、处理公务的具有特定效力和规范体式的文书，是传达贯彻党和国家的方针政策，公布法规和规章，指导、布置和商洽工作，请示和答复问题，报告、通报和交流情况等的重要工具。

第四条　公文处理工作是指公文拟制、办理、管理等一系列相互关联、衔接有序的工作。

第五条　公文处理工作应当坚持实事求是、准确规范、精简高效、安全保密的原则。

第六条　各级党政机关应当高度重视公文处理工作，加强组织领导，强化队伍建设，设立文秘部门或者由专人负责公文处理工作。

第七条　各级党政机关办公厅（室）主管本机关的公文处理工作，并对下级机关的公文处理工作进行业务指导和督促检查。

第二章　公 文 种 类

第八条　公文种类主要有：

（一）决议。适用于会议讨论通过的重大决策事项。

（二）决定。适用于对重要事项作出决策和部署、奖惩有关单位和人员、变更或者撤销下级机关不适当的决定事项。

（三）命令（令）。适用于公布行政法规和规章、宣布施行重大强制性行政措施、批准授予和晋升衔级、嘉奖有关单位和人员。

（四）公报。适用于公布重要决定或者重大事项。

（五）公告。适用于向国内外宣布重要事项或者法定事项。

（六）通告。适用于在一定范围内公布应当遵守或者周知的事项。

（七）意见。适用于对重要问题提出见解和处理办法。

（八）通知。适用于发布、传达要求下级机关执行和有关单位周知或者执行的事项，批转、转发公文。

（九）通报。适用于表彰先进、批评错误、传达重要精神和告知重要情况。

（十）报告。适用于向上级机关汇报工作、反映情况，回复上级机关的询问。

（十一）请示。适用于向上级机关请求指示、批准。

（十二）批复。适用于答复下级机关请示事项。

（十三）议案。适用于各级人民政府按照法律程序向同级人民代表大会或者人民代表大会常务委员会提请审议事项。

（十四）函。适用于不相隶属机关之间商洽工作、询问和答复问题、请求批准和答复审批事项。

（十五）纪要。适用于记载会议主要情况和议定事项。

第三章　公 文 格 式

第九条　公文一般由份号、密级和保密期限、紧急程度、发文机关标志、发文字号、签发人、标题、主送机关、正文、附件说明、发文机关署名、成文日期、印章、附注、附件、抄送机关、印发机关和印发日期、页码等组成。

（一）份号。公文印制份数的顺序号。涉密公文应当标注份号。

（二）密级和保密期限。公文的秘密等级和保密的期限。涉密公文应当根据涉密程度分别标注"绝密""机密""秘密"和保密期限。

（三）紧急程度。公文送达和办理的时限要求。根据紧急程度，紧急公文应当分别标注"特急""加急"，电报应当分别标注"特提""特急""加急""平急"。

（四）发文机关标志。由发文机关全称或者规范化简称加"文件"二字组成，也可以使用发文机关全称或者规范化简称。联合行文时，发文机关标志可以并用联合发文机关名称，也可以单独用主办机关名称。

（五）发文字号。由发文机关代字、年份、发文顺序号组成。联合行文时，使用主办机关的发文字号。

（六）签发人。上行文应当标注签发人姓名。

（七）标题。由发文机关名称、事由和文种组成。

（八）主送机关。公文的主要受理机关，应当使用机关全称、规范化简称或者同类型机关统称。

（九）正文。公文的主体，用来表述公文的内容。

（十）附件说明。公文附件的顺序号和名称。

（十一）发文机关署名。署发文机关全称或者规范化简称。

（十二）成文日期。署会议通过或者发文机关负责人签发的日期。联合行文时，署最后签发机关负责人签发的日期。

（十三）印章。公文中有发文机关署名的，应当加盖发文机关印章，并与署名机关相符。有特定发文机关标志的普发性公文和电报可以不加盖印章。

（十四）附注。公文印发传达范围等需要说明的事项。

（十五）附件。公文正文的说明、补充或者参考资料。

（十六）抄送机关。除主送机关外需要执行或知晓公文内容的其他机关，应当使用机关全称、规范化简称或者同类型机关统称。

（十七）印发机关和印发日期。公文的送印机关和送印日期。

（十八）页码。公文页数顺序号。

第十条　公文的版式按照《党政机关公文格式》国家标准执行。

第十一条　公文使用的汉字、数字、外文字符、计量单位和标点符号等，按照有关国家标准和规定执行。民族自治地方的公文，可以并用汉字和当地通用的少数民族文字。

第十二条　公文用纸幅面采用国际标准 A4 型。特殊形式的公文用纸幅面，根据实际需要确定。

第四章　行　文　规　则

第十三条　行文应当确有必要，讲求实效，注重针对性和可操作性。

第十四条　行文关系根据隶属关系和职权范围确定。一般不得越级行文，特殊情况需要越级行文的，应当同时抄送被越过的机关。

第十五条　向上级机关行文，应当遵循以下规则：

（一）原则上主送一个上级机关，根据需要同时抄送相关上级机关和同级机关，不抄送下级机关。

（二）党委、政府的部门向上级主管部门请示、报告重大事项，应当经本级党委、政府同意或者授权；属于部门职权范围内的事项应当直接报送上级主管部门。

（三）下级机关的请示事项，如需以本机关名义向上级机关请示，应当提出倾向性意见后上报，不得原文转报上级机关。

（四）请示应当一文一事。不得在报告等非请示性公文中夹带请示事项。

（五）除上级机关负责人直接交办事项外，不得以本机关名义向上级机关负责人报送公文，不得以本机关负责人名义向上级机关报送公文。

（六）受双重领导的机关向一个上级机关行文，必要时抄送另一个上级机关。

第十六条　向下级机关行文，应当遵循以下规则：

（一）主送受理机关，根据需要抄送相关机关。重要行文应当同时抄送发文机关的直接上级机关。

（二）党委、政府的办公厅（室）根据本级党委、政府授权，可以向下级党委、政府行文，其他部门和单位不得向下级党委、政府发布指令性公文或者在公文中向下级党委、政府提出指令性要求。需经政府审批的具体事项，经政府同意后可以由政府职能部门行文，文中须注明已经政府同意。

（三）党委、政府的部门在各自职权范围内可以向下级党委、政府的相关部门行文。

（四）涉及多个部门职权范围内的事务，部门之间未协商一致的，不得向下行文；擅自行文的，上级机关应当责令其纠正或者撤销。

（五）上级机关向受双重领导的下级机关行文，必要时抄送该下级机关的另一个上级机关。

第十七条　同级党政机关、党政机关与其他同级机关必要时可以联合行文。属于党委、政府各自职权范围内的工作，不得联合行文。

党委、政府的部门依据职权可以相互行文。部门内设机构除办公厅（室）外不得对外正式行文。

第五章　公　文　拟　制

第十八条　公文拟制包括公文的起草、审核、签发等程序。

第十九条　公文起草应当做到：

（一）符合党的路线方针政策和国家法律法规，完整准确体现发文机关意图，并同现行有关公文相衔接。

（二）一切从实际出发，分析问题实事求是，所提政策措施和办法切实可行。

（三）内容简洁，主题突出，观点鲜明，结构严谨，表述准确，文字精练。

（四）文种正确，格式规范。

（五）深入调查研究，充分进行论证，广泛听取意见。

（六）公文涉及其他地区或者部门职权范围内的事项，起草单位必须征求相关地区或者部门意见，力求达成一致。

（七）机关负责人应当主持、指导重要公文起草工作。

第二十条　公文文稿签发前，应当由发文机关办公厅（室）进行审核。审核的重点是：

（一）行文理由是否充分，行文依据是否准确。

（二）内容是否符合党的路线方针政策和国家法律法规；是否完整准确体现发文机关意图；是否同现行有关公文相衔接；所提政策措施和办法是否切实可行。

（三）涉及有关地区或者部门职权范围内的事项是否经过充分协商并达成一致意见。

（四）文种是否正确，格式是否规范；人名、地名、时间、数字、段落顺序、行文等是否准确；文字、数字、计量单位和标点符号等用法是否规范。

（五）其他内容是否符合公文起草的有关要求。

需要发文机关审议的重要公文文稿，审议前由发文机关办公厅（室）进行初核。

第二十一条　经审核不宜发文的公文文稿，应当退回起草单位并说明理由；符合发文条件但内容需作进一步研究和修改的，由起草单位修改后重新报送。

第二十二条　公文应当经本机关负责人审批签发。重要公文和上行文由机关主要负责人签发。党委、政府的办公厅（室）根据党委、政府授权制发的公文，由授权机关主要负责人签发或者按照有关规定签发。签发人签发公文，应当签署意见、姓名和完整日期；圈阅或者签名的，视为同意。联合发文由所有联署机关的负责人会签。

第六章　公　文　办　理

第二十三条　公文办理包括收文办理、发文办理和整理归档。

第二十四条　收文办理主要程序是：

（一）签收。对收到的公文应当逐件清点，核对无误后签字或者盖章，并注明具体签收时间。

（二）登记。对公文的主要信息和办理情况应当详细记载。

（三）初审。对收到的公文应当进行初审。初审的重点是：是否应当由本机关办理，是否符合行文规则，文种、格式是否符合要求，涉及其他地区或者部门职权范围内的事项是否已经协商、会签，是否符合公文起草的其他要求。经初审不符合规定的公文，应当及时退回来文单位并说明理由。

（四）承办。阅知性公文应当根据公文内容、要求和工作需要确定范围后分送。批办性公文应当提出拟办意见报本机关负责人批示或者转有关部门办理；需要两个以上部门办理的，应当明确主办部门。紧急公文应当明确办理时限。承办部门对交办的公文应当及时办理，有明确办理时限要求的应当在规定时限内办理完毕。

（五）传阅。根据领导批示和工作需要将公文及时送传阅对象阅知或者批示。办理公文传阅应当随时掌握公文去向，不得漏传、误传、延误。

（六）催办。及时了解掌握公文的办理进展情况，督促承办部门按期办结。紧急公文或者重要公文应当由专人负责催办。

（七）答复。公文的办理结果应当及时答复来文单位，并根据需要告知相关单位。

第二十五条　发文办理主要程序是：

（一）复核。已经发文机关负责人签批的公文，印发前应当对公文的审批手续、内容、文种、格式等进行复核；需作实质性修改的，应当报原签批人复审。

（二）登记。对复核后的公文，应当确定发文字号、分送范围和印制份数并详细记载。

（三）印制。公文印制必须确保质量和时效。涉密公文应当在符合保密要求的场所印制。

（四）核发。公文印制完毕，应当对公文的文字、格式和印刷质量进行检查后分发。

第二十六条　涉密公文应当通过机要交通、邮政机要通信、城市机要文件交换站或者收发件机关机要收发人员进行传递，通过密码电报或者符合国家保密规定的计算机信息系统进行传输。

第二十七条　需要归档的公文及有关材料，应当根据有关档案法律法规以及机关档案管理规定，及时收集齐全、整理归档。两个以上机关联合办理的公文，原件由主办机关归档，相关机关保存复印件。机关负责人兼任其他机关职务的，在履行所兼职务中形成的公文，由其兼职机关归档。

第七章　公　文　管　理

第二十八条　各级党政机关应当建立健全本机关公文管理制度，确保管理严格规范，充分发挥公文效用。

第二十九条　党政机关公文由文秘部门或者专人统一管理。设立党委（党组）的县级以上单位应当建立机要保密室和机要阅文室，并按照有关保密规定配备工作人员和必要的安全保密设施设备。

第三十条　公文确定密级前，应当按照拟定的密级先行采取保密措施。确定密级后，应当按照所定密级严格管理。绝密级公文应当由专人管理。

公文的密级需要变更或者解除的，由原确定密级的机关或者其上级机关决定。

第三十一条　公文的印发传达范围应当按照发文机关的要求执行；需要变更的，应当经发文机关批准。

涉密公文公开发布前应当履行解密程序。公开发布的时间、形式和渠道，由发文机关确定。

经批准公开发布的公文，同发文机关正式印发的公文具有同等效力。

第三十二条　复制、汇编机密级、绝密级公文，应当符合有关规定并经本机关负责人批准。绝密级公文一般不得复制、汇编，确有工作需要的，应当经发文机关或者其上级机关批准。复制、汇编的公文视同原件管理。

复制件应当加盖复制机关戳记。翻印件应当注明翻印的机关名称、日期。汇编本的密级按照编入公文的最高密级标注。

第三十三条 公文的撤销和废止，由发文机关、上级机关或者权力机关根据职权范围和有关法律法规决定。公文被撤销的，视为自始无效；公文被废止的，视为自废止之日起失效。

第三十四条 涉密公文应当按照发文机关的要求和有关规定进行清退或者销毁。

第三十五条 不具备归档和保存价值的公文，经批准后可以销毁。销毁涉密公文必须严格按照有关规定履行审批登记手续，确保不丢失、不漏销。个人不得私自销毁、留存涉密公文。

第三十六条 机关合并时，全部公文应当随之合并管理；机关撤销时，需要归档的公文经整理后按照有关规定移交档案管理部门。

工作人员离岗离职时，所在机关应当督促其将暂存、借用的公文按照有关规定移交、清退。

第三十七条 新设立的机构应当向本级党委、政府的办公厅（室）提出发文立户申请。经审查符合条件的，列为发文单位，机关合并或者撤销时，相应进行调整。

第八章 附　　则

第三十八条 党政机关公文含电子公文。电子公文处理工作的具体办法另行制定。

第三十九条 法规、规章方面的公文，依照有关规定处理。外事方面的公文，依照外事主管部门的规定处理。

第四十条 其他机关和单位的公文处理工作，可以参照本条例执行。

第四十一条 本条例由中共中央办公厅、国务院办公厅负责解释。

第四十二条 本条例自 2012 年 7 月 1 日起施行。1996 年 5 月 3 日中共中央办公厅发布的《中国共产党机关公文处理条例》和 2000 年 8 月 24 日国务院发布的《国家行政机关公文处理办法》停止执行。

附录二　党政机关公文格式

党政机关公文格式

（GB/T 9704—2012　代替　GB/T 9704—1999）

1. 范围

本标准规定了党政机关公文通用的纸张要求、排版和印制装订要求、公文格式各要素的编排规则，并给出了公文的式样。

本标准适用于各级党政机关制发的公文。其他机关和单位的公文可以参照执行。

使用少数民族文字印制的公文，其用纸、幅面尺寸及版面、印制等要求按照本标准执行，其余可以参照本标准并按照有关规定执行。

2. 规范性引用文件

下列文件对于本标准的应用是必不可少的。凡是注日期的引用文件，仅所注日期的版本适用于本标准。凡是不注日期的引用文件，其最新版本（包括所有的修改单）适用于本标准。

GB/T 148　印刷、书写和绘图纸幅面尺寸

GB 3100　国际单位制及其应用

GB 3101　有关量、单位和符号的一般原则

GB 3102（所有部分）　量和单位

GB/T 15834　标点符号用法

GB/T 15835　出版物上数字用法

3. 术语和定义

下列术语和定义适用于本标准。

3.1　**字 word**

标示公文中横向距离的长度单位。在本标准中，一字指一个汉字宽度的距离。

3.2　行 line

标示公文中纵向距离的长度单位。在本标准中，一行指一个汉字的高度加 3 号汉字高度的 7/8 的距离。

4. 公文用纸主要技术指标

公文用纸一般使用纸张定量为 $60 \sim 80$ g/m² 的胶版印刷纸或复印纸。纸张白度 $80\% \sim 90\%$，横向耐折度 $\geqslant 15$ 次，不透明度 $\geqslant 85\%$，pH 值为 $7.5 \sim 9.5$。

5. 公文用纸幅面尺寸及版面要求

5.1　幅面尺寸

公文用纸采用 GB/T 148 中规定的 A4 型纸，其成品幅面尺寸为 210 mm×297 mm。

5.2　版面

5.2.1　页边与版心尺寸

公文用纸天头（上白边）为 37 mm±1 mm，公文用纸订口（左白边）为 28 mm±1 mm，版心尺寸为 156 mm×225 mm。

5.2.2　字体和字号

如无特殊说明，公文格式各要素一般用 3 号仿宋体字。特定情况可以作适当调整。

5.2.3　行数和字数

一般每面排 22 行，每行排 28 个字，并撑满版心。特定情况可以作适当调整。

5.2.4　文字的颜色

如无特殊说明，公文中文字的颜色均为黑色。

6. 印制装订要求

6.1　制版要求

版面干净无底灰，字迹清楚无断划，尺寸标准，版心不斜，误差不超过 1 mm。

6.2　印刷要求

双面印刷；页码套正，两面误差不超过 2 mm。黑色油墨应当达到色谱所标 BL100％，红色油墨应当达到色谱所标 Y80％、M80％。印品着墨实、均匀；字面不花、不白、无断划。

6.3　装订要求

公文应当左侧装订，不掉页，两页页码之间误差不超过 4 mm，裁切后的成品尺寸允许误差±2 mm，四角成 90°，无毛茬或缺损。

骑马订或平订的公文应当：

a) 订位为两钉外订眼距版面上下边缘各 70 mm 处，允许误差±4 mm；

b) 无坏钉、漏钉、重钉，钉脚平伏牢固；

c) 骑马订钉锯均订在折缝线上，平订钉锯与书脊间的距离为 3～5 mm。

包本装订公文的封皮（封面、书脊、封底）与书芯应吻合、包紧、包平、不脱落。

7. 公文格式各要素编排规则

7.1　公文格式各要素的划分

本标准将版心内的公文格式各要素划分为版头、主体、版记三部分。公文首页红色分隔线以上的部分称为版头；公文首页红色分隔线（不含）以下、公文末页首条分隔线（不含）以上的部分称为主体；公文末页首条分隔线以下、末条分隔线以上的部分称为版记。

页码位于版心外。

7.2　版头

7.2.1　份号

如需标注份号，一般用 6 位 3 号阿拉伯数字，顶格编排在版心左上角第一行。

7.2.2　密级和保密期限

如需标注密级和保密期限，一般用 3 号黑体字，顶格编排在版心左上角第二行；保密期限中的数字用阿拉伯数字标注。

7.2.3　紧急程度

如需标注紧急程度，一般用 3 号黑体字，顶格编排在版心左上角；如需同时标注份号、密级和保密期限、紧急程度，按照份号、密级和保密期限、紧急程度的顺序自上而下分行排列。

7.2.4 发文机关标志

由发文机关全称或者规范化简称加"文件"二字组成，也可以使用发文机关全称或者规范化简称。

发文机关标志居中排布，上边缘至版心上边缘为 35 mm，推荐使用小标宋体字，颜色为红色，以醒目、美观、庄重为原则。

联合行文时，如需同时标注联署发文机关名称，一般应当将主办机关名称排列在前；如有"文件"二字，应当置于发文机关名称右侧，以联署发文机关名称为准上下居中排布。

7.2.5 发文字号

编排在发文机关标志下空二行位置，居中排布。年份、发文顺序号用阿拉伯数字标注；年份应标全称，用六角括号"〔〕"括入；发文顺序号不加"第"字，不编虚位（即 1 不编为 01），在阿拉伯数字后加"号"字。

上行文的发文字号居左空一字编排，与最后一个签发人姓名处在同一行。

7.2.6 签发人

由"签发人"三字加全角冒号和签发人姓名组成，居右空一字，编排在发文机关标志下空二行位置。"签发人"三字用 3 号仿宋体字，签发人姓名用 3 号楷体字。

如有多个签发人，签发人姓名按照发文机关的排列顺序从左到右、自上而下依次均匀编排，一般每行排两个姓名，回行时与上一行第一个签发人姓名对齐。

7.2.7 版头中的分隔线

发文字号之下 4 mm 处居中印一条与版心等宽的红色分隔线。

7.3 主体

7.3.1 标题

一般用 2 号小标宋体字，编排于红色分隔线下空二行位置，分一行或多行居中排布；回行时，要做到词意完整，排列对称，长短适宜，间距恰当，标题排列应当使用梯形或菱形。

7.3.2 主送机关

编排于标题下空一行位置，居左顶格，回行时仍顶格，最后一个机关名称后标全角冒号。如主送机关名称过多导致公文首页不能显示正文时，应当将主送机关名称移至版记，标注方法见 7.4.2。

7.3.3　正文

公文首页必须显示正文。一般用 3 号仿宋体字，编排于主送机关名称下一行，每个自然段左空二字，回行顶格。文中结构层次序数依次可以用"一、""（一）""1.""（1）"标注；一般第一层用黑体字、第二层用楷体字、第三层和第四层用仿宋体字标注。

7.3.4　附件说明

如有附件，在正文下空一行左空二字编排"附件"二字，后标全角冒号和附件名称。如有多个附件，使用阿拉伯数字标注附件顺序号（如"附件：1.××××"）；附件名称后不加标点符号。附件名称较长需回行时，应当与上一行附件名称的首字对齐。

7.3.5　发文机关署名、成文日期和印章

7.3.5.1　加盖印章的公文

成文日期一般右空四字编排，印章用红色，不得出现空白印章。

单一机关行文时，一般在成文日期之上、以成文日期为准居中编排发文机关署名，印章端正、居中下压发文机关署名和成文日期，使发文机关署名和成文日期居印章中心偏下位置，印章顶端应当上距正文（或附件说明）一行之内。

联合行文时，一般将各发文机关署名按照发文机关顺序整齐排列在相应位置，并将印章一一对应、端正、居中下压发文机关署名，最后一个印章端正、居中下压发文机关署名和成文日期，印章之间排列整齐、互不相交或相切，每排印章两端不得超出版心，首排印章顶端应当上距正文（或附件说明）一行之内。

7.3.5.2　不加盖印章的公文

单一机关行文时，在正文（或附件说明）下空一行右空二字编排发文机关署名，在发文机关署名下一行编排成文日期，首字比发文机关署名首字右移二字，如成文日期长于发文机关署名，应当使成文日期右空二字编排，并相应增加发文机关署名右空字数。

联合行文时，应当先编排主办机关署名，其余发文机关署名依次向下编排。

7.3.5.3 加盖签发人签名章的公文

单一机关制发的公文加盖签发人签名章时，在正文（或附件说明）下空二行右空四字加盖签发人签名章，签名章左空二字标注签发人职务，以签名章为准上下居中排布。在签发人签名章下空一行右空四字编排成文日期。

联合行文时，应当先编排主办机关签发人职务、签名章，其余机关签发人职务、签名章依次向下编排，与主办机关签发人职务、签名章上下对齐；每行只编排一个机关的签发人职务、签名章；签发人职务应当标注全称。

签名章一般用红色。

7.3.5.4 成文日期中的数字

用阿拉伯数字将年、月、日标全，年份应标全称，月、日不编虚位（即 1 不编为 01）。

7.3.5.5 特殊情况说明

当公文排版后所剩空白处不能容下印章或签发人签名章、成文日期时，可以采取调整行距、字距的措施解决。

7.3.6 附注

如有附注，居左空二字加圆括号编排在成文日期下一行。

7.3.7 附件

附件应当另面编排，并在版记之前，与公文正文一起装订。"附件"二字及附件顺序号用 3 号黑体字顶格编排在版心左上角第一行。附件标题居中编排在版心第三行。附件顺序号和附件标题应当与附件说明的表述一致。附件格式要求同正文。

如附件与正文不能一起装订，应当在附件左上角第一行顶格编排公文的发文字号并在其后标注"附件"二字及附件顺序号。

7.4 版记

7.4.1 版记中的分隔线

版记中的分隔线与版心等宽，首条分隔线和末条分隔线用粗线（推荐高度为 0.35 mm），中间的分隔线用细线（推荐高度为 0.25 mm）。首条分隔线位于版记中第一个要素之上，末条分隔线与公文最后一面的版心下边缘重合。

7.4.2　抄送机关

如有抄送机关，一般用 4 号仿宋体字，在印发机关和印发日期之上一行、左右各空一字编排。"抄送"二字后加全角冒号和抄送机关名称，回行时与冒号后的首字对齐，最后一个抄送机关名称后标句号。

如需把主送机关移至版记，除将"抄送"二字改为"主送"外，编排方法同抄送机关。既有主送机关又有抄送机关时，应当将主送机关置于抄送机关之上一行，之间不加分隔线。

7.4.3　印发机关和印发日期

印发机关和印发日期一般用 4 号仿宋体字，编排在末条分隔线之上，印发机关左空一字，印发日期右空一字，用阿拉伯数字将年、月、日标全，年份应标全称，月、日不编虚位（即 1 不编为 01），后加"印发"二字。

版记中如有其他要素，应当将其与印发机关和印发日期用一条细分隔线隔开。

7.5　页码

一般用 4 号半角宋体阿拉伯数字，编排在公文版心下边缘之下，数字左右各放一条一字线；一字线上距版心下边缘 7 mm。单页码居右空一字，双页码居左空一字。公文的版记页前有空白页的，空白页和版记页均不编排页码。公文的附件与正文一起装订时，页码应当连续编排。

8. 公文中的横排表格

A4 纸型的表格横排时，页码位置与公文其他页码保持一致，单页码表头在订口一边，双页码表头在切口一边。

9. 公文中计量单位、标点符号和数字的用法

公文中计量单位的用法应当符合 GB 3100、GB 3101 和 GB 3102（所有部分），标点符号的用法应当符合 GB/T 15834，数字用法应当符合 GB/T 15835。

10. 公文的特定格式

10.1　信函格式

发文机关标志使用发文机关全称或者规范化简称，居中排布，上边缘

至上页边为 30 mm，推荐使用红色小标宋体字。联合行文时，使用主办机关标志。

发文机关标志下 4 mm 处印一条红色双线（上粗下细），距下页边20 mm 处印一条红色双线（上细下粗），线长均为 170 mm，居中排布。

如需标注份号、密级和保密期限、紧急程度，应当顶格居版心左边缘编排在第一条红色双线下，按照份号、密级和保密期限、紧急程度的顺序自上而下分行排列，第一个要素与该线的距离为 3 号汉字高度的7/8。

发文字号顶格居版心右边缘编排在第一条红色双线下，与该线的距离为 3 号汉字高度的 7/8。

标题居中编排，与其上最后一个要素相距二行。

第二条红色双线上一行如有文字，与该线的距离为 3 号汉字高度的 7/8。

首页不显示页码。

版记不加印发机关和印发日期、分隔线，位于公文最后一面版心内最下方。

10.2　命令（令）格式

发文机关标志由发文机关全称加"命令"或"令"字组成，居中排布，上边缘至版心上边缘为 20 mm，推荐使用红色小标宋体字。

发文机关标志下空二行居中编排令号，令号下空二行编排正文。

签发人职务、签名章和成文日期的编排见 7.3.5.3。

10.3　纪要格式

纪要标志由"××××纪要"组成，居中排布，上边缘至版心上边缘为 35 mm，推荐使用红色小标宋体字。

标注出席人员名单，一般用 3 号黑体字，在正文或附件说明下空一行左空二字编排"出席"二字，后标全角冒号，冒号后用 3 号仿宋体字标注出席人单位、姓名，回行时与冒号后的首字对齐。

标注请假和列席人员名单，除依次另起一行并将"出席"二字改为"请假"或"列席"外，编排方法同出席人员名单。

纪要格式可以根据实际制定。

11. 式样

A4 型公文用纸页边及版心尺寸见附图 2-1；

公文首页版式见附图 2-2；

联合行文公文首页版式 1 见附图 2-3；

联合行文公文首页版式 2 见附图 2-4；

公文末页版式 1 见附图 2-5；

公文末页版式 2 见附图 2-6；

联合行文公文末页版式 1 见附图 2-7；

联合行文公文末页版式 2 见附图 2-8；

附件说明页版式见附图 2-9；

带附件公文末页版式见附图 2-10；

信函格式首页版式见附图 2-11；

命令（令）格式首页版式见附图 2-12。

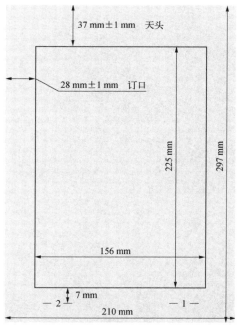

附图 2-1　A4 型公文用纸页边及版心尺寸

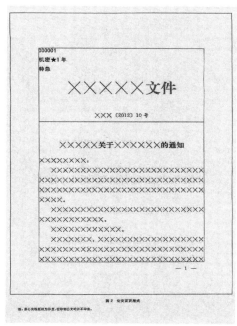

附图 2-2　公文首页版式

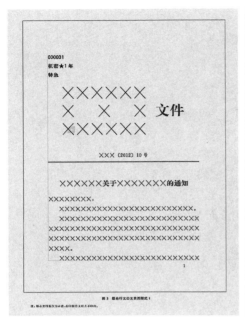

附图 2－3　联合行文公文首页版式 1

附图 2－4　联合行文公文首页版式 2

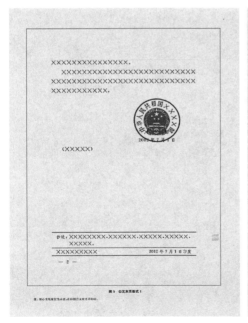

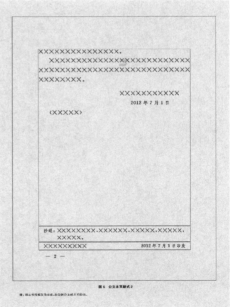

附图 2－5　公文末页版式 1

附图 2－6　公文末页版式 2

附图 2‐7　联合行文公文末页版式 1

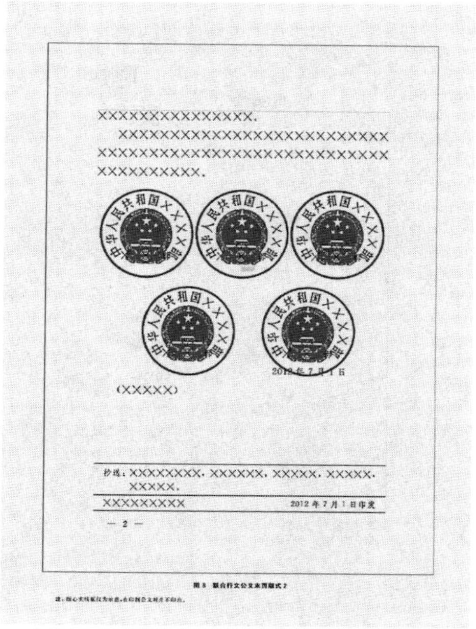

附图 2‐8　联合行文公文末页版式 2

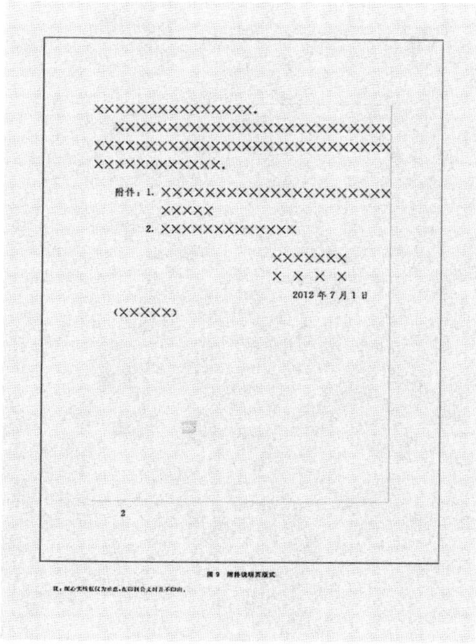

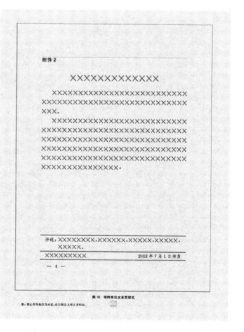

附图 2‐9　附件说明页版式

附图 2‐10　带附件公文末页版式

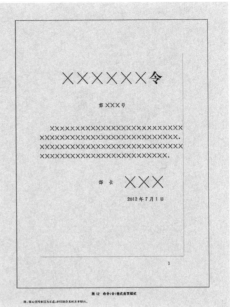

附图 2−11　信函格式首页版式　　　附图 2−12　命令（令）格式首页版式

参 考 文 献

［1］淳于森泠，冯春，祝伟. 公文写作 ［M］. 北京：北京大学出版社，2019.

［2］岳海翔，舒雪冬. 公文写作范例大全：格式、要点、规范与技巧 ［M］.
2 版. 北京：清华大学出版社，2019.

［3］夏海波. 公文写作与处理 ［M］. 3 版. 北京：北京大学出版社，2018.

［4］海关总署办公厅. 海关办公室工作 ［M］. 北京：中国海关出版社，2019.

［5］白延庆. 公文写作教程 ［M］. 2 版. 北京：对外经济贸易大学出版
社，2023.

［6］岳海翔. 公文写作指南与范例 ［M］. 北京：中共中央党校出版社，
2022.

［7］杜永红. 公文写作 ［M］. 北京：清华大学出版社，2024.

［8］郭志强，肖影. 公文写作案例集 ［M］. 北京：清华大学出版社，2022.

［9］吴振彩，徐捷. 公文写作实战从入门到精通 ［M］. 北京：清华大学
出版社，2023.

［10］岳海翔. 新编公文写作技巧与实用范例 ［M］. 3 版. 北京：中共中央
党校出版社，2023.

［11］梅俊. 公文写作大全 ［M］. 北京：中国人民大学出版社，2023.

［12］陈力勇. 公文写作十六讲：实战技巧与范例大全 ［M］. 上海：上海教
育出版社，2023.

［13］李娜，谌鸿燕. 公文写作与处理 ［M］. 天津：天津大学出版社，2021.

［14］胡海升. 公文写作实践：从入门到精通 ［M］. 北京：清华大学出版
社，2021.

［15］姬瑞环. 新时代公务员公文写作手册 ［M］. 北京：国家行政学院出
版社，2022.

［16］ 岳海翔. 公文写作教程［M］. 北京：高等教育出版社，2021.

［17］ 高永贵. 公文写作概论［M］. 北京：中国人民大学出版社，2021.

［18］ 周欣展. 公文写作基本规范［M］. 3 版. 南京：南京大学出版社，2019.

［19］ 黄佐. 六艺流别［M］. 影印康熙重刊本. 台湾：台湾商务印书馆，1973.

［20］ 鲁迅. 鲁迅全集（第九卷）［M］. 北京：人民文学出版社，1991.

［21］ 徐师曾. 文章辨体序说　文体明辨序说［M］. 罗根泽，校点. 北京：人民文学出版社，1962.

［22］ 姚鼐. 古文辞类纂［M］. 胡士明，李祚唐，标校. 上海：上海古籍出版社，1998.

［23］ 曾国藩. 经史百家杂钞［M］. 长沙：岳麓书社，1987.

［24］ 曾国藩. 广注经史百家杂钞［M］. 上海：世界书局，1936.

［25］ 班固. 汉书［M］. 北京：中华书局，2007.

［26］ 荀悦，袁宏. 两汉纪［M］. 张烈，校. 北京：中华书局，2002.

［27］ 卜宪群. 秦汉公文文书与官僚行政管理［J］. 历史研究，1997（4）：36–52.

［28］ 王剑. 明代的密疏：强化君主专制的特殊手段［J］. 北方论丛，2004（6）：75–79.